Hundeerziehung ohne Zwang

Dr. Tillmann Klinkenberg

Hundeerziehung
ohne Zwang

Haltung · Aufzucht · Pflege

Bechtermünz

Genehmigte Lizenzausgabe
für Weltbild Verlag GmbH, Augsburg 2000
Copyright © by Weltbild Ratgeber Verlage
GmbH & Co. KG (Naturbuch), München
Umschlaggestaltung: Studio Höpfner-Thoma, München
Umschlagmotiv: Beagle Welpe/Mauritius
Gesamtherstellung: Bercker Graphischer Betrieb GmbH, Kevelaer
Printed in Germany
ISBN 3-8289-1588-4

Ça fait longtems que j'essaie de comprendre les gens...
Maintenant, à leur Tour d'essayer de me comprendre...

Schulz

So lange habe ich versucht, die Menschen zu verstehen...
Jetzt fangen sie endlich an, mich zu verstehen...

»Die meisten Erzieher wenden heute noch die gleiche Methode an wie ihre Urgroßväter Jahrhunderte zuvor. Sie zwingen den Hund, das zu tun, was er tun soll, und glauben, dies sei die beste oder gar die einzige Möglichkeit, ihn zu erziehen. Heute wissen wir – oder sollten wissen – daß die Zwangsabrichtung nicht die einzige Methode ist. Und bestimmt ist sie nicht die beste.«

Leon F. Whitney

Vorwort

Der Titel dieses Buches enthält eine Forderung und eine Verneinung: Wir wollen unseren Hund erziehen, ja, aber ohne Zwang!

Dies ist nach wie vor das Hauptanliegen des Autors, denn die große Mehrzahl der Hunde wird immer noch – bewußt oder unbewußt – durch die Zwangsmethode abgerichtet, und das nicht nur, weil diese in der Literatur dominiert. Die Zwangsabrichtung gilt vielmehr als die »natürliche« Art der Hundeerziehung aus der Sicht des Menschen: Wenn der Schüler nicht will, zwingt man ihn. Große Beschwerden sind von ihm nicht zu erwarten, allenfalls Mißerfolge und Fehlentwicklungen; die jedoch gehen zu Lasten des Tieres, das eben bockbeinig oder schlecht veranlagt ist.

Die Zwangsabrichtung ist daher auch die älteste Form der Hundeerziehung, eben die Methode der Primitiven. Aber sie ist nicht die »natürliche« Methode aus der Sicht des Hundes. Jede nähere Beschäftigung mit ihm muß zu der Einsicht führen, daß sich die Wahl der Dressurmethode nicht nach den Bedürfnissen des Lehrers, sondern nach der Lernfähigkeit des Schülers, des Hundes also, richten muß. Das ist die einfache Grunderkenntnis, die dieses Buch vermittelt, und sie ist nach wie vor gültig, seit dem ersten Erscheinen beim Verlag Neumann-Neudamm. Hier erlebte die »Hundeerziehung ohne Zwang« drei Auflagen, bis sie unter dem gleichen Titel in wiederum überarbeiteter und erweiterter Form als kynologisches Eckwerk vom Naturbuch Verlag übernommen wurde.

Allerdings wird unter »Zwang« vieles verstanden. Manche nennen es bereits »Zwang«, wenn der Abrichter den Hund an die Leine nimmt oder ihn durch ein energisches »Pfui« zurechtweist. Andere bezeichnen es als »Zwang«, wenn sie die Gerte benutzen oder den Hund sonstwie »bestrafen«.

Das alles ist kein Zwang. Unter »Zwang« verstehe ich das gewaltsame Herbeiführen des gewünschten Verhaltens durch den Abrichter: Statt den Hund heranzulocken, zieht er ihn an der Leine heran. Zwangsabrichtung ist der Versuch, durch wiederholtes Erzwingen der Leistungshandlung eine Verständigung mit dem Hund zu erreichen – ein, wie sich zeigen wird, vergebliches Bemühen. Darunter leiden nicht nur die Abrichter, die nach Stunden zermürbender, nervenaufreibender Zwangsdressur erkennen müssen, daß sie nicht weitergekommen sind, sondern auch die direkt Betroffenen, die Hunde. Und es leidet vor allem das auf gegenseitigem Vertrauen beruhende Verhältnis zwischen Mensch und Hund.

Das aber hat sich geändert. »Es gibt Anzeichen dafür«, so hat es Richard Brachmann formuliert, »daß das Verhältnis zwischen Mensch und Hund, aber auch zwischen Mensch und Tier allgemein die Menschen heute stärker beschäftigt, als das in vergangenen Epochen größerer menschlicher Selbstsicherheit und Selbstgewißheit der Fall gewesen ist. Wie so vieles ist auch die Beziehung des Menschen zu den anderen Lebewesen, die die Erde bevölkern, problematisch geworden, problematisch insofern, als wir erkannt haben, daß der Mensch nicht mehr uneingeschränkt das Maß aller Dinge ist, daß die Herrschaft des Menschen über Natur und Kreatur ihre Grenzen erreicht hat.«

Diese Einsichten brachten mich dazu, das Problem der Erziehung des Hundes »aus der Sicht des Hundes« anzugehen. In Anlehnung an die neuesten Erkenntnisse der Tierpsychologie entwickelte ich eine eigene, völlig neue Ausbildungsmethode, die sich ausschließlich auf das natürliche Lernvermögen des Hundes stützt. Sie geht nicht von unbewiesenen Thesen oder Gehorsamkeitsvorstellungen aus. Sie fragt: »Wie gehorcht der Hund? Wie lernt er, einen ihm erteilten Befehl zuverlässig auszuführen? Welcher Lern- und Leistungsapparat steht ihm hierfür zur Verfügung? Wie müssen wir folglich vorgehen, wenn wir ihm ›etwas beibringen‹ wollen?«

Hundeerziehung »ohne Zwang« ist kein bloßes Prinzip. Sie beruht auf der praktischen Erkenntnis, daß die positive Erziehung schneller, erfolgreicher, nachhaltiger und … erfreulicher ist – für beide Seiten, den Hund und den Erzieher.

Mathilde Gentz gilt mein Dank für die Durchsicht des Manuskriptes und für wertvolle Hinweise und Anregungen. Sigrid von Starck danke ich für die sorgfältige Korrektur und Dr. H. P. Bruhn für seinen tierärztlichen Rat. Wenn sich das Buch auch durch seine gute Bebilderung und Wiedergabe hervorragender Dressuraufnahmen auszeichnet, so ist das ein Verdienst von Dr. Alexander Dörries und Thomas Kunz sowie der Freunde der Ortsgruppe Eschwege des Vereins Deutscher Schäferhunde, denen ich hierfür Dank sage. Mein Dank gilt nicht zuletzt Franz Leipold und dem Naturbuch Verlag, die für die gute Gesamtausstattung des Buches sorgten.

Tillmann Klinkenberg

Inhalt

Einen Kurzlehrgang in Bildern über die positive Dreistufen-Dressur finden Sie auf den Seiten 89–136.

Hurra! Wir haben einen Hund ...

Große Liebe

Da sitzt er nun verschüchtert und ängstlich in der Ecke, unser kleiner, drolliger Neuankömmling. Wochenlang haben wir auf ihn gewartet. Endlich ist er da.

Und das ist seine stolze Besitzerin. Sie ist, wie man sieht, überglücklich, ihren neuen Hund endlich bei sich zu haben. Ihr bester Freund, ihr Kamerad soll er werden. Ja, das wird bald eine große Liebe sein zwischen den beiden, das ist gewiß.

fragend an und rührt sich nicht. Woher soll er auch wissen, was in der Menschensprache »kommen« bedeutet? Wie soll sie es anstellen, daß er sie versteht und merkt, was sie will?

Statt dessen, o Schreck, springt er an ihren Beinen hoch und zerreißt die Strümpfe! Und dann macht er sein Häufchen mitten auf dem herrlichen Perser! Wie in aller Welt soll sie es anstellen, daß er merkt, was sie nicht will?

Liebe auf den ersten Blick!

»Es ist zum Verzweifeln! Er versteht mich nicht!«

Verständigungsprobleme

Aber, o je! Er gehorcht überhaupt nicht! Er macht, was er will! Ruft sie ihn, »Na komm!«, schaut er sie nur

Vielleicht ist es Ihnen, lieber Hundefreund, ähnlich ergangen, und Sie haben deshalb zu diesem Buch gegriffen. Das war gut so. Mit »großer Liebe« allein ist es nämlich nicht getan, wenn Ihr Hund ein angenehmer Gefährte und ein folgsamer Hausgenosse werden soll. Vielmehr muß es zwischen Ihnen und Ihrem Hund zu einer Art »Verständigung« kommen.

Sie müssen lernen, wie der Hund aufgrund der ihm eigenen Lernfähigkeit auf Ihre Einwirkungen (Worte, Befehle, Zeichen, Handlungen) reagiert. Der Hund seinerseits muß lernen, was er tun soll, wenn Sie ihm irgend etwas befehlen. Und er muß erfahren, welche Verhaltensformen er grundsätzlich oder bei bestimmten Gelegenheiten zu unterlassen hat.

... und auch das passiert!

Das Ziel dieses Buches

Nun, alles Wissenswerte über die Verständigung mit dem Hund, über seine Erziehung und Haltung – und das ist im Grunde gar nicht viel – werde ich Ihnen, verehrte Leserinnen und Leser, auf den folgenden Seiten erklären und durch Bilder demonstrieren. In Wort und Bild werden Sie erfahren, wie schnell und einfach der Hund lernt, was er tun und unterlassen muß. Dabei gilt alles Gesagte für jeden Hund, gleich welcher Rasse, gleich welchen Alters.

Alles läßt sich erlernen, auch die Erziehung eines Hundes.

Auch ältere Hunde sind in jeder Weise erziehbar. Sie können also Versäumtes nachholen.

Sie brauchen dabei aber nicht groß studieren! Dieses Buch ist eine praktische Anleitung. Es ist so geschrieben und bebildert, daß Sie jeweils nach wenigen Sätzen »Theorie« nach draußen an die Arbeit gehen können. Erst wenn die zuerst beschriebene Übung klappt, lesen Sie weiter. Und Übungen, die Sie nicht abrichten wollen, überschlagen Sie einfach.

Allerdings will dieses Buch darüber hinaus – das sagt schon sein Titel – teilnehmen an der aktuellen Diskussion um die wirksamste Abrichtemethode. Wer das Wesen des Hundes verstehen will, seine Gefühle, seine Lerntechnik, seine Art, sich uns verständlich zu machen, sollte diese mehr theoretischen Kapitel nicht überspringen. Außerdem: Wenn Sie die theoretischen Grundlagen der Abrichtung beherrschen, können Sie sich für jede Übung die richtige Abrichtemethode selbst ausdenken. Es gilt eben auch hier der Satz, daß nichts so praktisch ist wie eine gute Theorie.

Die Qual der Wahl

Welche Rasse wählen Sie?

Für den Fall, daß Sie noch nicht glücklicher Hundebesitzer sind, sondern erst einer werden wollen, lohnen sich vielleicht zuallererst einige Überlegungen, für welchen Hund Sie sich entscheiden sollten. »Glücklich« werden Sie nämlich mit ihm nur, wenn er zu Ihnen, Ihrer Familie, Ihren räumlichen Möglichkeiten drinnen und draußen und für den von Ihnen gedachten Zweck wirklich paßt.

Aber hier zeigt sich, mit welchem erstaunlichen Wesen wir es beim Hund zu tun haben. Wie das einzelne Tier als Individuum in geradezu idealer Weise auf den Menschen zugeschnitten ist, erweist sich auch die gesamte Hundefamilie mit der reichen Vielfalt ihrer Rassen als ebenso trefflich passend zu den unterschiedlichen Menschentypen. Mit etwas Umsicht müßte sich daher für jeden eine geeignete Hunderasse finden lassen.

Sowohl in ihren Wesensmerkmalen wie auch im äußeren Erscheinungsbild sind die Hunde relativ leicht veränderbar. Daraus erklären sich die vielen Rassen. Eine »Rasse« liegt vor, wenn alle Merkmale, innere wie äußere, konstant vererbt werden.

Die Zuchtvereine setzen danach den »Standard« fest, ein Papier, das etwa eine Schreibmaschinenseite umfaßt; darin sind die geforderten Merkmale, Maße und Eigenschaften festgelegt.

Wenn Sie sich über die typischen Charakterunterschiede und die sich daraus ergebenden verschiedenen Verwendungszwecke der einzelnen Hunderassen schnell informieren wollen, wird Ihnen die Übersicht eine Hilfe sein. Für die gängigen Rassen gibt sie die hervorstechenden Wesensmerkmale und Verwendungsmöglichkeiten auf einen Blick an. Auch wenn Sie einen bestimmten Verwendungszweck vor Augen haben, finden Sie hier die in Frage kommenden Rassen.

Allerdings sind die Angaben Pauschalurteile und als solche mit dem Makel behaftet, den alle Verallgemeinerungen nun einmal haben. Fehlt z. B. bei der von Ihnen besonders bevorzugten Rasse das Kreuzchen (+) bei dem Wesensmerkmal »zuverlässig«, können Sie dennoch einen zuverlässigen Hund haben. Nur ist die Zuverlässigkeit nicht eines der Merkmale, die bei dieser Rasse besonders hervorstechen. Wenn mit hoher Wahrscheinlichkeit bei dieser Rasse ein zuverlässiges Tier nicht zu erwarten wäre, dann ist dieses durch einen Strich (−), der »nur unbedeutend ausgeprägt« bedeutet, berücksichtigt worden.

Auch sind natürlich weitere Umstände zu bedenken, die nicht un-

Typische Wesensmerkmale, Ansprüche und Eignungen einiger Hunderassen

Zeichenerklärung
− nur unbedeutend ausgeprägt;
< weniger als normal ausgeprägt;

□ normal ausgeprägt;
+ stärker als normal ausgeprägt;
× besonders stark ausgeprägt

	Deutsche Dogge	Deutscher Boxer	Bulldogge	Deutscher Schäferhund	Collie	Spitz	Chow-Chow	Bernhardiner	Dobermann	Schnauzer	Pinscher	Foxterrier	Airedaleterrier	Yorkshire	Dalmatiner	Basset	Dackel	Windhund	Vorstehhunde	Cockerspaniel	Pekinese	Pudel
Wesensmerkmale																						
intelligent	+	+	□	□	+	□	+	□	+	□	□	□	+	□	□	□	+	□	□	□	□	+
führig/gelehrig	+	+	□	×	+	+	□	+	+	+	□	□	+	□	□	□	□	+	+	+	□	×
leicht abzurichten	□	+	□	+	+	□	−	+	+	□	+	−	+	□	×	+	<	□	+	+	□	×
mutig	□	+	□	+	+	□	□	+	+	+	+	+	+	+	□	□	+	□	+	□	+	□
mannscharf	□	□	□	+	□	+	□	□	+	+	+	+	□	□	□	□	+	□	+	□	□	□
hart	□	+	□	<	<	□	+	□	+	+	□	+	□	□	□	−	+	□	+	□	□	□
wachsam	+	+	+	+	+	+	+	+	+	+	+	□	□	+	□	□	+	+	□	+	+	+
mißtrauisch gegen Fremde	+	+	□	□	□	+	□	□	+	+	+	□	□	+	□	+	□	□	□	+	□	+
lockerer Hals	□	□	□	□	□	+	−	□	□	+	+	+	□	+	□	□	+	□	□	+	+	+
ausdauernd	□	+	□	□	+	□	□	+	□	+	□	□	□	□	□	□	+	+	+	□	□	□
lebhaft	□	□	+	<	□	+	−	□	+	+	×	×	+	+	□	□	+	□	+	□	+	+
ruhig	+	□	+	□	□	□	×	+	□	□	□	□	□	□	□	+	□	+	□	+	□	□
zuverlässig	+	□	+	+	+	+	+	+	□	□	+	□	□	□	+	□	+	□	+	+	□	+
hoftreu	□	×	□	+	+	+	□	+	□	□	□	□	□	□	□	+	□	□	−	□	+	□
gutmütig	+	+	□	□	+	□	□	+	□	□	□	−	□	□	□	+	□	□	□	+	□	□
eigenwillig	□	□	□	□	□	□	+	□	□	+	□	+	+	+	□	+	×	□	□	□	+	□
kinderfromm	+	+	□	□	+	□	□	+	□	□	+	−	□	□	□	×	□	□	□	□	□	□
Ansprüche																						
Bewegung	+	+	<	+	+	□	□	+	+	+	□	□	+	−	−	−	□	×	+	+	−	□
Pflege	□	<	<	□	□	□	+	+	<	+	□	+	+	+	−	□	−	×	□	+	+	+
energische Führung	+	□	□	+	□	□	□	□	+	+	+	+	□	□	□	□	+	□	□	□	+	□
Eignung als																						
Zwingerhund	+	<	<	+	□	□	+	+	+	+	□	□	□	□	□	□	□	□	+	□	□	□
Stadthund	<	+	+	<	<	+	−	+	+	+	+	+	+	+	+	+	+	+	□	+	+	+
Familienhund	□	+	+	□	+	+	□	+	□	+	+	+	+	+	+	+	+	□	□	+	+	×
Stubenhund	−	+	+	□	<	+	□	□	□	+	+	+	□	+	□	+	+	□	□	+	×	×
Spielgefährte	□	+	□	□	+	□	□	□	□	□	□	□	+	□	□	□	□	□	□	□	□	+
Begleiter	□	+	□	+	+	□	+	+	+	+	+	□	+	□	+	□	+	+	+	+	□	+
Jagdhund	□	−	−	□	−	−	□	□	□	□	□	+	□	−	□	+	+	+	×	+	□	□
Wachhund	+	+	+	+	+	+	+	+	+	+	+	□	□	−	□	□	□	□	+	+	□	□
Diensthund	+	+	□	+	+	□	□	+	+	+	□	□	+	−	□	□	−	−	□	□	□	□

Boxer

Chow-Chow

Engl.
Bulldogge

Bernhardiner

Dobermann

Deutsche Dogge

Eurasier

Collie

Deutscher Schäferhund

Bedlington
Terrier

Mittelschnauzer

Affenpinscher

Zwergpudel

Langhaar-
dackel

Cockerspaniel

Afghane

Dalmatiner

Bobtail

Skyeterrier

Bullterrier

Yorkshire-Terrier

Deutsch-
Kurzhaar

Kleiner
Münster-
länder

Englisch-Setter

mittelbar aus der Übersicht hervorgehen. So bedeutet »Bewegungsbedürfnis« zugleich mehr Zeitaufwand für den Hund. Wenn der Hund jeden Tag sein Pensum laufen will und laufen muß, muß auch Herrchen mitlaufen. »Bewegungsbedürfnis« bedeutet aber auch mehr Zeitaufwand der Hausfrau für die Reinigung der Diele, denn draußen gibt es schmutzige Pfoten.

Die wichtigsten Hunderassen

Insgesamt gibt es über 400! Unmöglich könnte ich sie alle oder auch nur die meisten besprechen. Ich bin daher mehr von Rassegruppen ausgegangen, die untereinander ähnliche Charakteristika aufweisen; die Beschreibung der Merkmale der Rassegruppen soll Ihnen helfen, »Ihren« Hund zu finden.

Deutsche Dogge
Die Deutsche Dogge gilt nicht nur als die größte, sondern auch als eine der edelsten und schönsten Rassen, sogar als eine der ältesten. Ihre Ahnen lebten in Kleinasien und sollen von den Kelten nach England gebracht worden sein. Daher steht ihr Name für den Hund schlechthin (engl. dog = Hund). Seit 1880 gelten für sie einheitliche Zuchtziele.

Die Dogge wurde in England noch als Jagdhund verwendet. Daraus erklärt sich ihr großes Bewegungsbedürfnis. Allgemein gilt sie als intelligent, wachsam, anhänglich, miß-

trauisch gegen Fremde, gutmütig und kinderfromm. Sie ist ruhig, kein Kläffer, kein Raufer. Allerdings braucht sie zu ihrer Abrichtung einen energischen und verständnisvollen Erzieher.

Ihr Pflegebedarf ist gering. Leider treten durch Gegenschlagen häufig Verletzungen an der langen, nicht kupierten Rute auf. Die Deutsche Dogge dient heute in erster Linie als repräsentativer Begleithund. Hierfür ist sie wegen ihrer Schönheit und ihres angenehmen, ruhigen Wesens prädestiniert. Allerdings sollten Sie ihr ein größeres Gartengrundstück als Auslauf zur Verfügung stellen.

Boxer
Der Boxer geht ebenso wie die englische Bulldogge zurück auf den »Bullenbeißer«, einen Hundetyp, der wegen seiner aggressiven Schärfe früher für Hundekämpfe verwendet wurde. Solche gab es in England noch bis in das vorige Jahrhundert. Warum er »Boxer« heißt, ist nicht bekannt.

Seit seiner Gründung im Jahre 1896 ist es dem Deutschen Boxerclub gelungen, aus dem ehemaligen »Raufbruder« einen wesensstarken, zuverlässigen Schutzhund zu züchten, der seinen Mut und seine Unerschrockenheit behalten hat. Auch heute noch gibt er nicht auf, wenn er in eine Rauferei verwickelt wird. Passiert dies mit Ihrem Hund, müssen Sie schnell entschlossen die Kampfhähne trennen.

Der Boxer gilt als besonders kinderfromm. Er ist gutmütig, wachsam, lenkbar, harmlos in der Familie, mißtrauisch gegen Fremde. Infolge des kurzen Haares und seiner Reinlichkeit ist sein Pflegebedarf gering. Eine gewisse Anfälligkeit besteht allerdings wie bei allen Hunden mit »bulligen« Gesichtern für Augenentzündungen (»offene Augen«), vor allem beim Eindringen von Sand oder Staubteilchen.

Der Boxer ist ein echter Haushund, der weder herumstreunt noch wildert. Er kann im Zwinger und in der Wohnung gehalten werden und dient als Schutzhund und Begleiter.

Bulldogge

Die Bulldogge, vor allem die Englische, hat eine ähnliche Geschichte wie der Boxer: Aus dem Bullenbeißer wurde ein angenehmer, ruhiger und gutmütiger Haus- und Begleithund, der seine Herkunft nur verrät, wenn es gilt, seinen Herrn zu verteidigen. Er ist weniger bewegungsfreudig als der Boxer und kann daher (und sollte es auch) vorzugsweise in der Wohnung gehalten werden. Er sieht immer etwas traurig aus, ist es in Wahrheit aber nicht. Im Gegenteil: Er ist lebhaft, fröhlich und freundlich.

Deutscher Schäferhund

Zwar verrät der Deutsche Schäferhund den Stammvater aller Hunderassen, den Wolf, deutlicher als alle anderen Rassen, dennoch ist seine Geschichte nicht alt. Erst seit Gründung des »Vereins für Deutsche Schäferhunde (SV)« im Jahre 1899 wurde er aus dem zottigen altdeutschen Schäferhund nach einheitlichen Zuchtzielen herausgezüchtet.

Seine Beliebtheit ist ohne Beispiel. Allein in Deutschland sind über 1 Million reinrassige Tiere in den Zuchtbüchern des SV eingetragen. Darüber hinaus ist er in der ganzen Welt als »German Shepherd« oder als »Alsatian« bekannt. Überall leistet er dem Menschen als Schutz-, Wach- und Polizeihund, als Blindenführer, Sanitäts- und Meldehund, aber auch als treuer Freund und Begleiter hervorragende Dienste.

Collie

Dieser ebenfalls sehr beliebte und weitverbreitete schottische Schäferhund ist älter als sein deutscher Kollege. Schon 1891 wurde ein deutscher Collieclub gegründet, obwohl dieser Hund weitaus stärker in England und Amerika verbreitet ist. Seine Heimat soll Island sein. Um 1600 kam er nach England und Schottland, wo er seinen Namen erhielt: Er hütete dort die schwarzköpfigen Schafe, die Colleys.

Der Collie gilt als sehr intelligent und fleißig. Für seine Aufgabe als Hütehund ist er wie kaum eine andere Rasse begabt. »Berufsbedingt« ist er ebenso wachsam wie zuverlässig, genügsam und hoftreu. Auch ist er ein dekorativer, angenehmer Gefährte und ein tüchtiger Schutzhund. Wenn Sie seinem Bewegungsbedarf entsprechen können, wird er Ihnen auch als Stadthund Freude machen. Allerdings bedarf das lange Haarkleid großer Pflege.

Spitze

Diese Hunde gibt es in vielen Arten und Schlägen, die sich nach Größe und Farbe unterscheiden, in ihrem Charakter aber ähnlich sind. Spitze gab es schon im alten Ägypten, wie Kunstwerke bezeugen. Von dort führt eine gerade Linie zum Torfhund der jüngeren Steinzeit.

Spitze zeichnen sich aus durch ihr munteres, stets waches, fast keckes Verhalten. Nichts entgeht ihnen. Alles Fremde wird sofort gemeldet und verbellt. Da sie darüber hinaus frei sind von jeglichem Jagdtrieb und weder streunen noch wildern, sind sie ideal für Haus und Hof. Allerdings bedarf das Haarkleid der Pflege.

Chow-Chow
Zu den Spitzen gehört auch der aus China stammende Chow-Chow. Sein Name soll »gut-gut« bedeuten. Diese Rasse ist seit über 2000 Jahren nachgewiesen. Sie diente als Wach- und Schlittenhund.

Seinem Wesen nach ist der Chow-Chow selbstbewußt und eigenwillig. Er ordnet sich nicht gerne unter. Seinem Herrn gegenüber, aber nur ihm, zeigt er sich anhänglich. Er ist wachsam, bellt aber wenig. Sie können ihn im Zwinger wie in der Wohnung halten, müssen aber das schöne Haarkleid häufig und intensiv kämmen.

Bernhardiner
Dieser edle Hund stammt aus der Schweiz und hilft seit langem beim Bergrettungdienst. Hierzu ist er durch seine gute Nase und durch seinen Orientierungssinn besonders geeignet. Da er wachsam und nervenstark ist, können Sie ihn sowohl als Schutz- und Wachhund als auch als repräsentativen Begleithund verwenden. Trotz seiner massigen Gestalt, die er durch die Einkreuzung des Neufundländers erhielt, ist sein Bewegungsbedürfnis groß. Sie können ihn zwar im Hof und Zwinger halten, doch braucht er mehr Anschluß an die Familie als die Mehrzahl der anderen Rassen. Er gilt daher auch zu Recht als kinderfromm.

Natürlich will so ein zottiger Kerl auch gepflegt sein: Die langhaarigen Schläge müssen Sie kämmen, die stockhaarigen striegeln und bürsten. Auch auf die Augen müssen Sie achten, denn er neigt zum »offenen Auge« und zu »Triefäugigkeit«. Sie sollten deshalb immer eine Flasche destilliertes Wasser und Cortison-Augensalbe bereithalten (siehe »Onkel Doktor«, Seite 50).

Dobermann
Er wurde um 1860 von dem Thüringer Steuereintreiber *Friedrich Karl Dobermann,* der zugleich öffentlicher Hundefänger war, gezüchtet. Seinem Wunsch nach einem besonders scharfen Hund zu seinem Schutz verdanken wir einen unserer zuverlässigsten Dienst- und Gebrauchshunde. Herr *Dobermann* kreuzte damals Pinscher-Landschläge aus der Gegend um Apolda mit Rottweilern; später brachte er Blut von Greyhounds, Deutschen Doggen und Terriern ein, bis der »Dobermann« gefunden war.

Aus dieser Herkunft ergibt sich sein Wesen: Er ist tapfer, wachsam, treu, scharf und zuverlässig. Eingesetzt wird er als Schutz- und Fährtenhund, häufig auch als Sanitäts- und Blindenhund. Er kann im Zwinger wie in der Wohnung gehalten werden, braucht wenig Pflege, aber sehr viel Bewegung.

Schnauzer

Hunde dieses Typs wurden früher als Mäuse- und Rattenfänger gehalten. Entsprechend legt der 1907 gegründete Schnauzerclub besonderen Wert auf Schneid und Temperament, verbunden mit bedächtiger Ruhe und Gutmütigkeit. Ausgeprägt ist der Spieltrieb, der frühzeitig in die gewünschte Bahn gelenkt werden muß, wenn eine Verwendung als Diensthund beabsichtigt ist. Hierfür sind die größeren Schläge sehr geeignet.

Schnauzer können Sie im Zwinger und in der Wohnung halten. Sie gelten als widerstandsfähig gegen Witterungseinflüsse. Allerdings muß das rauhe Haar getrimmt und der Anfälligkeit zu Hautekzemen und Ohrenzwang vorgebeugt werden.

Pinscher

Er ist ein naher Verwandter des Schnauzers und konnte erst nach der Gründung des Pinscherclubs 1895 in Nordhausen nach und nach auf eine klare züchterische Linie gebracht werden.

Auch heute ist der frühere Rattenfänger noch ein schneidiges und raubzeugscharfes Kerlchen, von dem mancher etablierte Jagdhund sich ein Scheibchen abschneiden könnte. Er ist aber ein ebenso tüchtiger Wachhund und in der Stube gut zu halten. Wenn ich in der Übersicht die »Anhänglichkeit« als Rassemerkmal weggelassen habe, weil sie fast allen Rassen eigen ist, so habe ich damit dem Pinscher am ehesten Unrecht getan. Er ist vielleicht die anhänglichste Rasse. Stundenlang liegt er an der Tür und wartet geduldig auf seinen Herrn.

Foxterrier

Der »Fox« eröffnet hier zu Recht die verbreitete Gruppe der Terrier. Er wurde schon früh in England gezüchtet, wo für die Parforcejagd auf den Fuchs ein Hund zur Lösung einer Spezialaufgabe benötigt wurde: Wenn der von der Meute und den Reitern gehetzte Fuchs in seinem Bau verschwunden war, mußte ihm ein kleiner Hund unter die Erde in seinen Bau folgen. Das war die Aufgabe des Foxterriers, der er auch seinen Namen verdankt (engl. fox = Fuchs, lat. terra = Erde). Daß für das »Sprengen« eines Fuchses aus einem dunklen Bau Mut und Schneid gehören, versteht sich – Eigenschaften, die der Foxterrier heute noch hat.

Nun war er nicht nur ein sehr hübsches Tier, sondern erwies sich auch mehr und mehr als lustiger, temperamentvoller, stets zum Spielen und Tummeln aufgelegter Gefährte. Zwangsläufig kam es daher zu einer Spaltung: Der Foxterrierverband bemühte sich um die Züchtung des »Fox« als Haushund unter Betonung der Formwerte, während sich die »Jäger« in den 20er Jahren absonderten und unter Einkreuzung schwarzbrauner englischer Schläge den deutschen Jagdterrier entwikkelten. Dieser wilde kleine Jäger ist heute für die Fuchs- und Saujagd unentbehrlich, aber auch als Stöberhund und Schweißhund ist er gut zu gebrauchen.

Da beim Foxterrier die Schönheit ein große Rolle spielt, können Schönheitsfehler die Freude des Besitzers beeinträchtigen. Manchmal ist Abhilfe möglich. So kann der Tierarzt das unschöne Stehohr durch einen einfachen Eingriff in das erwünschte Kippohr verwandeln oder die »Ringelrute« korrigieren.

Airedaleterrier

Mit diesem Hund wird die Gruppe der Terrier um einen Diensthund bereichert. Er hat seinen Namen nach dem Fluß Airedale in der Grafschaft Yorkshire. Der Airedaleterrier soll in der Hauptsache aus dem heute ausgestorbenen Black-and-tan-Terrier gezüchtet worden sein. Aber auch der Scotchterrier, Bulldog, Gordonsetter und sogar der Collie sollen beteiligt sein.

Entsprechend breit ist das Register seiner Eigenschaften. Er war der erste Hund, der in der deutschen Armee Dienst tat. Daher hat er den Namen Kriegshund. Als Polizei- und Schutzhund wird er immer noch verwendet, in einigen Ländern sogar als Jagdhund. Heute ist er überwiegend ein Familienhund und als solcher ein mutiger und wachsamer Beschützer. Er läßt sich in der Stube halten, braucht aber viel Bewegung.

Yorkshireterrier

Wie der Name sagt, hat er die gleiche Hand wie der Airedale. Als kleinster und jüngster der Terrierrasse beendet er hier diese ansehnliche Gruppe. Seine Ahnen sollen der Skyeterrier und der Malteser sein.

Auch wenn der kleine Wicht mit seinen knapp 3 kg, seinen lustigen Knopfäugelchen und seinem langen, flauschigen Haar wie ein Modepüppchen aussieht, sollten Sie sich über sein Wesen nicht täuschen lassen:

Er ist durchaus ein Terrier, quicklebendig, selbstbewußt, schneidig und frech, absolut respektlos auch gegenüber wesentlich größeren Hunden. Trotzdem ist er ein Schoßhund und Hausgenosse, der Ihnen viel Freude machen wird.

Dalmatiner

Als der Dalmatiner um 1850 erstmalig in England gezeigt wurde, hieß es zwar, er stamme aus Dalmatien, doch ergaben Nachforschungen, daß er eher in Italien oder Spanien entstanden sein dürfte. Trotzdem wird er heute international als jugoslawische Rasse geführt.

Seinem Erbgut nach ist der Dalmatiner ein Laufhund, der in der Meute der Spur des Wildes folgte und die Reiter führte. Als solcher gehört er wie der deutsche Laufhund, der englische Foxhound, der Beagle und der Basset zur Gruppe der Bracken.

Heute ist er ein repräsentativer, eleganter Familienhund, der sich wegen seiner Liebe zum Pferd besonders als Begleiter des Reiters eignet. Er kann in der Stadt gehalten werden, braucht aber viel Bewegung.

Basset

Der heute bekannteste Basset kommt aus England. Er ist hervorgegangen aus einer Kreuzung zwischen dem französischen Basset und dem Bloodhound. Vom letzteren hat er seinen imposanten Kopf und seine gute Nase. Die Engländer verwenden ihn sogar für die Niederwildjagd. Bei uns wird er wegen seiner behäbigen Gutmütigkeit und seiner auffallenden, ja etwas ungewöhnlichen, repräsentativen Erscheinung immer mehr geschätzt. Obwohl ursprünglich Laufhund, hat er nur noch ein geringes Bewegungsbedürfnis. Er ist in der Stube gut zu halten.

Dackel (auch Teckel oder Dachshund)

Von den verschiedenen Dackelschlägen ist der kurzhaarige der älteste. Er ist seit ca. drei Jahrhunderten als »Taxkriecher« bekannt. In dieser Bezeichnung drückt sich seine Spezialaufgabe aus, Dachs und Fuchs kriechend in den Bau zu folgen. Er ist wahrscheinlich durch mutative Verkürzung der Läufe aus der Dachsbracke entstanden. Einer Einkreuzung des Pinschers soll die Raubzeugschärfe entstammen. Kreuzungen mit dem Wachtelhund ergaben später den Langhaardakkel, Kreuzungen mit englischen Niederlaufterriern den Rauhhaardackel.

Alle Dackelschläge, besonders aber die rauhaarigen, sind hervorragende Jagdhunde. Ihre ausgezeichnete Nase halten sie von selbst dicht über dem Boden. Deshalb sind sie für die Nachsuche wie geschaffen. Ich begleitete einmal einen Jäger, der mit seinem Rauhhaar einer Schweißfährte am langen Riemen folgte. Mehr als eine Stunde und über viele Kilometer ließ er sich vertrauensvoll führen, obwohl kein Tropfen Schweiß und auch sonst kein Zeichen darauf hindeutete, daß wir noch auf der Rotfährte waren; für mich stand fest, daß der Hund längt auf eine frische Gesundfährte übergewechselt war. Als wir plötzlich wieder Schweiß und kurz danach das verendete Wild fanden, glaubte ich an ein Wunder.

Andererseits ist der kleine, kluge und lebhafte Hund trotz seiner Eigenwilligkeit – manche nennen ihn »schwer erziehbar« – ein idealer, leicht zu haltender Haushund. Merkwürdigerweise bleibt er jedoch, trotz massenhafter Vermehrungszucht, seinem Kern ein rüder Geselle, der seine Jagdleidenschaft nicht leugnet. Man sollte dies respektieren und ihn nicht verhätscheln.

Windhund

Bei ihm haben wir es wieder mit einer sehr alten Rasse zu tun, die schon bei den ägyptischen Pharaonen für die Jagd eingesetzt wurde. Hierfür werden Windhunde auch heute noch im Gebiet der ehemaligen Sowjetunion verwendet.

Windhunde folgen dem Wind nicht mit der Nase, sondern mit den Augen. Besonders stark ist ihr Hetztrieb entwickelt; unbewegliches Wild interessiert sie nicht. Sie folgen hingegen mit rasender Fahrt einer sich schnell fortbewegenden Attrappe. Seit über 200 Jahren erfreuen sich in England und in den USA die Windhundrennen großer Beliebtheit.

Vorstehhunde

Unter diesem Namen wird eine Gruppe von Hunden zusammengefaßt, die man treffender als »Universal-Jagdgebrauchshunde« bezeichnen könnte. Ihre Aufgabe besteht nämlich nicht nur darin, bei der Niederwildjagd dem Wild vorzustehen, d. h. durch völliges Erstarren dem Jäger anzuzeigen, daß sie Wild vor sich haben; vielmehr müssen sie alle in einem Jagdrevier für den Hund anfallenden Arbeiten erledigen, vom Stöbern, Buschieren und Bringen bis zum Nachsuchen und Verbellen, das alles in Feld und Wald ebenso wie am und im Wasser.

Zu dieser Gruppe gehören zunächst die »deutschen« Rassen: der deutsche drahthaarige Vorstehhund, abgekürzt »Deutsch-Drahthaar«, noch mehr abgekürzt »DD«, der Deutsch-Kurzhaar (DK), der Deutsch-Langhaar (DL), der Deutsch-Stichelhaar (DS), ferner der große und kleine Münsterländer, der Pudelpointer, der Weimaraner und der Griffon. Die englischen Vorstehhunde, Pointer und Setter, sind dagegen einseitiger auf die Arbeit im Feld spezialisiert.

Die deutschen Vorstehhundrassen sind überwiegend erst nach 1890 entstanden. Man wollte sich bewußt von den englischen Spezialisten lösen und griff daher auf alte einheimische Jagdhundrassen zurück. Seit-

her wird durch ein gut organisiertes Prüfungswesen in erster Linie auf jagliche Eignung, Gesundheit und Leistung gezüchtet. Deutsche Vorstehhunde sind der ganzen Natur nach reine Jagdhunde und sollten es auch bleiben.

Cockerspaniel

Auch er gehört zu den Jagdhundrassen, und zwar, neben dem Deutschen Wachtelhund, zu den Stöberhunden. Wegen seiner weiten Verbreitung als Haushund soll er jedoch besonders aufgeführt werden.

Tatsächlich ist der »Cocker« einer der ältesten Jagdhunde. Er soll aus Frankreich oder, wie der Name sagt, aus »Spanien« stammen. Schon im Mittelalter wurde er für die Schnepfenjagd benutzt (engl. wood-»cook« = Schnepfe). Auch wenn er heute mehr als Begleithund gehalten wird, braucht er viel Bewegung. Er ist ein angenehmer und sehr gelehriger Hund. Üben Sie Zurückhaltung beim Füttern: Der Spaniel genießt den Ruf, gefräßig zu sein! Sein seidiges, leicht gewelltes Haarkleid bedarf intensiver Pflege.

Pekinese

Er wird auch »Peking-Palasthund« genannt und damit treffend beschrieben: Seine Heimat ist der Kaiserpalast in Peking, wo er unverändert 2000 Jahre lang gezüchtet wurde. Nur dem Kaiser von China stand dieses Recht zu. Im Jahre 1860 kamen nach der Besetzung der Kaiserstadt durch die Engländer einige Tiere nach Europa und bildeten den Stamm einer breiten Zucht.

Der Pekinese ist dennoch ein echter Aristokrat geblieben. Am wohlsten fühlt er sich auf Samt und Seide. Auch will er seiner Würde entsprechend behandelt werden; er ist selbstbewußt und herrisch; man darf ihn nicht übersehen! Trotzdem ist er ein »richtiger« Hund, wachsam, mutig und voll Temperament – für jeden Besitzer eine echte Freude.

Pudel

Als letzte Gruppe folgen die Pudelartigen; sicher aber gilt auch hier das hilfreiche »last but not least«: Ist doch der Pudel ein so fröhlicher und temperamentvoller Geselle, daß man sagen könnte, er vereinige in sich alle guten Eigenschaften der bisher aufgeführten Rassen – sowie sie die Geselligkeit betreffen. Es ist nicht sicher, ob er aus Frankreich oder aus Deutchland stammt; manche nennen ihn daher, um diese Zweifel auszuschließen, den »Deutschen Pudel«.

Der Pudel spielt gern, er ist gelehrig, wasser- und apportierfreudig. Stets sucht er den Kontakt zum Menschen und ist eigentlich der ideale Stubenhund. Allerdings kostet er Geld! Alle 5 Wochen müssen Sie mit ihm zum Hundefriseur, ein Beruf, der durch ihn entstanden ist.

Hündin oder Hund?

Auch diese Frage stellt sich beim Hundekauf. Aber sie ist weniger wichtig als die Frage nach der richtigen Rasse. Denn die Freude, die der Hund Ihnen durch seine Treue und Anhänglichkeit macht, bieten beide, Hündin und Hund.

Und beide haben Nachteile: Sie wird läufig und bekommt Besuche; er ist läufig und macht Besuche. Die Hündin ist nicht anhänglicher. Sie schließt sich lediglich schneller an, auch einem neuen Herrn. Hunde, die sich nicht verpflanzen lassen und über weite Strecken zurückfinden, sind meistens Rüden. – Übrigens hat der Bundesgerichtshof entschieden, daß der Besitzer eines Rüden für den Schaden nicht einstehen muß, den jener anrichtet, wenn er, auf eigene Faust streunend, für unerwünschten Nachwuchs sorgt. Das zu verhindern ist Sache der weiblichen Seite.

Natürlich haben Sie heutzutage viele Mittel gegen ein ungewolltes Belegen der Hündin. Das einfachste Rezept heißt: einsperren, vor allem während der letzten 7 Tage der Hitze. Durch eine Spritze des Tierarztes können Sie verhindern, daß die Hündin überhaupt in die Hitze kommt. Und mit Anti-Dog-Spray können Sie erreichen, daß die Rüden der Umgebung nicht angelockt werden. Für die häusliche Hygiene gibt es in den Tiergeschäften Hundehöschen in allen Größen, die die feine Hündin trägt, wenn sie in ihre Tage kommt. Sie können sie aus einem alten Kinderschlüpferchen auch selbst machen, wenn Sie einen Schlitz für die Rute vorsehen. Diese Höschen sorgen nicht nur für die Sauberkeit der Wohnung, sie schützen auch vor einem unbewachten Augenblick.

Vorsicht beim Hundekauf!

Leider kann auch ein so erfreuliches Familienfest wie die Aufnahme eines Hundekindes jäh getrübt werden, wenn Unerfahrenheit, Leichtsinn und Gutgläubigkeit bei den Kaufverhandlungen obwalten. Wie überall im Leben gibt es auch bei den Züchtern und Tierhändlern solche und solche, seriöse, weniger seriöse und – richtige Betrüger. Schon mancher Hundefreund mußte erkennen, daß er hereingelegt wurde.

Ihnen kann das nicht passieren, wenn Sie die folgenden Regeln beim Hundekauf beachten:

1. Überlegen Sie vor dem Kauf, wo und wie Sie Ihren Hund halten wollen, welche Rasse den Gegebenheiten Ihres Hauses entspricht und wer sein Herr, Abrichter, Betreuer und Pfleger sein wird. Sorgen Sie als Mieter vorher für die Einwilligung des Vermieters oder der Nachbarn. Denken Sie auch daran, was Sie im Urlaub mit ihm machen.

2. Kaufen Sie, wenn möglich, nur bei einem Züchter, den Sie persönlich kennen. Suchen Sie sich Ihren Welpen selbst aus. Vergewissern Sie sich, daß der von Ihnen ausgesuchte Welpe in der »Prägungsphase« (3.–7. Lebenswoche) viel Kontakt zu Menschen hatte. Er wird sonst menschenscheu (s. Seite 48).

3. Achten Sie darauf, daß der Welpe, den Sie übernehmen, wenigstens 7, besser 8–9 Wochen alt ist. Zu früh von der Hündin getrennte Welpen können ihr Leben lang schwere Schäden behalten.

4. Achten Sie darauf, daß der Welpe oder Junghund ein lebhaftes Benehmen zeigt, gut ernährt ist und eine gesunde, glatte Behaarung hat. Achten Sie auf Krankheitssymptome wie Husten, eitrigen Nasenausfluß, Augenausfluß, Augenzittern, Durchfall, Ohrenzwang, Kurzatmigkeit, Flohbefall, schuppige Haut, Hautekzeme und Ausschlag. Schalten Sie im Zweifel einen Tierarzt ein.

5. Einige große Hunderassen sind erblich mit der Hüftgelenksdysplasie (HD) belastet. Diese unangenehme und unheilbare Krankheit, bei der Oberschenkelkopf und Gelenkpfanne nicht korrekt zueinander passen, ist beim Welpen noch nicht feststellbar. Sorgfältige Züchter verfügen daher über tierärztliche Zeugnisse, daß beide Elterntiere ganz oder nahezu HD-frei sind.

6. Achten Sie auf einen einwandfreien Stammbaum, ausgestellt von einem Zuchtverband oder Hundeclub, der dem Verband für das Deutsche Hundewesen (VDH) angeschlossen ist. Aus dem Stammbaum müssen alle Daten des Welpen (Name, Wurfdatum, Geschlecht, Nummer) und die der Eltern, Großeltern und Urgroßeltern hervorgehen. Vertrauen Sie nicht auf irgendwelche »Bescheinigungen« oder »Papiere«. Verlassen Sie sich nicht auf die Zusage, der Stammbaum werde nachgeschickt. Prüfen Sie genau: Der Stammbaum kann gefälscht oder wertlos sein!

7. Achten Sie vor allem auf einen ordnungsmäßig ausgestellten und vom Tierarzt abgestempelten Impfpaß. Auch Impfpässe können ge-

fälscht sein! Verlassen Sie sich nicht auf das Versprechen, der Impfpaß werde nachgereicht.

Versicherungsfragen

Der Hundebesitzer haftet

Wenn Sie einen Hund besitzen, sollten Sie wissen, in welcher Rechtsposition Sie sind, wenn dieser einem Dritten Schaden zufügt. Der Gesetzgeber hat nämlich für diesen Fall dem Hundehalter eine besondere Last aufgebürdet: Er haftet für den durch das Tier verursachen Schaden auch dann, wenn der Tierhalter selbst keinerlei Schuld trifft. Sonst haftet im allgemeinen nur derjenige, der schuldhaft, vorsätzlich oder fahrlässig gehandelt hat. Einen Hund aber sieht der Gesetzgeber an sich als etwas Gefährliches an; sein bloßer Besitz begründet die Haftung. Man spricht hier von »Gefährdungshaftung«.

Nicht nur der Eigentümer haftet nach diesen Grundsätzen. Auch wenn Sie einen Hund in Pflege nehmen, wenn Sie den Hund zur Abrichtung übernehmen oder wenn Sie den Hund für längere Zeit leihen oder betreuen, z. B. als Jagdaufseher den Hund des Jagdherrn, müssen Sie dem Betroffenen jeden durch den Hund entstandenen Schaden ersetzen und ggf. ein Schmerzensgeld zahlen.

Von der Gefährdungshaftung ausgenommen sind nur diejenigen, die aus beruflichen Gründen einen Hund führen, z. B. die Berufsjäger und Polizeihundeführer. Ihnen muß der Geschädigte oder Verletzte deshalb nachweisen, daß sie es an der erforderlichen Sorgfalt bei der Haltung des Hundes haben fehlen lassen. Scherzhaft kann man also sagen: Es ist immer besser, sich von einem Privathund als von einem Diensthund beißen zu lassen!

Kompliziert wird es, wenn zwei Hunde an einem Schadensfall beteiligt sind, wenn es z. B. zu einer Beißerei zwischen beiden gekommen ist. Auch dann haftet jeder der beiden Hundehalter für den Schaden, den sein Hund angerichtet hat. Da aber der jeweils Geschädigte durch seine eigene Hundehaltung Mitverursacher ist, erhält jeder im allgemeinen nur Ersatz für die Hälfte seines Schadens.

Hunde-Haftpflichtversicherung

Die Hundehaltung ist also ein Risiko, gegen das sie sich versichern sollten. Üblich ist heute eine Pauschalversicherung für Personen- und Sachschäden in Höhe von 1 Mio. DM. Die Jahresprämie ist unabhängig von Rasse, Größe und Alter des Hundes. Die vom Eigentümer abgeschlossene Versicherung gilt auch für den jeweiligen Hundehalter.

Besser haben es die Jäger. In ihrer Jagdhaftpflichtversicherung sind automatisch zwei Hunde mitversichert. Der Versicherungsschutz für sie betrifft nicht nur die Jagdausübung; er gilt vielmehr immer und

*In solchen und ähnlichen Fällen mißlungener Hundeerziehung
ist es gut, versichert zu sein.*

überall, bei den meisten Versicherungsgesellschaften jedenfalls. Allerdings muß es sich um einen brauchbaren Jagdhund handeln, wenigstens muß er in Ausbildung sein, und beides müssen Sie nachweisen können.

Das erreichen Sie am besten dadurch, daß Sie mit dem Hund an einem Ausbildungslehrgang teilnehmen oder ihn einer Brauchbarkeitsprüfung oder Jugendsuche unterziehen. Jedoch ist dies nicht zwingend erforderlich; auch jeder andere Nachweis der Brauchbarkeit kann erbracht werden.

Unfallversicherung für den Hundeführer

Hat der Führer eines Jagdgebrauchshundes einen Versicherungsschutz, wenn er selbst bei der Arbeit mit dem Hund, z. B. bei einer Nachsuche, einen Unfall erleidet? – Ja, aber nur dann, wenn er nicht oder nicht mehr Jagdgast ist, sondern ausschließlich als Hundeführer tätig wird. In diesem Falle gilt er quasi als Angestellter des Jagdbeständers und genießt den berufsgenossenschaftlichen Unfallversicherungsschutz.

Haltung und Pflege des Hundes

Lager

Wie sieht sein Lager aus? Kein Kissen, keine weiche Matratze! Legen Sie auf den Boden ein grobes Fell oder ein Stück Bodenbelag (ca. 50×70 cm). Hier wird der Hund in den ersten Wochen immer mit einem Kettchen (keine Lederleine, die zerbeißt er) an einen Haken oder an ein Tischbein angeleint.

Nur so kommt er anfangs in die Stube.

Fütterung

Bitte bedenken Sie: Der Hund lernt nicht mit dem Kopf, sondern mit dem Magen! Er merkt sich sehr genau, für welches Verhalten er ein Belobigungshäppchen oder die ganze Futterschüssel bekommen hat. Setzen Sie Ihrem Hund daher niemals das Futter einfach hin. Zuerst muß er

etwas »leisten«, und wenn es nur auf »Na komm!« ein flottes Herankommen ist. Fütterungszeit ist Lernzeit!

Wie oft füttern Sie Ihren Hund?

In den ersten 4 Monaten 3- bis 4mal täglich, dann bis zu einem Jahr 2mal täglich, nach einem Jahr 1mal täglich mit einem Hungertag je Woche.

Benutzen Sie in erster Linie die Zeit vor dem Füttern als tägliche Unterrichtsstunde.

Was füttern Sie?

Zur Deckung des Energie-, Vitamin- und Mineralstoffbedarfes hat sich folgende Mischung der Ration bewährt: 60 % Fleisch oder Pansen in groben Stücken, der Hund muß es selbst zerreißen, dazu 40 % kohlenhydrathaltiges Trockenfutter, bestehend aus Fertigfutter und/oder Haferflocken, Gerstenflocken, altem Brot, Kartoffeln. Ab und zu sollten Sie zur Abwechslung auch ein rohes Ei, kleingeriebene Mohrrüben, fein-gewiegten Salat, Spinat oder Peter-silie, Obst und Käse geben, alles zusammen mit dem Trockenfutter »suppig« durch Wasserzusatz auf-bereitet. Zur Kräftigung des Gebis-ses erhält Ihr Hund auch bisweilen einen frischen Fleischknochen, aber keine Knochen von Geflügel oder Wild. Knochen führen leicht zu Ver-stopfungen. Achten Sie auf die Lo-sung, die wurstförmig und fest, aber nicht hart sein soll. Frisches Wasser soll der Hund stets in einem saube-ren Napf verfügbar haben.

Geben Sie ihm keine Schokolade oder andere Süßigkeiten, auch nicht zur Belobigung. Er mag sie nicht, solange sie ihm nicht aufgedrängt werden. Nach jüngsten wissen-schaftlichen Erkenntnissen ist es sehr wahrscheinlich, daß Hunde (und Katzen!) überhaupt keinen Sinn für Süßes haben. Das ist auch naheliegend, da sie seit jeher Fleischfresser sind.

Im übrigen ist der Hund ein Ge-wohnheitstier. Wenn Sie ihm Wo-chen hindurch feinste Kalbsleber-wurst vorsetzen, rührt er bald nichts anderes mehr an. Gewöhnen Sie ihn aber an gesunde und derbe Kost, können Sie unbesorgt ein Stück Kalbsleberwurst danebenlegen – er wird die gewohnte Kost bevorzugen und zuerst annehmen.

Frischfleisch, Pansen und Fleisch-knochen müssen Sie natürlich kon-servieren, sonst sind im Nu die Flie-gen daran und die Maden darin.

Manches geht ohne Bedenken in die Kühltruhe oder in den Eisschrank. Fachleute vergraben das Fleisch, wie es die »Fachleute« unter den Hunden auch selbst besorgen; es hat dann nach Tagen den richtigen »haut goût«. Ich mache es anders und einfacher: Ich setze das Fleisch einfach unter Wasser, das täglich er-neuert wird. So laugen zwar, vor allem beim Pansen, teilweise die Vit-amine aus. Aber besser gewässertes Fleisch als gar kein Fleisch, und 3–4 Tage läßt sich das Fleisch mit dieser Methode allemal konservieren.

Wieviel füttern Sie?

Von dem oben angegebenen Nor-malfutter braucht der Hund auf 1 kg Körpergewicht täglich etwa 50 g, kleinere Hunde etwas mehr – auf das Kilo Eigengewicht bezogen! – größere etwas weniger. Rechnen Sie also für

Hunde bis 10 kg Eigengewicht
65 g Futter je kg Gewicht
Hunde von 10–30 kg Eigengewicht
50 g Futter je kg Gewicht
Hunde von 30–50 kg Eigengewicht
45 g Futter je kg Gewicht
Hunde über 50 kg Eigengewicht
42 g Futter je kg Gewicht
Für einen Teckel von 7 kg sind das also $7 \times 65 = 455$ g/Tag.
Für einen Schäferhund von 40 kg sind es $40 \times 45 = 1800$ g/Tag.

Wenn Sie »Kurven« lesen können, sind Sie in der Lage, die Werte für die tägliche Futtermenge aus der

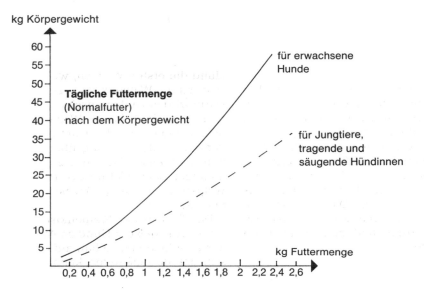

kg Körpergewicht

für erwachsene
Hunde

Tägliche Futtermenge
(Normalfutter)
nach dem Körpergewicht

für Jungtiere,
tragende und
säugende Hündinnen

kg Futtermenge

Die Darstellung zeigt links das Körpergewicht, unten die tägliche Futtermenge. Diese beträgt für einen erwachsenen Hund von z. B. 45 kg Körpergewicht etwa 2 kg pro Tag, für ein Jungtier mit 10 kg Körpergewicht etwa 1 kg pro Tag.

Darstellung zu entnehmen. Die obere, durchzogene Kurve gilt für erwachsene Hunde, die darunterliegende, gestrichelte für Jungtiere, tragende und säugende Hündinnen.

Wiegen Sie ab und zu Ihren Hund. Das geht z. B., indem Sie ihn zuerst mit den beiden Vorderpfoten, dann mit den Hinterpfoten auf Ihre Badezimmerwaage stellen und die abgelesenen Gewichte zusammenzählen. Wiegt Ihr 3jähriger Dalmatiner danach 23 kg, suchen Sie diesen Punkt auf der vertikalen Gewichtsachse, fahren von hier aus horizontal nach rechts, bis Sie auf die durchgezogene Kurve stoßen, fahren von hier aus senkrecht nach unten und können dann auf der Futterskala den täglichen Bedarf des Tiers an Normalfutter ablesen.

Füttern Sie nicht zuviel! Es werden weitaus mehr Hunde überfüttert als unterernährt. Der Hund muß seine Mahlzeit in einigen Minuten vollständig verzehrt und die Schüssel sauber ausgeleckt haben. Wenn er sich streckt, müssen (ebenso wie bei einem normalgewichtigen Menschen) die Rippen sichtbar sein.

Stubenrein

Wie wird er stubenrein?

Nach der Devise: Kein Hund beschmutzt sein Lager! Lassen Sie ihn in den ersten Wochen niemals frei in der Wohnung herumlaufen. Binden Sie ihn vielmehr an seinem Lager an. Das Kettchen darf am Anfang nur 30–40 cm lang sein. An einer bestimmten Stelle liegt draußen etwas Stroh oder Torf. Das ist sein Klo. Sobald er wach wird, bringen Sie ihn dorthin, und dann jede halbe Stunde.

Welpenkiste

Am besten überstehen Sie und Ihr Hund die ersten Wochen, wenn Sie sich eine »Welpenkiste« zulegen. Darin wird er »automatisch« stubenrein. Sie dient Ihrem Welpen als Schlafzimmer für die Nacht; doch kann er in ihr auch tagsüber dann und wann ausschlafen und zugleich ungeniert seine Notdurft verrichten. Welpen haben ein großes Schlafbedürfnis.

Das Prinzip der Welpenkiste besteht darin, daß der Hund im Anfang nur eine Liegefläche hat, auf der er sich gerade ausbreiten kann, nicht größer (s. Skizze A). Hat er erfaßt, daß dieser Teil seiner Wohnung sau-

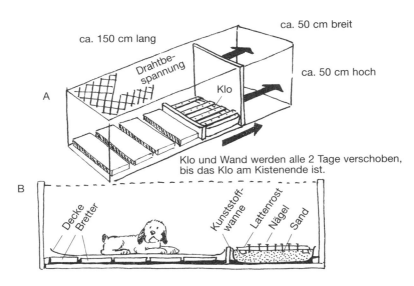

In der Welpenkiste kann er von Anfang an im Haus sein und wird ganz von selbst stubenrein.

ber bleiben soll, daß er sich vielmehr in dem anderen, mit Torf oder Sand bedeckten Teil lösen muß, kann der Liegeplatz Brett um Brett vergrößert werden, bis er den ganzen freien Raum der Kiste ausfüllt (s. Skizze B). Deshalb besteht der Liegeplatz aus sauberen, querliegenden Brettern und ist mit einer weichen Decke ausgelegt, die täglich erneuert werden sollte. Das »Welpenklo« dagegen besteht aus einer Kunststoffwanne mit einem Lattenrost. Natürlich müssen Sie verhindern, daß der Hund sich den als Klo gedachten Teil als Liegestatt auswählt. Sicherheitshalber sollen daher die Nagelköpfe des Lattenrostes so herausragen, daß sie zwar nicht beim Gehen stören, wohl aber ein Ablegen unmöglich machen.

Er soll sich melden, wenn er »muß«

Ist der Hund im Lehrfach »Sauberkeit« fortgeschritten, können Sie ihm beibringen, sich zu melden, wenn er »muß«. Allerdings sollte er vorher das Kommando »Gib Laut!« gelernt haben (s. Seite 165). Geleiten Sie hierzu Ihren Hund, wenn die Zeit gekommen ist, an die Tür, die ins Freie führt, öffnen Sie diese aber nur einen Spalt weit. Dann befehlen Sie: »Gib Laut!« Nach dem ersten kurzen »Wa!« lassen Sie ihn hinaus. Bald sagt er Ihnen laut genug: »Hallo, es ist soweit!«

Hundezimmer

Eine vereinfachte Form der Welpenkiste können Sie dadurch konstruieren, daß Sie einen kleinen Teil Ihrer Wohnung durch ein paar Bretter oder einen Lattenrost abtrennen und zum »Hundezimmer« ernennen. Die Anlage muß allerdings je nach dem Temperament des Tieres hinreichend stabil sein. Dort richten Sie die eine Ecke als Liegestatt ein, z. B. durch ein Reststück Auslegeware; Sie können hier auch das Körbchen unterbringen. Die entgegengesetzte Ecke wird das Klo, eine niedrige Kiste, innen mit Folie ausgelegt und mit Sand, Torf und darauf einigen Grasplatten aufgefüllt. Zwischen Liegestatt und Klo legen Sie eine Schicht alter Zeitungen.

Es kann nun passieren, daß der kleine Kerl letztere als Klo bevorzugt. Sind Sie sicher, daß dies kein Zufall ist, verkleinern Sie den mit Papier ausgelegten Raum immer mehr in Richtung Klo und füllen oder bedecken dieses auch mit Papier. Einer meiner Teckel hat auf diese Weise einmal bereits in der 8. Lebenswoche sein Häufchen auf eine zufällig im Zimmer herumliegende Zeitung gesetzt. Wenn nach einigen Wochen das Welpenzimmer aufgelöst wird, wandert die Kiste nach draußen, und zwar dorthin, wo er sich künftig lösen soll, also jenseits des Rasens und der Rabatten.

Legen Sie bitte in die Welpenkiste oder in das Hundezimmer, vor allem auch in den Zwinger, Gegenstände zum Beißen und Spielen. Wählen Sie hierzu aber bestimmte, spezielle Hundesachen, z. B. einen harten Hundeknochen aus Tierhaut, einen Lederball oder dergleichen, auf jeden Fall keine alten Schuhe oder Strümpfe. Er muß unterscheiden lernen, was er zerbeißen darf und was nicht. Findet er jedoch nichts dergleichen, dann sind Sie ihm bitte nicht böse, wenn sein Tätigkeitsdrang sich dem Körbchen, den Teppichen oder Tapeten zuwendet.

Zwinger

Nach 2–3 Wochen kommt der junge Hund mitsamt der Welpenkiste in den Zwinger. Das frühere »Welpenklo« wandert jetzt, nach dem Entfernen der kloseitigen Stirnwand, aus der Kiste heraus nach draußen, und zwar an die Stelle, die Sie im Zwinger als »Kloecke« festgelegt haben. Sie müssen das aber geschickt anstellen und den Bewegungsspielraum des Tieres für einige Tage weiterhin einschränken. Auf diese Weise wird der Hund »zwingerrein«, d. h., er verrichtet seine Notdurft immer an dieser Stelle, die durch etwas Sand oder Torf leicht sauberzuhalten ist.

Allerdings kommt nicht jeder Hund in den Zwinger. Sie können einen Hund durchaus in der Wohnung lassen; je enger und häufiger das Zusammensein, desto mehr Ihrer Worte und Gesten lernt der Hund und richtet sich nach ihnen; Sie können sich schließlich fast mit ihm unterhalten. In der Wohnung hat er seinen festen Platz. Er lernt auch schnell, welche Räume er betreten darf und welche tabu sind (s. Seite 203).

In den Zwinger gehört der Hund, wenn er zu lange in der Wohnung allein wäre oder wenn Sie mehrere Hunde halten. Auch der Zwingerhund soll so oft wie möglich in die Wohnung, aus Sicherheitsgründen auch nachts. Für den Junghund ist dies wichtig für die Prägung auf den Menschen (s. Seite 48), bei älteren Hunden auch eine Frage unserer Tierliebe.

Achten Sie beim Bau des Zwingers darauf, daß der Hund eine Hütte im Zwinger hat. Für den Auslauf ist, wenn 9 m^2 zur Verfügung stehen, eine Fläche von 9×1 m besser als eine solche von 3×3 m; der Hund ist ein Lauftier.

Wie schützen Sie Ihre schöne Wohnung vor schmutzigen Hundepfoten? Legen Sie vor die Tür zum Hof ein Stück rauhen Teppich (es gibt sehr billige Reste) oder eine größere bürstenartige Matte. Dort muß der Hund eine Zeitlang warten, wenn er herein will. Durch seine Unruhe »putzt« er sich von selbst die Pfoten. Sie können auch auf die gleiche Weise, wie eben (s. Seite 40) beschrieben, erreichen, daß er sich selber meldet, wenn er herein will.

Gassigehen

Die allgemeine Beliebtheit unserer vierbeinigen Freunde könnte größer sein, wenn sie auf öffentlichen Gehwegen nicht allenthalben unerfreuliche Spuren hinterließen. Jeder Hundebesitzer muß und kann das verhindern. Ebenso wie der Hund sein Geschäft nicht im Hause macht, auch wenn er mal etwas länger aushalten muß, kann er es lernen, sich nicht zu »lösen« (so heißt das richtig), solange er angeleint ist: Sie lassen es einfach nicht zu! Sollte es nicht zu vermeiden sein, schimpfen Sie mit ihm. Wenn Sie dann merken, daß er sich lösen will, »schnallen« Sie ihn vorher, d. h., Sie machen die Leine los. So merkt der Hund: »Aha, nur wenn ich frei bin, darf ich!« Er ist, könnte man sagen, »gassenrein«. Auch Sie wird er jetzt nicht mehr in Verlegenheit bringen; Ort und Zeit seiner »Geschäfte« können Sie selbst bestimmen.

Wenn die Umstände es verbieten, den Hund zu schnallen, lösen Sie das Problem auf andere Weise. Er »darf« nicht an der kurzen Leine, während er neben Ihnen »bei Fuß« geht. Aber er »darf«, sobald Sie die Leine vielleicht auf 3 m verlängern und ihm so weit Freiheit geben. Der Hund lernt solche Unterschiede sehr schnell. Konsequenz ist alles!

Sehr vereinfachen können Sie sich das Gassigehen, wenn Sie Ihren Hund an einen festen Zeitplan gewöhnen. Sie füttern ihn z. B. regelmäßig um 13 Uhr. Er löst sich dann pünktlich am nächsten Morgen etwa um 7 Uhr. Probieren Sie es bitte aus!

Haarpflege

Wann wechselt der Hund sein Haar? Das kommt darauf an, ob er überwiegend im Zwinger oder in der Wohnung gehalten wird. Der Zwingerhund wechselt das Haarkleid periodisch im Frühjahr und im Herbst. Der in ausgeglichenen Temperaturverhältnissen lebende Wohnungshund wechselt das Haar hingegen während des ganzen Jahres. Bei Zwingerhunden muß das Haar daher während des Haarwechsels möglichst täglich, bei Haushunden dagegen während des ganzen Jahres, etwa einmal pro Woche, gepflegt werden.

Wenn das Unterhaar gesäubert ist, wird immer mit dem Strich gebürstet.

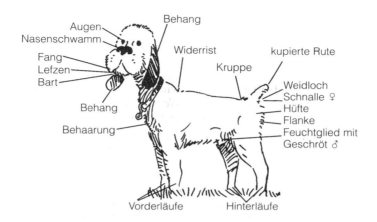

Augen
Nasenschwamm
Fang
Lefzen
Bart
Behang
Behaarung
Behang
Widerrist
Kruppe
kupierte Rute
Weidloch
Schnalle ♀
Hüfte
Flanke
Feuchtglied mit
Geschröt ♂
Vorderläufe
Hinterläufe

Man fährt, um das Unterhaar nach oben zu bringen, zuerst gegen den Strich durch die Behaarung, und zwar mit einer Bürste aus Natur- oder Nylonborsten. Danach wird immer mit dem Strich gebürstet. Zum Schluß können Sie das Haar mit einem feuchten Fensterleder, ebenfalls mit dem Strich, kräftig abreiben, wenn das Haar besonders schön glänzen soll – und Struppi nicht ungeduldig geworden ist.

Ein Hund, der viel draußen ist, reinigt sich selbst, vor allem, wenn er ins Wasser geht.

Sie sollten Ihren Hund nicht zu oft waschen. Unmittelbar auf der Haut hat er zum Schutz gegen Bakterien einen Säuremantel, den Sie schädigen, wenn Sie das Fell mit Shampoo oder Seife waschen. Da der Hund keine Schweißdrüsen hat (er schwitzt ja auch nicht, sondern hechelt statt dessen mit geöffnetem Fang und heraushängender Zunge), dauert es Wochen, bis sich der Säu-remantel neu gebildet hat. Zu häufiges Waschen schadet daher mehr, als es nützt. Auch Reinigungspuder oder Schaumspray sind ungeeignet. Verwenden Sie ein flüssiges Hundeshampoo, das den Säuremantel unberührt läßt. Frottieren Sie ihn nur kurz und lassen Sie die Behaarung von selbst in der Wohnung trocknen.

Hundedeutsch

»Sich lösen« und »schnallen« – das sind schon zwei Fachausdrücke der Hundesprache, die Sie kennen müssen. Wie peinlich wäre es, wenn Sie sagten:»Ich löse den Hund.« – Dazu nämlich braucht er Sie nicht.

Damit Sie sich als Hundefrau und Hundemann fachgerecht ausdrükken können, möchte ich Ihnen hier ein bißchen Sprachunterricht im Hundedeutsch erteilen. Eine alphabetisch angeordnete Zusammenstellung der Fachausdrücke, die den Hund betreffen, finden Sie am Schluß des Buches. Nachdem Sie ihn »geschnallt« haben und er sich »gelöst« hat, dürfen Sie ihn bitte nicht »anschnallen«: Sie »nehmen ihn an« oder Sie »leinen ihn an«. Wenn er sich das bieten und sich »brav« – der gute Hund ist ein »braver« Hund – führen läßt, ist er »leinenführig«. Das Halsband heißt auch »Halsung«.

Er hat kein Fell, sondern »Haare«, die alle zusammen die »Behaarung« sind. Beim Spazierengehen läuft er nicht auf Beinen, sondern auf »Läufen«. Am »Fang« hat er »Lefzen«, und die »Ohren« sind »Behänge«, wenn sie hängen. Hinten hat er keinen Schwanz, sondern eine »Rute«, die, wenn sie nicht »kupiert« wurde, oft eine »Fahne« hat und das »Weidloch« bedeckt. Der hintere Teil des »Rückens« ist die »Kruppe«.

Zuerst mit 7–10 Monaten und dann jedes halbe Jahr wird die Hündin »läufig« oder »heiß«, sie kommt in die »Hitze«. Man merkt das daran, daß sie »färbt« – aus der geschwollenen »Schnalle« verliert sie Bluttröpfchen.

Wenn der Hund Ihre Kommandos befolgt, hat er »Appell«. Auch das im Hundedeutschen übliche Kommando für das Heranbringen von Gegenständen kommt aus dem Französischen und heißt »Apport«. Bringen ist daher auch »Apportieren« und der Bringgegenstand das »Apportl«. Überhaupt ist die »Hundesprache« recht international. Zu den französischen »Apport« und »Appell« gesellen sich das englische »Down« und das chinesische »Pfui«.

Kind und Hund

In der Bundesrepublik Deutschland gibt es ca. 3 Millionen Hunde. Gemessen an dieser Dichte ist die Zahl der Unfälle, von denen man hört, sehr gering. Trotzdem sollten Sie sich bewußt bleiben, daß Ihr Hund von seinen Urahnen her ein Raubtier ist und in seinen Trieben und Reaktionen Merkmale seiner Vergangenheit behalten hat. Besonders im Umgang mit Kindern ist daher Vorsicht geboten.

Denn auch Kinder sind unberechenbar. Sie können unbewußt sehr grausam sein. Sie können aber auch, was noch gefährlicher ist, aufdringlich zärtlich sein und damit Ihrem Hund regelrecht auf die Nerven gehen. In beiden Fällen kann er sauer reagieren, und das heißt: zuschnappen!

Der Hund soll daher kein Spielzeug sein für Ihre Kinder. Er soll ihr Freund sein, ihr Begleiter, wie der Ihrige. Vor allem soll er auch für die Kinder eine Aufgabe sein, ein Stück Mitverantwortung; so früh wie möglich sollten sie – unter Aufsicht – bei seiner Erziehung und Abrichtung mithelfen, ihn füttern, ihn führen. Es ist ganz wichtig, daß Sie die Kinder ab und zu auffordern, diese oder jene Übung mit ihm zu machen. So erfährt der Hund, daß auch das Kind ranghöher ist als er.

Lassen Sie auf keinen Fall einen Hund allein bei einem Kleinkind. Auch vom hygienischen Standpunkt aus ist dies bedenklich. Es ist Unsinn, daß der Hund »auf das Kind aufpaßt«; das sind Fernsehmärchen.

Schließlich: Leinen Sie Ihren Hund an, wenn Kinder in der Nähe spielen. Weglaufende Kinder können den Beutetrieb wecken und gefährliche Reaktionen des Tieres auslösen.

hiervon ausreichend vorhanden ist. Außerdem soll der Hund in seinem Ferienheim sein Geschirr wiederfinden, Futternapf, Decke, Körbchen, Leine, bekannte Gegenstände also, die ihm Vertrauen und Sicherheit geben. Sie können ihm das neue Heim interessant machen, indem er Gelegenheit hat, mit anderen Hunden zu spielen. Allerdings sollten Sie, wenn ein Hund im Hause ist, zuvor testen, ob die beiden sich vertragen.

In Pflege geben

Die Ferien nahen – für den Hund keine schöne Zeit. Sie sollten alles tun, sie ihm zu erleichtern. Manchmal ist es das beste, ihn in seiner gewohnten Umgebung, z. B. in seinem Zwinger, zu belassen, wenn sichergestellt ist, daß er jeden Tag mehrmals ausgeführt wird. Sonst sollten Sie ein möglichst geeignetes Pflegeheim suchen, am besten bei Freunden, die auch einen Hund haben, im gegenseitigen Wechsel. Lassen Sie, auch wenn es schwer fällt, den Hund einen ganzen Tag oder zwei vor dem Umzug hungern; das neue Frauchen soll ihm in der neuen Umgebung das Futter reichen; so wird er beide schnell akzeptieren. Sorgen Sie dafür, daß er sein gewohntes Futter bekommt und daß

Wie alt wird Ihr Hund?

Der Hund wird 12–16 Jahre alt, der kleinere im allgemeinen etwas älter als der große. Gerne setzt man sieben Menschenjahre einem Hundejahr gleich. Das stimmt in bezug auf die Lebenserwartung, nicht aber in bezug auf den Reifeprozeß. Der Hund ist nach einem Jahr ein erwachsener, robuster und geschlechtsreifer Jüngling; manche Hündin kommt schon vor dieser Zeit in die erste Hitze. Biologisch entspricht folglich das erste Hundejahr etwa 15, das zweite etwa 6 und die folgenden 5 Menschenjahren. Die Jäger sagen es einfacher: Man hat 5 Jahre einen jungen Hund, 5 Jahre einen guten Hund und 5 Jahre einen alten Hund.

Aufzucht

Hundehochzeit

Wenn Sie das Glück haben, eine gute Hündin zu besitzen, die
1. frei von Fehlern ist, welche die Nachzucht ausschließen,
2. im Wesen ausgeglichen und fest ist und
3. in ihrem Form- oder Haarwert sowie in ihren Leistungen gute Noten aufweist,

sollten Sie sich und Ihrer Familie die Freude machen, selbst einmal zu züchten.

Zwischen dem 11. und 15. Tag nach Beginn des Rötens »steht« die Hündin. Ob sie bereit ist, können Sie zu Hause ausprobieren.

Wie gehen Sie vor?

Am besten wenden Sie sich zunächst an den zuständigen Zuchtwart. Von ihm erfahren Sie alle Formalitäten, die zu regeln und zu beachten sind, Zwingerschutz, zulässige Zahl der Welpen, Ahnentafel, Impfungen usw. Er wird Ihnen auch einen geeigneten Rüden empfehlen und die Verbindung zu dessen Besitzer herstellen.

Selbstverständlich sollten Sie versuchen, »nach oben« zu züchten. Auf eine einfache Formel gebracht, bedeutet dies, daß Sie einen Rüden wählen, dessen eigene oder familiäre Stärken dort liegen, wo Ihre Hündin Schwächen zeigt, und der ansonsten wenigstens guter Durchschnitt ist. So haben Sie eine Chance, die guten Eigenschaften beider Elternteile zu kombinieren.

Sind alle erforderlichen Verabredungen getroffen, erwarten Sie die nächste Hitze ihrer Hündin, mit der etwa jedes halbe Jahr zu rechnen ist. Sie kündigt sich durch das Anschwellen der Schnalle (Scham) an. Wichtig ist, daß Sie den 1. Tag der Blutabsonderung ermitteln. Vom 9. Tag an müssen Sie aufpassen, daß sich kein unerwünschter Freier einfindet. Richtig »steht« die Hündin aber erst vom 11. Tag ab. Aber das ist unterschiedlich; es kann auch erst der 14. oder 15. Tag sein. Es ist schon manche »Hundehochzeitsreise« umsonst gemacht worden, weil die Hündin noch nicht zur Liebe bereit war. Sie können das aber leicht vor Antritt der Reise ausprobieren. Holen Sie sich aus der Nachbarschaft irgendeinen Rüden, und lassen Sie ihn um den Zwinger scharwenzeln (oft genug kommt er ungerufen!). Wenn Ihre Hündin aufhört, ihn anzubellen, sondern ihm an der Zwingertür höflich und einladend ihr Hinterteil zeigt, dann ist sie bereit. Sie können auch die Hündin freilassen und den Rüden an die Leine nehmen, müssen dann aber vorsichtig sein.

Beim Deckakt selbst »hängen« Hündin und Rüde bis zu 20 Minuten zusammen, da das Glied des Rüden stark anschwillt. Meistens warten beide das Abschwellen ab, indem sie Po an Po gegenüberstehen. Der Rüde ejakuliert während dieser Zeit mehrmals. Der aus Unkenntnis unternommene Versuch, die beiden zu trennen, um den Deckakt in letzter Minute zu verhindern, ist nicht nur physiologisch unmöglich, sondern unsinnig und brutal.

Der große Wurf

Nach 63 Tagen ist es dann soweit. Sie bauen der Hündin rechtzeitig vorher entweder eine ausreichend große Wurfkiste, deren Seitenwände (oder eine von ihnen) mindestens 15 cm hoch sein sollten, damit die Welpen nicht hinausklettern können.

Viele Züchter legen weder Stroh noch Matten oder dergleichen in die Kiste, sondern belassen es bei rohen Brettern. Ich lege den ganzen Boden mit einer Styroporplatte aus und fülle die Kiste mit etwas Stroh. Dazu nehme ich allerdings gebrauchtes Stroh aus der Hütte der Hündin, das ich zuvor gut lüfte und staubfrei mache; es ist weicher als frisches Stroh. Sie können auch irgendwo in einem Stall, Keller oder Boden eine etwas größere Wurfecke abtrennen und mit Stroh ausfüllen. Das ist besser, wenn die Hündin die Wurfkiste einfach nicht annehmen will.

Der Wurfakt selbst verläuft fast immer ohne Komplikationen. Wenn irgend möglich, sollten Sie ständig dabeisein; irgend jemand, der mit der Hündin vertraut ist, muß Wache halten und die nächste Geburt melden. Schreiben Sie sofort auf, wer da angekommen ist: Nummer, Uhrzeit, Geschlecht, Kopf braun, rechtes Ohr hell, braune Platte auf linker Schulter und Kruppe, linke Pfote weiß, rechte Pfote braun usw., dann auch nach ca. einer Stunde das Geburtsgewicht.

Dabei verwenden Sie für jeden Welpen eine eigene Karteikarte. Während sie auf den nächsten Welpen warten, beobachten Sie sorgfältig die bereits geborenen. Tragen Sie ein, was Ihnen an ihrem Verhalten auffällt, vor allem ab wann sie anfangen, sich um die Zitzen zu bemühen. Hierin drückt sich die »angeborene Lebenskraft« aus, für die *Trumler* das Wort »Biotonus« empfiehlt; die Welpen müssen innerhalb der ersten Lebensminuten alles daransetzen, eine Zitze zu erreichen. Auch wird die Gewichtszunahme in den ersten Tagen genau registriert.

1–2 Tage nach dem Wurf verständigen Sie den Tierarzt, der Ihnen bei der Entscheidung hilft, wie viele und welche Welpen Sie liegen lassen.

Eingeschläfert werden Welpen, die offensichtlich nicht lebensfähig sind; das sind diejenigen mit Mißbildungen und mit einem schwachen Biotonus.

Je nach Rasse wird der Tierarzt in den nächsten 5 Tagen die Welpen kupieren und auch eventuell vorhandene Wolfsklauen beseitigen. Weiter vereinbaren Sie mit ihm, wann die erste Wurmkur durchgeführt und wann die Welpen geimpft werden sollen.

Alle Arbeit mit den Welpen nimmt Ihnen in den ersten Wochen die Hündin ab.

Behandlung der Welpen

Alle Arbeit mit den Welpen nimmt Ihnen in den ersten Wochen die Hündin ab. Es ist klar, daß sie in dieser Zeit besonders gut gefüttert wird. Sie erhält 3mal täglich rohes Fleisch und Fertigfutter, in das Kalk und Vitamine gegeben werden. Einen Teil ihrer Nahrung überläßt die Hündin den Welpen, indem sie das Gefressene erbricht und den Welpen als vorgekaute »Babykost« überläßt.

Es wäre jedoch ein verhängnisvoller Fehler, wenn Sie sich in den ersten Wochen überhaupt nicht selbst um die Welpen kümmerten. Diese Zeit ist nämlich die sogenannte Prägephase und für das spätere Verhältnis des Hundes zu seinem Herrn und zum Menschen allgemein von ausschlaggebender Bedeutung. Auch hierüber hat *Trumler* aufschlußreiche Experimente durchgeführt. Dabei hat sich ergeben, daß Hunde, die etwa ab der 3.–7. Lebenswoche keinerlei direkte Kontakte zu Menschen haben, für ihr ganzes Leben hochgradig kontaktscheu gegenüber Menschen sind und bleiben, auch wenn ihre Eltern sehr anhänglich waren.

Sie müssen daher in dieser Zeit regelmäßig mit den Welpen spielen, sie wiegen, in den Arm nehmen und streicheln. Derartige Berührungen

Schon zwischen der 3. und 7. Lebenswoche müssen die Welpen regelmäßig Kontakte zu Menschen haben; hierdurch entwickelt sich das erforderliche Maß an Anhänglichkeit.

müssen die Welpen mit mehreren Personen haben, damit sie nicht einseitig auf einen Menschen geprägt werden. Auch wenn Sie beabsichtigen, einen Welpen zu kaufen, sollten Sie dem Wurf von der 3. Woche an hin und wieder einen Besuch abstatten und den in Aussicht genommenen Welpen in den Arm nehmen und liebeln.

Von der 4. Woche an beginnen Sie mit dem Zufüttern. Am besten nehmen Sie ein gutes kohlenhydratarmes Aufzuchtfutter, das Sie mit kleingehacktem Fleisch und Fett, Kalk- und Vitaminpräparaten, Lebertran und rohem Ei anreichern. Ich gebe auch immer kleingeschnittene Petersilie dazu. Wenn die Welpen das Futter angenommen haben, wird 5mal am Tag gefüttert.

Nach 6 Wochen werden die Welpen tagsüber von der Hündin getrennt, nachts jedoch wieder zu ihr gelassen. Sobald sie Hündin sie nicht mehr saugen läßt – das geschieht etwa 8–10 Wochen nach der Geburt – werden die Welpen ihrem neuen Besitzer übergeben. Sie sollten jetzt, auch wenn größere Hunde zur Familie gehören, einige Tage nur zum Menschen Kontakt haben. Dann sollen sie jedoch wieder mit der Mutter (oder mit irgendeinem andern Hund) zeitweise zusammen-

gebracht werden, die die erste »Abrichtung« durchführt. Sie übernimmt nämlich jetzt die Ausbildung zum Kämpfer, damit der junge Hund ein nützliches Mitglied der Meute wird. Diesen Kampfspielen und Raufereien zuzusehen ist ein besonderes Vergnügen. Die meisten Hunde haben ein angeborenes Talent, dem Welpen zu kämpferischen Erfolgserlebnissen zu verhelfen. Da streckt ein großer, schwerer Rüde auf dem Rücken liegend alle viere von sich, während der Knirps ihn an der Gurgel hat und der große Sieger ist.

Wenn Sie selbst außer dem Welpen keinen Hund im Hause haben, tun Sie gut daran, in den ersten Wochen ab und zu einen befreundeten Hundebesitzer aufzusuchen. Das Spielen mit seinen Artgenossen ist ebenso wie die frühen Kontakte des Welpen zum Menschen für seine normale Entwicklung unerläßlich.

Zu Hause oder im Zwinger sollten Sie für reichlich Spielzeug sorgen, das er herumschleppen und -stupsen kann. Auch gehören eine oder mehrere verschieden hohe Kisten in den Zwinger zum Klettern, Springen und Obendraufliegen. Verfügt der Hund über einen größeren Auslauf, baue ich ihm immer ein Hindernis in den Weg, das er überspringen oder umgehen muß.

Der Onkel Doktor

Ein bißchen Hundedoktor muß jeder Hundebesitzer sein. Fast an jedem Ginsterstrauch sitzen Holzböcke (Zecken), die Mensch und Hund in gleicher Weise heimsuchen und peinigen. Sie müssen wissen, wie solche und andere Parasiten aussehen und zu bekämpfen sind. Sie müssen auch wissen, wie Ihr Hund sich bei bestimmten Krankheiten verhält, damit Sie diese schnell erkennen und ihm helfen können. Die allgemeine Regel lautet: Suchen Sie den Tierarzt auf, wenn Sie unerklärliche Gesundheits- oder Verhaltensänderungen feststellen! Das gilt besonders bei Abmagerung, Fieber, häufigem Erbrechen, Appetitlosigkeit (oder übertriebenem Hunger), geschwächtem Allgemeinbefinden, Blut im Kot oder Urin, stumpfem Haar, krampfartigen Anfällen, starkem Durst, Ekzemen und Hautausschlag.

Parasiten im Hund (Endoparasiten)

Der Kampf gegen diese Schmarotzer beginnt bald nach der Geburt, 14 Tage nach dem Wurf. Dabei geht es zunächst um die Bekämpfung der Spulwürmer und anderer Magen-Darm-Würmer. Es wird von jetzt an bis zum Absetzen jede Woche einmal entwurmt. Die Hündin wird jedesmal, auch bei der ersten Kur, einbezogen. Zuchthündinnen sollen nach jeder Hitze 3mal entwurmt werden, und zwar nach 2, 4, und 6 Wochen. Für alle diese Kuren gibt es heute gute Medikamente, die mit dem Futter, aber auch durch Injektion verabreicht werden können.

Ein anderes Kapitel ist der Bandwurm. Er ist der Parasit des erwachsenen Hundes, der durch spezielle Mittel bekämpft werden muß.

Achten Sie darauf, daß der Kot nach Wurmkuren beseitigt wird, um die Gefahr einer Wiederaufnahme der Parasiten zu vermeiden.

Parasiten am Hund (Ektoparasiten)

Zecken krabbeln eine Weile im Fell herum und verbeißen sich dann in der Haut, meistens auf der Stirn, an den Behängen und an der Brustpartie. Wenn sie sich mit Blut vollgesaugt haben und dabei immer dicker geworden sind, werden sie wieder gut sichtbar. Am besten entfernt man die Zecke mit einer scharfen Pinzette. Hundeflöhe lieben die Rückenpartie bis zum Rutenansatz. Sie sind schwer zu bekämpfen, weil sie ihre Eier mit Vorliebe in den Ritzen oder im Stroh der Hütte ablegen. Außer dem Einstäuben von Kontaktgiften in das Haar (Jakutin, Antorgan) muß daher bei Befall auch die Hütte gereinigt und gründlich desinfiziert werden. Flöhe sind für den Hund nicht nur unangenehm, sie sind auch der Zwischenwirt für den am häufigsten vorkommenden »kürbisartigen Bandwurm« (Dipylidium caninum).

Läuse vermehren sich am Hund. Ihre Lieblingsstelle ist der Kopf, vor allem hinter den Behängen, der daher besonders gründlich eingepudert oder besprüht werden muß.

Das ganze Problem der Ektoparasiten ist heute gelöst durch imprägnierte Halsbänder, die in allen Tierhandlungen angeboten werden. Sie halten Parasiten nicht nur vom Hunde fern, sondern unterbrechen damit auch den Kreislauf Hund––Hütte–Hund. Auf die Nase oder das Wohlbefinden des Tieres haben sie keinerlei Nebenwirkungen.

Zum Fiebermessen muß der stehende Hund von einem Helfer gehalten werden.

Infektionskrankheiten

Auch gegen diese einst so gefürchteten Hundekrankheiten können Sie Ihren Hund wirksam schützen. Sofern es sich nicht um eine gefährdete Zuchtanlage handelt, wird heute allgemein empfohlen, die erste aktive Immunisierung (Impfung) der Welpen nicht vor der 12. Lebenswoche vorzunehmen. Neuerdings raten Tiermediziner sogar dazu, bis zur 16. Woche zu warten. Der Grund ist einleuchtend: Bis zu dieser Zeit nämlich sind die Welpen durch die Muttermilch mit Immunstoffen versorgt. Dieser Schutz wirkt aber nicht nur gegen Infektionen, sondern auch gegen zu frühzeitig vorgenommene Impfungen, die ja selbst eine Kleininfektion darstellen. Damit verpufft die zu frühe Impfung; ein eigenes Abwehrsystem kann beim Welpen nicht aufgebaut werden.

Für gefährdete Anlagen empfiehlt es sich, schon sehr früh, etwa nach 14 Tagen, ein Spezialpräparat zu impfen, das Gammaglobuline enthält und sofort Schutz gewährt, aber schnell wieder abgebaut wird.

Die Hauptimpfung der Welpen nach der 12.–16. Lebenswoche wird heute kombiniert gegen Staupe, Hepatitis, Leptospirose und Parovirose (Katzenseuche) vorgenommen. Zusätzlich wird in einigen Gebieten gegen Zwingerhusten geimpft. Die Leptospirose-Impfung muß auf jeden Fall nach 4–6 Wochen aufgefrischt werden, am besten zusammen mit der ersten Tollwutimpfung.

Auch gegen die Tollwut sollten Sie Ihren Hund (und damit sich selbst) frühzeitig und später jährlich durch Impfung schützen. Haben Sie dieses versäumt, so ist höchste Vorsicht geboten, wenn Ihr Hund von einem anderen gebissen wurde, vor allem in tollwutgefährdeten Gebieten. Jede kleinste Wesensveränderung müssen Sie in diesem Falle dem Tierarzt melden und das Tier sofort einsperren oder an die Kette legen. Tollwut ist anzeigepflichtig!

Bestehen Sie bei jedem Hundekauf auf die Aushändigung eines internationalen Impfpasses, den heute jeder Tierarzt nach dem Impfen ausstellt. Liegt er nicht vor, lassen Sie den Hund am besten nachimpfen. Sie brauchen den Paß, wenn Ihr Hund mit Ihnen ins Ausland reisen soll.

Infektionskrankheiten sind mit erhöhter Temperatur verbunden. Zum Fiebermessen versehen Sie das Thermometer aus Sicherheitsgründen mit einer Schnur und fetten es gründlich ein. Lassen Sie den Hund, wie auf der Zeichnung angegeben, von einem Helfer halten, der ihm den rechten Arm ringartig um den Hals legt. Widerspenstigen, starken Hunden müssen Sie zuvor den Maulkorb anlegen. Dann führen Sie das Thermometer unter leichtem Drehen etwa 3 cm von oben nach unten in den After ein. Die normale Temperatur des Hundes beträgt 38–39° C.

Ohrenzwang

Ihn erkennen Sie daran, daß der Hund die Behänge ständig schüttelt. Es handelt sich um ein Ekzem im Gehörgang. Auch bei Ohrenzwang würde ich als unerfahrener Hundemann zum Tierarzt gehen.

Im Anfangsstadium wird das Ohr zunächst äußerlich von dem verdickten, schwarzen Ohrenschmalz gereinigt, am besten mit einem ölgetränkten Wattebausch, der um ein stumpfes Hölzchen gewickelt ist. Dann füllen Sie körperwarmes Olivenöl in das Ohr, das nun durch Drücken heraus- und hineingepumpt wird und nach und nach immer sauberer bleibt. Das wiederholen Sie an 5–7 Tagen. Erst danach wird, wiederum mit Stäbchen und Watte, die vom Tierarzt verordnete Salbe tief in den Gehörgang »eingedreht«.

Ist der Ohrenzwang fortgeschritten, rate ich dringend, diese Behandlung nicht selbst durchzuführen, sondern dem Tierarzt zu überlassen. Der Hund weiß nicht, daß Sie ihm helfen wollen. Er fühlt nur, daß Sie ihm Schmerz zufügen, und könnte sein Vertrauen zu Ihnen verlieren.

Bißwunden

Heilen offene Wunden nicht nach wenigen Tagen ab, sollten Sie den Tierarzt aufsuchen. Es besteht die Gefahr, daß durch Lecken und Kratzen Wundhöhleneiterungen entstehen, die zu schweren Blutvergiftungen führen können.

Hautkrankheiten

Diese sind normalerweise leicht zu erkennen, wenn auch nicht zu diagnostizieren. Es muß nicht immer gleich eine Räude sein; auch andere Ekzeme, Ausschläge, Quaddeln, Furunkel, Flechten, Akne oder sonstige Entzündungen treten auf und machen den Besuch beim Tierarzt unvermeidlich.

Verdauungswege

In diese Gruppe gehört die eitrige Analbeutelentzündung am After, die der Hund durch das bekannte »Schlittenfahren« anzeigt. Auch sie läßt sich im Anfang leicht durch einen einfachen Eingriff behandeln, kann aber, wenn dies versäumt wurde, schwer operierbare Verdickungen hervorrufen.

Das übertriebene Füttern von Knochen führt häufig, vor allem bei älteren Hunden, zu hartem, billard-kugelartigem Kot, der nur fachmän-nisch entfernt werden kann. Ver-suchen Sie es nicht mit Abführmit-teln oder Klistieren oder gar mit ir-gendwelchen Werkzeugen. Suchen Sie schnell den Tierarzt auf.

Augenentzündungen

Auch hier ist es falsch und nutzlos, mit Augensalben und Borwasser herumzukurieren. Der Tierarzt hat im Anfangsstadium der Krankheit zumeist eine ungleich höhere Chan-ce der Heilung als nach Wochen, wenn die Entzündung auf das ganze Auge übergegriffen und Verdickun-gen der Bindehäute hervorgerufen hat.

Eingedrungene Fremdkörper, vor allem Staub- und Sandteilchen, müssen Sie hingegen schnell entfer-nen. Spülen Sie hierzu den Lidsack gründlich mit lauwarmem, destillier-tem Wasser oder Kamillentee aus und füllen Sie ihn danach mit einer lindernden Augensalbe. Dies ist be-sonders wichtig, wenn Ihr Teckel Erdhundearbeit geleistet hat.

Dackellähmung

Ursache ist ein Leiden, das der Dak-kel mit dem Menschen teilt, die Er-krankung der Wirbelsäule durch Bandscheibenvorfall. Die Symptome können verschieden sein: Entweder tritt die Lähmung schlagartig ein, meistens nach einer unglücklichen, alltäglichen Bewegung. Der Hund knickt unter einem Schmerzens-schrei plötzlich ein und sitzt und rutscht danach auf den Hinterläufen. Oder die Lähmung entwickelt sich

langsam. Der Hund zeigt Schmer-zen, man darf ihn nicht anfassen; er liegt viel und klagt viel. Dann folgen Bewegungsstörungen und schließ-lich Lähmung.

Diese Krankheit hat überwiegend rassebedingte Ursachen. Das be-deutet, daß wir leider bei unserem geliebten Teckelchen mit ihrem Auftreten rechnen müssen. Irgend-welche vorbeugende Maßnahmen sind nicht denkbar. Aber wir müssen wachsam sein. Denn: Je eher die Lähmung behandelt wird, desto grö-ßer sind die Heilungschancen. Und: Je länger die Lähmung andauert, desto länger dauert die Heilung. Sie müssen also beim ersten Anzeichen zum Tierarzt.

Für die erste Hilfe können Sie alles an-wenden, was sie beim Erste-Hilfe-Kurs des Roten Kreuzes gelernt haben.

Erste Hilfe

Grundsätzlich können Sie bei Ihrem Hund alles das verwenden, was sie beim Erste-Hilfe-Kurs des Roten Kreuzes gelernt haben. Stark blu-tende Wunden an den Läufen wer-den wie beim Menschen oberhalb abgebunden, am besten mit einem starken Gummiband (s. Skizze). Bei weniger stark blutenden Wunden legen Sie einen Druckverband an. Ein zusammengefaltetes Taschentuch oder Tempotaschentuch z. B. drükken Sie mit Hilfe einer Mullbinde fest auf die blutende Wunde. An der Stelle der Wunde muß daher beim fertigen Druckverband eine Erhöhung sichtbar sein (s. Skizze). Gebrochene Läufe müssen Sie mit einem Brettchen und einer Binde schienen (s. Skizze). Relativ häufig sind Wunden an den Pfoten durch herumliegende Glasscherben. Legen Sie beim Verbinden der Pfote Wattestreifen zwischen die einzelnen Zehen und lassen Sie die Krallen sichtbar herausragen (s. Skizze).

Abbindungen und Druckverbände müssen nach 1–2 Stunden gelöst und gegebenenfalls neu angelegt werden.

Guter Rat ist teuer

Es erschien mir nötig, Ihnen für die häufigeren Krankheiten und Verletzungen diese kurzgefaßten Ratschläge zu geben, denn in der Not ist guter Rat bekanntlich teuer. Sie sollten jedoch die Häufigkeit solcher Fälle nicht überschätzen. Ordnungsmäßig aufgezogene und gehaltene Hunde sind fast ausnahmslos gesund und robust, und ich schätze, daß mehr als zwei Drittel von ihnen den Tierarzt nur bei den Impfungen sehen.

Wesen und Lernvermögen des Hundes

Auch wenn der Hund sich in vielen, sehr verschiedenen »Ausführungen« darstellt, wobei die etwa 400 Rassen sich noch in beliebiger Weise vermischen, hat er dennoch in seinem Wesen, seiner Intelligenz, seinen Trieben und in seiner Lerntechnik einen Kern, der bei allen Einzelexemplaren gleich ist und jedes einzelne als Hund kennzeichnet. Ohne diesen allen Hunden gemeinsamen Kern ihres Wesens wäre es nicht möglich, allgemeine Regeln für die Hundeerziehung aufzustellen. Ich möchte diesen Kern daher kurz beschreiben.

Dazu ist es zunächst erforderlich, einen Blick auf die Abstammung und Entwicklungsgeschichte des Hundes zu werfen.

Herkunft und Erbgut der Hunde

Urvater des Hundes ist der Wolf

Wie die kräftigen Fangzähne, aber auch viele Verhaltensformen unserer Haushunde beweisen, waren ihre Vorfahren Raubtiere. Wir wissen heute ziemlich sicher, daß der Hund vom Wolf abstammt oder sich wenigstens in naher Verwandtschaft zu ihm entwickelt hat.

Schakal und Fuchs gehören zwar auch – neben Wolf und Hund – zu der großen Familie der Hundeartigen, der »Canidae«, unter denen der Haushund der »Canis lupus familiaris« ist. Sie sind aber als mögliche Kandidaten für die Urvaterschaft des Hundes inzwischen ausgeschieden. Kreuzungen zwischen Schakalen und Hunden durch künstliche Befruchtung führten zu nicht lebensfähigen Tieren, während sie zwischen Wölfen und Hunden durchaus stabile Mischformen erbrachten.

Fest steht ferner, daß der Hund früher in der freien Wildbahn gelebt hat, und zwar nicht einzeln, sondern in Meuten. Heute noch fällt es schwer, einem jungen Hund begreiflich zu machen, daß er einmal allein zu Hause bleiben muß. Der Hund war von früher Vorzeit an immer auf ein Leben in der Gruppe eingestellt, in die er sich einordnete. Darin liegt bis heute eine der Grundlagen seiner Dressierbarkeit.

Suchend und jagend durchstreifte die Wildhundmeute die Weiden und Wälder auf der Suche nach Beute. Der Wildhund war für diese Art Lebensunterhalt mit dem vom Wolf übernommenen Erbgut hervorragend gerüstet. Durch seine Ausdauer, sein Lauf- und Riechvermögen, durch seine Fähigkeit, über Stunden beharrlich einer Fährte folgen zu können, aber auch durch seine kluge, auf gegenseitige Zusammenarbeit ausgelegte Jagdtaktik war er seinen Beutetieren stets deutlich überlegen.

Vom Wolf zum Wildhund

Wie aber kam es dazu, daß aus dem Wolf, der bis heute unverändert blieb, vor vermutlich 10 000–15 000 Jahren ein neues Tier, ein wolfsähnlicher Wildhund entstand, aus dem durch das Zutun des Menschen schließlich unser Haushund wurde? Ohne der Genforschung ins Handwerk pfuschen zu wollen, möchte ich annehmen, daß die entwicklungsgeschichtliche Wandlung vom Wolf zum Wildhund am wenigsten in physiologischen Veränderungen lag. Es ist in erster Linie die Entwicklung zu einer erheblich gesteigerten Sensibilität, einem reicheren Gefühlsleben, die aus dem Wolf ein äußerlich ähnliches, seinem Wesen nach jedoch völlig verändertes, höherentwickeltes Tier gemacht hat. Die artspezifische Ausgestaltung dieser neuen Gefühlsstruktur des Hundes werde ich später eingehend darstellen (s. Seite 66ff.).

Lernen, sich anpassen an veränderte Umweltbedingungen, setzt voraus, daß Informationen im Langzeitgedächtnis gespeichert werden (s. Seite 70). Dazu müssen sie jedoch mit erregenden Gefühlserlebnissen verbunden sein; Gleichgültiges behält man nicht. Die neu gewonnene Fähigkeit zu starken Gefühlen, die weder der Wolf noch irgendein anderes Wildtier je besaßen, war daher beim Hund zugleich Grundlage einer neuen, zumindest stark verbesserten Lerntechnik, einer neuen Intelligenz. Die Verfeinerung des Gedächtnisses, dessen gesteigerte Fähigkeit zu Assoziationen, zur Produktion neuer Handlungseinfälle, war danach mehr eine Frage der Auslese.

Wichtig aber war, daß die neuentstandene Empfindsamkeit für den Hund eine zusätzliche Qualifikation darstellte. Die übrigen Eigenschaften des Lauftieres Wolf, sein Wahrnehmungsvermögen, seine soziale Eingebundenheit, blieben dem Wildhund aus seiner Wolfsrudelzeit weitgehend erhalten und machen trotz unglaublich sich verzweigender Rassenbildung bis heute das Wesen des Hundes aus, dem man somit eine hohe Stabilität bescheinigen kann.

Vom Wild- zum Haustier

Es ist viel darüber gerätselt und geschrieben worden, wie wohl »der Mensch auf den Hund gekommen sein mag« *(Lorenz)*, wie also und warum Mensch und Hund im Verlaufe ihrer Entwicklungsgeschichte eines Tages ein so faszinierendes Gespann gebildet haben. Den verschiedenen Theorien, die diesen Vorgang zu erklären versuchen, möchte ich eine eigene hinzufügen, die auf der in diesem Buch vertretenen Auffassung über das Lernvermögen des Hundes beruht.

Sie geht von der Feststellung aus, daß der neuentstandene wolfsähnliche Wildhund im Gegensatz zum Wolf ein Kulturfolger wurde, ein Tier also, das die Nähe des Menschen nicht mied, sondern suchte. Er wurde zum Kulturfolger aufgrund seiner neuentwickelten Lerntechnik.

Vor der Domestizierung müssen Mensch und Hund Feinde gewesen sein, die einander fürchteten und aus dem Wege gingen. In dem noch wolfsartigen Wildhund jedoch waren Veränderungen vor sich gegangen. Durch seine gestiegene Sensibilität war sein Verhalten plötzlich nicht mehr allein von seinen Instinkten, d. h. von genetisch übernommenen Erfahrungen abhängig. Er hatte jetzt die Fähigkeit, sein Verhalten von eigenen Erfahrungen abhängig zu machen, je nachdem nämlich, ob es ihm Erfolg und Lustgewinn oder Mißerfolg und Betroffenheit einbrachte. Also folgte der Wildhund auch nicht mehr blind seinem Fluchtinstinkt. War er z. B. mit seiner Meute in einer anhaltenden Notlage und stieß er, rastlos umherstreifend, auf eine menschliche Siedlung, suchte er nicht in jedem Fall, wie die anderen Raubtiere, bald wieder das Weite, sondern er probierte die andere Möglichkeit: Er blieb in ihrer Nähe. Und siehe, es fanden sich in der Umgebung oder auf den Spuren der Menschen unerwartete Leckerbissen, die sein Probierverhalten belohnten.

Ein und dieselbe Eigenschaft des Hundes ist heute die Grundlage seiner Erziehung, die schon vor vielen tausend Jahren – nach Knochenfunden war es vor 7000–8000 Jahren – die Grundlage seiner Domestizierung war: die bei ihm besonders hoch entwickelte Fähigkeit, durch die Lernmethode von »Versuch und Irrtum« neue Verhaltensformen zur Verbesserung seiner Lebensbedingungen ausprobieren zu können.

Der Hund war phantasievoller geworden als andere Tiere und somit anpassungsfähiger. Er war einfach »klüger« als z. B. sein Verwandter, der schlaue Fuchs. Und so wurde er zum Freund und Begleiter des Menschen und nicht jener.

Der Mensch seinerseits machte die ähnliche Erfahrung: Die in der Nähe weilende Wildhundmeute warnte durch ihr Gebell vor herannahenden Feinden. Oder sie zeigte ihm durch ihre Fährte die Stelle, wo ein verwundetes Beutetier verendet war, wobei die Meute die Innereien bevorzugte und das Fleisch den Menschen beließ. So erkannten beide Seiten nach und nach die Vorteile, die die Nähe des jeweils anderen verhieß. Der Mensch duldete fortan die Meute in seiner Nähe.

Bald fand sich dann auch hier und da ein elternlos gewordener Wurf, der in der Siedlung aufgezogen wurde. Und hier kam eine weitere, für die Domestikation günstige Erbanlage des Wildhundes zur Geltung: die artspezifische Prägungsbereitschaft der Welpen in der 4.–6. Lebenswoche. In der Meute wurden die Welpen in dieser Zeit auf die Meutegenossen geprägt; sie lernten, von wem sie Gutes zu erwarten hatten. Der vom Urmenschen gefundene Wurf wurde auf ihn geprägt. Der Hund faßte Vertrauen zum Menschen.

Die Domestikation des Hundes vollzog sich im zeitlichen Zusammenhang mit der Entstehung des Wildhundes und nicht etwa wesentlich später. Es kam überall und immer wieder zu neuen Kontakten, wo

Parallel zur Entwicklung des Menschen wurde aus dem Wolf der Wildhund und aus diesem der Haushund ...

der entwicklungsgeschichtlich junge Wildhund Menschen begegnete. Denn mit der Entstehung seiner Art waren zugleich alle Voraussetzungen für seine Annäherung an den Menschen, für seine ausgesprochen leichte Dressierbarkeit gegeben.

Es ist somit nicht anzunehmen, daß unser Hund ein domestizierter Wolf ist. Schon die Tatsache, daß es bis heute freilebende Wildhunde gibt, z. B. die Kojoten Amerikas, läßt darauf schließen, daß zuerst aus dem Wolf durch mutative Veränderung seiner Psyche ein ihm äußerlich noch gleicher Wildhund und aus diesem durch Domestikation der Haushund wurde.

Dieser Prozeß verlief jedoch nicht geradlinig. Es ist sicher, daß sich bereits gezähmte Tiere wieder aus dem Staube gemacht haben und sich einer Wildhundmeute anschlossen oder eine solche bildeten; das sind z. B. die Dingos Australiens und Neuguineas.

Die Herausbildung seiner neuen Sensibilität und die Ausprägung seiner gesteigerten Lernfähigkeit, die zusammen das Wesen des Haushundes in erster Linie ausmachen, dürfte sich daher sowohl in freilebenden Wildhundmeuten wie auch unter den gezähmten Tieren unter der Obhut des Menschen nach und nach vollzogen haben.

... weil der Wildhund durch genetische Fortentwicklung die Lernmethode von »Versuch und Irrtum« perfektioniert hatte und so zum Begleiter des Menschen avanciert war.

Bildung der Hunderassen

Und damit begann eine eindrucksvoll vielfältige Entwicklung hin zu Hunderten von Hunderassen. Gerade deren Vielzahl und Differenzierung waren es ja, die immer wieder daran zweifeln ließen, daß sie alle von einem Tier, dem Wolf, abstammen könnten.

Dazu muß man allerdings wissen, daß auch die Wölfe schon in mehreren Rassen vorkamen, so daß die Rassebildung der Hunde hier schon ihren Anfang nahm. So sollen z. B. vom Polwolf die niedrigeren Schlittenhunde abstammen, während die Wildhunde auf die höherläufigen Wüstenwölfe zurückgehen.

War allerdings der Hund erst einmal in der Obhut des Menschen, war der Rassebildung in die extremsten Richtungen Tür und Tor geöffnet. Es ist ja nicht anzunehmen, daß sich die Menschen allzusehr verändert haben. Also war ihnen schon in der Vorzeit das, was sie besaßen, nicht gut genug: Hatte der eine einen großen Hund, wollte der andere einen noch größeren. Und hatte der dritte einen kleinen Hund, suchte der vierte nach einem noch kleineren.

So entstanden die Rassen durch Selektion und Inzucht, früher nicht anders als heute. Für die Selektion mag der Gebrauchswert früher die größere Rolle gespielt haben, bis es in unseren Tagen die Schönheit und schließlich das Außergewöhnliche wurden. Es steht zu hoffen, daß die Lebenstüchtigkeit bedeutsamer wird. Eine neue Rasse kann unerwartet gute Eigenschaften einbringen, wie neben vielen anderen die Züchtungen von Dobermann oder Jagdterrier beweisen. Es können aber auch unerwartet unerwünschte Erscheinungen auftreten, Augenfehler, Kreislaufprobleme u. a. Der Käufer eines Rassehundes sollte sich hierüber Klarheit verschaffen. Seit 1983 wird eine neue Rasse nur noch anerkannt, wenn sie bestimmten Richtlinien entspricht – gewiß ein Schritt in die richtige Richtung.

Diener und Freund des Menschen

Seit Menschengedenken leistet so der Hund dem Menschen, dem Zuchtziel seiner jeweiligen Rasse entsprechend, die verschiedenartigsten Dienste: Er zieht den Karren oder den Schlitten, bewacht Haus und Hof, sucht und findet das Wild, sucht und findet Verwundete und Verschüttete, hütet die Schafe, führt die Blinden, verfolgt und stellt den Verbrecher usw. usw.

Bei all diesen Diensten aber ist der Hund nicht ein bloßes Hilfsmittel, ein Werkzeug in der Hand des Menschen. Er ist mehr; er ist zugleich sein Begleiter, Freund und Ansprechpartner, was außer ihm vielleicht nur noch das Pferd sein kann.

Der Hund ist deshalb das einzige Tier, das normalerweise nicht in einem Stall, sondern mit dem Menschen in der Wohnung lebt, in diesem Punkt nur vergleichbar mit der Hauskatze, mit der der Mensch jedoch bei weitem nicht die engen seelischen Kontakte findet wie mit seinem Hund.

Und er hat schließlich zu allen Zeiten den Stolz des Menschen befriedigt, indem er sich in seiner gelassenen Ruhe, seiner gesammelten Kraft und seiner majestätischen Würde als Statussymbol seines Herrn präsentierte. Der Herr ist stolz auf seinen Hund, ein edles Tier, das ihn hellwach, die Umgebung kritisch prüfend, begleitet. Und der Hund? Man sehe ihn an! Ist er nicht mächtig stolz auf seinen Herrn?

Mensch und Hund »verstehen« einander. Der Hund folgt unseren Aufforderungen, er erkennt unsere Absichten, er versteht es, uns seine Wünsche begreiflich zu machen; er »verzeiht« es, wenn wir ihm Unrecht tun; er ist das, was man einen guten Kumpel nennt.

Der Hund hat als Erbgut aus seiner Meutezeit sogar – es gibt Ausnahmen! – stark devote Charakterzüge. Das drückt sich in seinem unverkennbaren Bestreben aus, alles möglichst gut und richtig zu machen – ein Verhalten, das es z. B. bei der Katze ganz und gar nicht gibt, das die Dressur des Hundes aber sehr erleichtert. Er fühlt sich am wohlsten, wo Frieden herrscht. Wenn Frauchen und Herrchen sich streiten, verzieht er sich mit sichtbarer Betroffenheit. Er liebt eine positive

Atmosphäre, an der er aktiv teilhaben möchte. So scharf und wütend er gegen Fremde sein kann, so wenig konfliktbereit ist er innerhalb der Familie, d. h. Meute, mit einer Ausnahme: Wenn diese ihm durch zu lasche Erziehung Gelegenheit bietet, selbst Meuteführer zu werden (s. Kapitel »Wer ist Herr im Haus?«, Seite 206).

Es sind daher auch nicht allein seine körperlichen Dienstleistungen, die uns den Hund so unentbehrlich machen. Viel wichtiger mag die seelische Hilfe sein, die er vielen Menschen bietet. Das wird am sinnfälligsten, wenn Sie abends nach Hause kommen. Da kann die Familie mürrisch herumsitzen; da mögen Sorgen und Streitereien Sie erwarten. Einer ist auf jeden Fall da, der sich nicht halten kann vor Freude, daß Sie endlich gekommen sind. Eine größere Begrüßungsfreude als die des Hundes ist kaum vorstellbar. Und davon bleibt auch die wesentlich gefühlsärmere Menschenseele nicht unberührt. Diese Freude, dieses Gefühl von Glück und Dankbarkeit, vom Glück des Geliebtwerdens, überträgt sich auf den Menschen, oft vielleicht mehr, als es uns bewußt wird. Wer beschreibt die Gefühle von Mensch und Tier, wenn der Schäferhund neben seinem Herrn liegt und kein Auge von ihm läßt, wenn der Schweißhund nach stundenlanger Nachsuche endlich seinen Herrn zu dem verendeten Wild geführt hat? Wie todeinsam wäre mancher alleinstehende Mensch ohne den vierläufigen Freund an seiner Seite?

Wie gehorcht der Hund?

Wie der Hund gehorcht? – Eine dumme Frage! Jeder weiß, daß er gehorcht. Man ruft ihn, und er kommt! Meistens... Manchmal gehorcht er nicht, überhaupt nicht oder erst nach deutlicher Ermahnung. Warum gehorcht er einmal gut, einmal schlecht, der eine Hund meistens, der andere nie? Um diese Frage beantworten zu können, müßte man wissen, wie der Hund gehorcht. Was geht in ihm vor, wenn er den Heranpfiff vernimmt?

Nun, werden Sie sagen, er hat es gelernt zu gehorchen, und zwar mehr oder weniger gut. Er ist dazu erzogen, »abgerichtet« worden. – Doch diese Erklärung bleibt vordergründig; sie sagt nichts über den tierpsychologischen Vorgang des Gehorsams.

Drei Antworten gibt die Literatur:

Die Einsichtigkeitstheorie

Durch die Abrichtung weiß der Hund aus Erfahrung, daß es für ihn besser ist, dem Befehl seines Herrn nachzukommen, weil andernfalls Strafe folgt. Der gehorsame Hund kommt, weil er weiß, was ihm blüht, wenn er nicht kommt. Abrichtung geht deshalb so vor sich, daß der Abrichter die geforderte Leistung erzwingt, daß er sich, koste es, was es wolle, in jedem Falle dem Hund gegenüber durchsetzt. »Entweder der Hund gehorcht oder der Abrichter geht tot vom Platz. Da der Abrichter noch nie tot vom Platz gegangen ist, hat der Hund gehorcht« – so ähnlich hat ein berühmter Abrichter »scherzhaft« formuliert.

Ein kurzes Nachdenken ergibt, daß diese Ansicht über den Gehorsam des Hundes nicht richtig sein kann. Was heißt, der Hund »weiß« aus Erfahrung, daß Strafe folgt? Es heißt, daß der Hund von einer Ursache (seinem richtigen oder falschen Verhalten) auf die Wirkung (Lob und Strafe) schließen kann, daß er »einsichtig« genug ist, die Folgen seines Handelns im voraus zu erkennen. Das bedeutet, er ist ein denkendes Wesen. Das aber ist er mit Sicherheit nicht. *Peter Burtzik:* »Da er nicht planmäßig, folgerichtig und zielstrebig zu denken vermag, hat er auch keine Einsicht in die Folgen seines Tuns.«

Die Pflichtgefühlstheorie

Daneben gibt es Leute, die auch heute noch glauben, der Hund gehorche aus Pflichtgefühl seinem Herrn gegenüber; seine ganze Erziehung müsse darauf abgestellt sein, sein Pflichtbewußtsein auszubilden und zu verbessern.

Die Pflichtgefühlstheorie ist ebenso unsinnig wie die Einsichtigkeitstheorie. Der Hund hat weder Pflichtbewußtsein noch Pflichtgefühl. Beides sind moralisch-ethische Denkkategorien, die dem Hund abgehen. Ebenso wie bei der Einsichtigkeitstheorie werden auch hier dem Hund menschliche Fähigkeiten unterstellt; er wird vermenschlicht.

Die Reflextheorie

Die dritte Antwort ist mehr wissenschaftlicher Natur. Sie besagt, daß die Reaktion des Hundes auf einen Befehl des Herrn eine reine Reflexhandlung sei. Die Wahrnehmung des Befehls löse reflexartig die durch Abrichtung eingeübte Reaktion aus. Man verweist dabei auf Versuche in der sogenannten Skinner-Box, in der Ratten oder Tauben auf ein Licht- oder Tonsignal hin ein bestimmtes Verhalten zeigen.

Wenn die Einsichtigkeits- und die Pflichtgefühlstheorie dem Hund zuviel an psychischen Fähigkeiten zutrauen, so tut es die Reflextheorie zuwenig. Der Hund reagiert auf die Reize aus seiner Umwelt keineswegs bloß reflexartig. Er kann vielmehr zwischen mehreren gleichzeitig oder fast gleichzeitig auf ihn einwirkenden Reizen unterscheiden.

Wenn aber der Gehorsam weder einsichtsvolles Handeln aus Angst vor Strafe noch Handeln aus Pflichtgefühl noch bloße Reflexreaktion ist, was ist er dann? Wie gehorcht der Hund?

Zur Beantwortung dieser Frage müssen wir die biologischen Fähigkeiten herausarbeiten, die die Grundlage des Lernens und Leistens, also des Gehorsams, sind. Auch wenn Einsicht und Denkvermögen dem Hund nicht gegeben sind, besitzt er doch eine Menge hervorragender Eigenschaften, die ihm helfen, in dieser (Menschen-) Welt zurechtzukommen.

Wahrnehmungsvermögen

Wie sieht der Hund die Welt?

Der Hund ist ein Lauftier. Sein Ahne, der Wildhund, mußte sich, wie heute noch sein Urahne, der Wolf, sein tägliches Brot erlaufen. Wenn er wildert, vor allem in der Meute, wendet er heute noch deren Jagdstil an. Dabei beweist er eine ungeheure Ausdauer; er ist ein Marathonläufer, kein Sprinter. Das Wild entkommt ihm am Anfang spielend. Aber er bleibt unbeirrt auf der Fährte, stundenlang, tagelang, bis das ruhelos gehetzte Wild zusammenbricht.

Auf die Bedürfnisse des Lauftieres sind seine Wahrnehmungsorgane zugeschnitten. Das Auge ist vor allem auf das Erfassen auch kleinster Bewegungen spezialisiert. Selbst unbewußte Gesten vermag der Hund, dessen Aufmerksamkeit einmal geweckt ist, zu unterscheiden und auf seine Art zu deuten. So kommt es, daß er manchmal schwanzwedelnd zur Tür läuft, wenn Sie kaum die Idee erwogen haben, mit ihm auszugehen. Dagegen sehen Hunde die Welt vermutlich nicht so farbenprächtig, wie wir sie sehen. Viele glauben, der Hund sei schlechthin farbenblind.

Sein Gehör ist dem des Menschen nach Feinheit und Frequenzumfang überlegen. Das Fallen einer kleinen Kugel hören Hunde noch aus 24 m Entfernung, Menschen aus 6 m. Sie erkennen den Schritt ihres Herrn und unterscheiden Motorengeräu- sche. Die wahrnehmbare Tonfrequenz geht bei Hunden bis zu 40 000, bei einigen bis zu 80 000 Schwingungen pro Sekunde. Menschen hören nur Töne bis zu 20 000 Schwingungen pro Sekunde.

Die Nase

Geradezu unwahrscheinlich ist das Riechvermögen der Hunde. Schweißhunde arbeiten Fährten von gesundem Rotwild noch nach 2–3 Tagen, Fährten von krankgeschossenem Wild noch nach 3–4 Tagen Standzeit. Auch nachträglich gefallener Schnee von einigen Zentimetern hindert sie nicht, der Fährte zu folgen und krankes Wild zu finden. Der Zoologe Prof. *Neuhaus* hat nachgewiesen, daß der Hund fähig ist, eine Menge von 0,00000001 cm^3 Buttersäure, die in 500 l Luft gleichmäßig verdampft wurde, zu erriechen. Solche Duftstoffe, die in den Hautausscheidungen des Menschen und der Säugetiere vorkommen, riecht der Hund nicht etwa 10- oder 20mal besser als der Mensch, sondern 1- bis 100millionenmal besser.

Es ist anzunehmen, daß sich der Hund mit der Nase ein Bild von seiner Umgebung verschafft, ähnlich dem, das wir uns mit den Augen machen. Durch den Wind werden ihm in Verbindung mit seiner eigenen Fortbewegung unendlich viele verschiedenartige Gerüche zugetragen, von denen er die interessanten registriert und möglicherweise zu einem Raumbild zusammenhält und formt. Er dreht sogar, ohne den Kopf

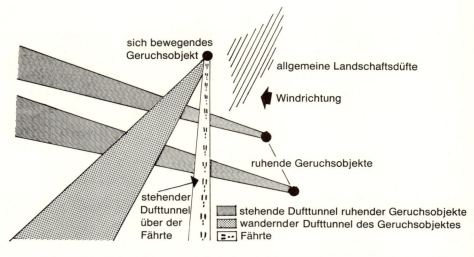

sich bewegendes Geruchsobjekt

allgemeine Landschaftsdüfte

Windrichtung

ruhende Geruchsobjekte

stehender Dufttunnel über der Fährte

▨ stehende Dufttunnel ruhender Geruchsobjekte
▦ wandernder Dufttunnel des Geruchsobjektes
⌑ Fährte

Von seiner Umgebung macht sich der Hund ein »Geruchsblickfeld« ähnlich dem Blickfeld, das wir uns mit den Augen machen.

zu bewegen, seine Nase hin und her, als wolle er, wie wir mit den Augen, sein geruchlich erfaßtes »Sichtfeld« überprüfen. Nicht von ungefähr wird daher immer wieder festgestellt: »Der Hund lebt in einer Riechwelt« – »Der Hund sieht mit der Nase«.

Wenn Sie sich vorzustellen versuchen, wie das mit der Nase zu erkennende »Geruchsblickfeld« aussieht, müssen Sie ruhende und sich bewegende Objekte unterscheiden. Ruhende Objekte bilden bei gleichbleibender Windrichtung einen Dufttunnel, der »stehen« bleibt. Der wird wie der Zeiger einer Waage »ausschlagen«, wenn die Windrichtung wechselt.

Sich bewegende Gegenstände bilden dagegen zwei Dufttunnel, den mit dem Wind abziehenden Dufttunnel des Körpers, die sogenannte Körperwitterung, und den verbleiben-

den oder stehenden Dufttunnel über der Fährte, die sogenannte Fährtenwitterung. Der Dufttunnel des Körpers wird mit zunehmender Entfernung vom Objekt breiter und weniger intensiv, bis er vollends verschwindet. Der Dufttunnel über der Fährte hat nach einiger Zeit eine konstante Breite und Intensität. Wie die Abbildung zeigt, setzt sich das mit der Nase erfaßte Geruchsraumbild eines Hundes aus einer Vielzahl von stehenden oder mit dem Wind ausschlagenden und wandernden Dufttunneln zusammen.

Zu den noch ungeklärten Wundern des Wahrnehmungsvermögens unserer Hunde gehört ihre Fähigkeit, die Richtung einer Fährte schnell und zuverlässig auszumachen. Das läßt sich gut beobachten, wenn man im Feld mit dem Hund bei leichtem Schnee quer auf die Spur eines Hasen kommt. Fällt er sie nicht sofort in Fluchtrichtung an, so braucht er höchstens 10 oder 20 m, um zu wissen, »wohin der Hase läuft« – eine Redewendung, die hier vielleicht ihren Ursprung hat.

Fütterung. Bei einem ausgewachsenen Hund hat sich der 36-Stunden-Hunger für die Abrichtung bewährt. Der Hund zeigt dann den höchsten Grad der Aufmerksamkeit, ohne daß er zu darben hatte.

Triebe

Der Hund hat eine ganze Menge von Trieben. Ihre Vielfalt ist die Ursache für die beachtliche Liste ganz verschiedener Leistungen, die wir von unseren Hunden verlangen können.

Durch den Meutetrieb ordnet der Hund sich uns unter. Er betrachtet seinen Herrn als Meuteführer, denn er weiß nicht, daß er anders aussieht als wir. Dem Meutetrieb verdanken wir seine Anhänglichkeit und Treue, seine Dienstbereitschaft, z. B. beim Apportieren, Herankommen, Bewachen und Verteidigen. Dabei kombiniert der Abrichter den Meutetrieb mit anderen Spezialtrieben, je nach dem zukünftigen Einsatzgebiet des Hundes. Für den Schutzhund kombiniert er den Meutetrieb mit dem Selbsterhaltungstrieb des Tieres oder mit dem Wachtrieb, der seinerseits vom Pflegetrieb abgeleitet wird. Beim Jagdhund koppelt der Abrichter den Meutetrieb mit dem Verfolgungstrieb, dem Beutetrieb oder dem Stöbertrieb.

Universell nutzbar zur Herbeiführung erwünschter Handlungen des Hundes ist der Nahrungstrieb, der Hunger. Er spielt bei der Abrichtung eine große Rolle. Abrichtezeit ist daher grundsätzlich die Zeit vor der

Die zahlreichen Triebe des Hundes ermöglichen es uns, ihm die verschiedenartigsten Leistungen beizubringen.

Kunst und Aufgabe der Abrichtung bestehen jedoch darin, die Ausführung einer geforderten Leistung vom jeweiligen Triebstatus des Tieres unabhängig zu machen. Denn auch der gesättigte Hund soll ja unseren Kommandos folgen. Der Abrichter nutzt die Triebe daher nur am Beginn der Abrichtung einer Leistung, um das erwünschte Verhalten herbeizuführen.

Gefühle

Wahrnehmungen aus der Umwelt erregen Gefühle

Durch die Wahrnehmungsorgane, Auge, Gehör, Nase, erfaßt der Hund seine Umwelt. Die Wirkung einer Wahrnehmung bleibt jedoch nicht auf den Bereich der Sinne beschränkt. Vielmehr spricht die Wahrnehmung zugleich die Gefühlswelt des Tieres an. Natürlich ist die Gefühlserregung nicht bei allen Wahrnehmungen gleich stark. Vielen wahrgenommenen Gegenständen gegenüber hat der Hund keinerlei Beziehung; sie berühren ihn nicht. Andere erregen ihn maßlos.

Art und Umfang des Erregungsgrades, den eine Wahrnehmung bewirkt, sind abhängig von der Beziehung des Tieres zu dem wahrgenommenen Objekt. Die im Winde flatternde Fahne sieht er zwar, aber sie interessiert ihn nicht. Der flüchtende Hase, die Schritte seines Herrn oder die gefüllte Futterschüssel lassen sofort sein Herz höher schlagen. Die Beziehung zu dem wahrgenommenen Objekt kann angeboren sein und auf einem Instinkt beruhen, oder sie kann durch Erfahrung gewonnen sein.

Die Gefühlsstruktur ist einfach

Gefühle entstehen beim Hund durch Befriedigung oder Nichtbefriedigung von Trieben, ferner durch Wahrnehmungen und Verhaltensformen, die nach seiner Erfahrung Triebbefriedigung versprechen. Sie entstehen hingegen nicht, wie viele Gefühle des Menschen, im Gefolge von Denkprozessen.

Der Hund hat zwar ein sehr tiefes, aber sehr einfaches Gefühlsleben. Seine Gefühlsskala geht nur in zwei Richtungen: in eine positiv-lustvolle und eine negativ-betroffene. Gefühlsdifferenzierungen wie Liebe und Haß, Hoffnung und Verzweiflung kennt er nicht. Auch Reue, Rachsucht, Verantwortungsbewußtsein, Pflicht- oder Ehrgefühl, Scham- oder Schuldgefühl, Dankbarkeit, Ehrgeiz sind ihm fremd. Alles das sind »Denkgefühle«. Nur denkende Wesen sind mit ihnen beglückt und beladen.

Dem Hundefreund, der sein Tier liebt und beobachtet, fällt dies einzusehen besonders schwer. Des Hundes vielfältige, ständig wechselnde Mimik, die ausdrucksvollen Gebärden, die demutsvolle Anhänglichkeit drängen geradezu den Gedanken auf, daß er wie wir empfindet, daß ihm nur die Sprache fehlt.

Es ist jedoch äußerst wichtig, daß Sie sich über die einfache Gefühlsstruktur eines Hundes im klaren sind. Nur wer Verantwortungsgefühl hat, kann zur Rechenschaft gezogen werden. Nur wer Schuld und Reue kennt, kann bestraft werden. Der Hund ist für sein Tun in keinem Falle verantwortlich. Selbst wenn er die feinste Wurst vom Tisch holt, ist Strafe sinnlos. Wir müssen ihm solche Unarten abgewöhnen, aber durch Abrichten, nicht durch Strafen.

Treue

Wenn Sie die Gefühlswelt des Hundes verstehen wollen, müssen Sie versuchen, sie im Zusammenhang mit den Trieben zu sehen, die sein Verhalten steuern. So ergeben sich aus der Befriedigung oder Nichtbefriedigung des Meutetriebs Verhaltensäußerungen, die wir leicht – und insoweit nicht falsch – als Anhänglichkeit, Treue, Liebe, andererseits auch als Eifersucht, Neid, Sehnsucht oder Trauer deuten können. Ledda, eine kleine Bastardhündin meiner Eltern, nahm tagelang kein Futter an, als meine kleine Schwester starb. Ihr fehlte der vertraute »Meutegenosse«. Der Hund empfindet aber hierbei nur die fehlende Triebbefriedigung an sich, und zwar in Form einer u. U. sehr tiefen Betroffenheit. Ihm fehlt etwas, was, weiß er nicht. Die Ursache seines Trauerns ist ihm nicht bewußt. Jedenfalls trauert er nicht wie der Mensch in Gedanken an den Verstorbenen.

Natürlich ist der Hund »treu«. Aber seine Treue ist von anderer Art als die des Menschen. Der Mensch schwört seinem König, seinem Gatten die Treue. Der Schwur ist ein Akt der Bewußtmachung, ein Denkvorgang: »Ich verspreche, dir unverbrüchlich die Treue zu halten. Und was ich verspreche, halte ich; denn wenn ich mein Versprechen nicht hielte, verlöre ich die Achtung vor mir selbst, die für mich eine Existenzbedingung ist.« – Beim Hund ist Treue hingegen ein unbewußtes Instinktverhalten, das aus dem Meutetrieb erwächst. In seiner Entwick-lungsgeschichte hat das Meutetier Hund die Erfahrung gemacht und tief verankert, daß jedes Ausbrechen aus der Meute tödlich ist, daß es nur eine Überlebenschance gibt, dem überlegenen Meuteführer bedingungslos zu folgen.

Deshalb ist der Hund auch unbestechlich; man kann ihn auf keine Weise in das eigene Lager herüberlocken. Das hat schon so manches Frauchen erfahren müssen, das glaubte, den Hund mit Bröckchen und Streicheln für sich gewinnen zu können. Dieser genießt dergleichen sehr wohl; aber dann geht er mit wedelnder Rute hinüber und legt sich seinem Herrn und Abrichter zu Füßen. Das gilt natürlich auch umgekehrt, denn entscheidend für die Bindung an den Meuteführer (das Leittier) ist nicht etwa das Geschlecht des oder der Erziehenden, sondern allein die prägende Wirkung der Person, die im ersten Lebensjahr die Erziehungsarbeit hauptsächlich leistet.

Mit diesen Darlegungen will ich die Treue des Hundes nicht herabsetzen. Letztendlich ist das Ergebnis entscheidend, nicht das Wie und Warum. Und im Ergebnis steht fest, daß der Hund wie kein zweites Lebewesen auf der Erde seine bloße Aufnahme in den Lebenskreis seines Meuteführers (Frau oder Mann) diesem mit einer Treue dankt, die zu Recht dem Menschen ein sprichwörtliches Vorbild wurde.

Der Hund verrät bereitwillig seine Gefühle

Die ausschließlich zweipolige Gefühlswelt des Hundes mag im Vergleich zu der Vielfarbigkeit der menschlichen Gefühlspalette wenig sein, ist aber dennoch eine Menge. Denn die sofortige, manchmal sehr starke Gefühlsreaktion des Hundes ist der Schlüssel für die Möglichkeit seiner Abrichtung. Ein Tier, das nicht erregbar ist, ist auch nicht dressierbar.

Der Hund hat darüber hinaus geradezu ein Talent, die Richtung und die Stärke seiner jeweiligen Erregung zu verraten. Positive Erregung tut er kund durch lustiges Wedeln mit der Rute und zeigt damit, wie sehr er gefühlsgeladen ist. Dabei rast er hin und her, als müsse er seiner Begeisterung Luft verschaffen. Ist er negativ betroffen, kneift er dagegen die Rute ein und bedeckt mit ihr die Analgegend. Oder er duckt sich und schleicht mit gesenktem Kopf, um Zentimeter verkleinert, von dannen. Kurz gefaßt kann man sagen, daß der Hund seine positiv-lustvolle Erregung durch Mobilität, seine negativ-betroffene Erregung hingegen durch Immobilität anzeigt. In Stimmung sein heißt für ihn in Bewegung sein. Wenn er am ganzen Körper in Ruhe ist, konzentriert sich alles Gefühl im Hin und Her der Rute.

Der Hund kennt nur die Gegenwart

Dabei ist der Hund ganz und gar der Gegenwart verhaftet. Er weiß nichts von der Zukunft, dazu müßte er vorausdenken, noch von der Vergangenheit, dazu müßte er zurückdenken. Beides kann er nicht. Um so mehr lebt er dem Augenblick.

Durch die Vielzahl der ihn interessierenden Objekte ist er ständig von neuen Attraktionen eingenommen. Immer wieder wird seine Aufmerksamkeit durch andere Anziehungspunkte gefesselt. Seine Stimmung ist ganz und gar von dem abhängig, was er im Augenblick wahrnimmt oder erlebt. Daher kann sein Erregungszustand von Sekunde zu Sekunde umschlagen. Gerade schwappt er noch über vor Lust, schon ist er tief getroffen.

In jeder Richtung ist der Hund leicht und schnell erregbar. Gerade noch schwappte er über vor Lust ...

... schon ist er tief getroffen.

Gedächtnis

Der Hund hat ein gutes Gedächtnis

Die so überaus einfache Manipulierbarkeit der Gefühle des Hundes ist die eine Voraussetzung für seine Abrichtung, sein gutes Gedächtnis die andere. Denn es nützt ja nichts, daß wir den herankommenden Hund durch ein Bröckchen beglücken, wenn er dieses Lustgefühl nicht in seinem Gedächtnis behielte. Behält er es aber, kommt er das nächste Mal um so freudiger.

Trochichin hat bewiesen, daß Welpen schon wenige Stunden nach der Geburt Wahrnehmungen behalten können. Vor dem Werfen wurde eine Hündin gewaschen und mit Nelkenöl eingerieben. Wie gewöhnlich begannen die eben gewölften Welpen zu kriechen und saugten sich an den Zitzen der Mutter fest.

Als sie satt waren, schliefen sie ein. Nun brachte *Trochichin* sie 80 Minuten lang in einer Kiste unter und legte sie dann einen nach dem anderen auf einen Tisch. Hier hielt er jedem Welpen ein Stückchen Fell, das ebenso wie die Mutter nach Nelkenöl roch, vor die Nase. Siehe da: Sie krochen vorwärts und versuchten sogar, an dem Fellstück zu saugen. Etwas später wurde der Versuch wiederholt. Aber die Fellstückchen rochen jetzt nach Mentholöl. Von diesem Geruch wandten sich die Welpen ab.

Das Gesetz der Assoziation

Das Gedächtnis des Hundes leistet ein weiteres: Er kann nicht nur Wahrnehmungen und Erlebnisse behalten, sondern auch Behaltenes miteinander verbinden oder, wie die Kynologen sagen, miteinander »verknüpfen«.

Die Verbindung von Gedächtnisinhalten untereinander bezeichnet der Psychologe als Assoziation (Verknüpfung). Sie spielt für die Abrichtung eine entscheidende Rolle. Ich kenne kein schöneres Beispiel, das klarmacht, was Assoziation ist, als eine Szene aus *Frank Wedekinds* »Liebestrank«. Der versoffene Fürst Iwan Michailowitsch Rogoschin hat es auf die hübsche Komtesse Katharina abgesehen. Aber es hapert nicht nur an ihrer Gunst; leider ist er selbst nicht mehr in den besten Jahren. Ein Liebestrank soll helfen. Es gibt einen solchen, der mit Sicherheit wirkt, wenn eine einzige, an sich völlig »belanglose« Bedingung erfüllt ist: Während des Trinkens darf der Fürst an alles denken, nur nicht an einen Bären! Er strahlt: »Kein Problem! An Bären denke ich mein ganzes Leben nicht!« Aber im Gegensatz zu dem schlauen Mixer weiß der Arme nicht um das Naturgesetz der Assoziation. Was er auch anstellt: Sobald er den Trunk in die Hand nimmt, ist der Bär dabei. Bär und Liebestrank sind im Kopf des Fürsten unzertrennlich miteinander verknüpft.

Assoziation bedeutet also, daß der im Gedächtnis gespeicherte Gegenstand 1 (der Liebestrank), sobald er angerufen wird, sofort den Gegenstand 2 (den Bären) mit wachwerden läßt. Sie können auch sagen: Beide Gegenstände liegen im Gedächtnis so eng beieinander, daß sie automatisch zusammen bewußt werden. Sie sind im Gedächtnis miteinander »verknüpft«.

Assoziationen entstehen durch zeitliche Nachbarschaft des Erlebten. Was zusammen erlebt wird, wird dicht nebeneinander im Gedächtnis gespeichert, wird daher auch zusammen wieder bewußt oder wirksam. Jedes höhere Lebewesen lernt auf diese Weise. Sie verknüpfen z. B. eine Handlung mit einem Gefühlserlebnis, wenn Sie sich am Ofen verbrennen. Sie hüten sich in Zukunft davor – aufgrund Ihrer assoziativen Erfahrung. Oder Sie verknüpfen mit einem kühlen Bad das köstliche Gefühl der Erfrischung. Das ermutigt Sie, das Bad zu wiederholen – ebenfalls aufgrund Ihrer Erfahrung.

Der Trochichinsche Versuch beweist, daß auch der Hund die Fähigkeit zu Assoziationen hat. Er hat durch seine Erfahrungen beim ersten Saugen »Nelkenölgeruch« mit »Nahrung« verknüpft. Auf diese Art verbindet der Hund alle möglichen Erfahrungen miteinander, Wahrnehmungen mit Handlungen, Handlungen mit Gefühlserlebnissen.

Allgemein können wir das Gesetz der Assoziation wie folgt definieren: Der Hund hat die Fähigkeit, durch gleichzeitiges Erleben zwei verschiedene Gedächtnisinhalte dergestalt miteinander zu verknüpfen, daß das Auftauchen des einen sofort den anderen wirksam werden läßt.

Kurzzeit- und Langzeitgedächtnis

Das Gedächtnis ist die Fähigkeit, Informationen zu behalten und sich ihrer zu erinnern. Diese Informationen betreffen Wahrnehmungen, Gefühlserlebnisse und Verhaltensformen, beim Tier hingegen keine Begriffe.

Zum Verständnis des Lernvorganges müssen wir das Kurzzeit- und das Langzeitgedächtnis unterscheiden. Eine im Kurzzeitgedächtnis gespeicherte Information, z. B. die eben gewählte Telefonnummer, ist nicht erlernt; sie wird sehr schnell wieder vergessen. Lernen ist die Speicherung einer Information im Langzeitgedächtnis.

Eine Information wird im Langzeitgedächtnis gespeichert, wenn sie irgendwie mit einem Gefühlserlebnis verbunden war, z. B. wenn ein Verhalten besonders erfolgreich und lustbetont oder besonders schmerz- oder schreckhaft verlief. Die Speicherung kann aufgrund eines einzelnen, starken Gefühlserlebnisses erfolgen. Sie kann aber auch eine Folge wiederholter, gleichsinniger Erfahrungen sein, zum Beispiel:

Eine wildernde Katze flüchtete einmal vor meinem Hund auf einen Obstbaum, der mitten in einer langen Reihe nahezu gleicher Bäume stand. Dort erlegte ich sie. Fortan lief der Hund jedesmal genau zu diesem Baum, wenn wir in der Nähe vorbeikamen, um zu sehen, ob vielleicht noch einmal eine Katze vom Himmel fallen würde.

Monatelang hatte ich Asta als Junghund auf dem Abrichteplatz

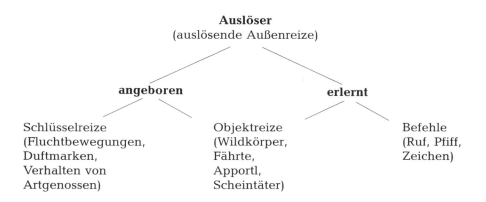

Auslöser
(auslösende Außenreize)

angeboren

erlernt

Schlüsselreize
(Fluchtbewegungen,
Duftmarken,
Verhalten von
Artgenossen)

Objektreize
(Wildkörper,
Fährte,
Apportl,
Scheintäter)

Befehle
(Ruf, Pfiff,
Zeichen)

dressiert. Dort stand ein Tisch, auf den ich die Schüssel mit den Bröckchen zu stellen pflegte. Heute steht Asta im elften Feld. Sie läuft jedoch immer noch zu diesem Tisch, sobald wir in den Garten gehen, und verharrt dort erwartungsvoll.

Das sind typische Objektreize: Der Fuchs löst das Bringen aus...

Auslöser

In beiden Fällen wurde durch starke Gefühlserlebnisse langzeitgespeicherte und damit erlernte Information zum Auslöser für ein bestimmtes Verhalten, das nun bei jeder neuerlichen Wahrnehmung wiederholt wird.

Wahrnehmungen, die ein bestimmtes Verhalten auslösen, nenne ich »Auslöser«. Auslöser sind Außenreize, auf die der Hund in bestimmter Weise reagiert. Es gibt drei Gruppen von Auslösern (s. Übersicht). Neben den direkten Befehlen des Abrichters (Worte, Pfiffe, Zeichen, Körper-

... der Bock das Verbellen.

bewegungen) können auch bestimmte Objekte erlernte Auslöser sein (die verschiedenen Bringobjekte, Wildkörper, ausgestopfte Rehdecke, Führerfährte, Schafe, Verwundeter, Scheintäter). Schließlich gibt es angeborene Auslöser, die sogenannten Schlüsselreize (flüchtendes Wild, Duftmarken).

Der Hund hat Handlungseinfälle

Wie reagiert nun der Hund als nicht denkendes Wesen auf die als Auslöser wirkenden Außenreize? Genau wissen wir das nicht. Es steht jedoch für mich fest, daß er nicht bloß reflexartig reagiert. Wenn meine Hündin Asta begriffen hat, daß eine Apportierübung ansteht, kann ich sie über Minuten festhalten und versuchen, sie abzulenken – sobald ich sie loslasse, fällt sie die Fährte an und apportiert. Dieses Verhalten ist keine Reflexhandlung. Es ist Ausführung eines Einfalles, einer im Gedächtnis bereitliegenden Handlungsmöglichkeit.

Ähnlich ist es beim »hasenreinen« Hund: Er sieht den Hasen aus der Sasse fahren und möchte ihm nach; Hasenhetzen ist nun mal die absolute Lieblings-Freizeitbeschäftigung eines passionierten Jagdhundes. Der Hund bleibt jedoch, dem Hasen nachäugend, keuchend und zitternd in Startposition, auch nachdem der Hase außer Sicht ist. Es ist kein Zweifel, daß der die Handlungsform »Hetzen« betreffende Gedächtnisinhalt in dieser ganzen Zeit in ihm wirksam ist. Dem nach außen sicht-

baren Verhalten gehen Handlungseinfälle voraus, die im Gedächtnis des Hundes für eine kurze Zeit wirksam bleiben.

Bei anderer Gelegenheit konnte ich beobachten, wie die Hündin zwischen zwei Handlungsmöglichkeiten buchstäblich hin und her schwankte: In meinem Garten steht hinten links eine Voliere mit Hühnern, Fasanen und Kaninchen; 50 m rechts davon ist das Tor, das ins Revier führt. Als wir einmal ausgingen, pendelte sie mehrmals hin und her, bevor sie sich endgültig entschied. Sie wandte sich der Voliere zu (zu gerne wollte sie dorthin), dann wieder dem Ausgang (denn dort lockten die weiten Felder und Wiesen mit Hasen und Hühnern). Der Hund kann mithin nicht nur einen, sondern mehrere Handlungseinfälle haben, wenn er mehrere Auslöser wahrgenommen hat. Er kann sich durchaus entscheiden, ob er dem einen oder dem anderen Reiz nachgeben will. Die Tierpsychologen sagen, er hat die Fähigkeit zu einem ambivalenten Verhalten.

Vernimmt er z. B. vor einem hochinteressanten, duftenden Mauseloch den Heranpfiff seines Herrn, so kann man ihm, wie jeder Hundefreund weiß, geradezu ansehen, wie er schwankt, ob er diesem oder jenem Reiz folgen soll. Hierin liegt die Grundlage dessen, was wir Gehorsam nennen.

Handlungseinfälle werden jedoch nicht nur durch Auslöser hervorgerufen. Im Verlaufe eines Lernprozesses probiert der einfallsreiche Hund alle möglichen Handlungen durch, solche, die er irgendwann einmal als erfolgreich erlebt hat, die in seinem Gedächtnis also ganz allgemein mit Lust verknüpft sind, oder auch solche, die spontan kommen, aus dem Gefühl heraus, irgend etwas tun zu müssen.

Intelligenz

Ist der Hund intelligent?

Unter Intelligenz wird vielfach die Fähigkeit des Auffassens, Lernens und Begreifens verstanden. Nach dieser Definition wäre es zweifelhaft, dem Hund Intelligenz zuzusprechen. Er kann zwar auffassen und lernen, aber begreifen, erklären, urteilen kann er nicht.

Der Verhaltensforscher *Peter Zeier* betrachtet Intelligenz »als die allgemeine Fähigkeit eines Individuums, in einer sich verändernden Umwelt ökonomische Anpassungsleistungen zu erbringen«. Danach wird Intelligenz (lat. intelligens = einsichtig, verständig) jedem Wesen zuerkannt, das lernend auf Vorgänge in seiner Umwelt reagiert. In diesem Sinne zeigt schon ein Pantoffeltierchen Intelligenz, auf einer niedrigen Stufe natürlich, und ganz sicher der Hund.

Zwar können wir uns nicht genügend davor hüten, menschliche Formen der Intelligenz auf den Hund zu übertragen. Ohne jeden Zweifel ist der Hund ein intelligentes Wesen, aber er kann nicht denken. Zum Denken gehört Vorstellungskraft, die nur der Mensch besitzt. Vorstellungskraft ist die Fähigkeit, sich Gegenstände, Ereignisse oder Begriffe im Geiste bildhaft oder ihrer Bedeutung nach gewärtig zu machen und aufeinander folgen zu lassen, ohne daß in der sichtbaren Welt irgend etwas geschieht. Daraus ergibt sich das Denken, das darin besteht, sich Begriffe zu bilden und mit ihnen – vor allem mit den Begriffen von Raum und Zeit, Ursache und Wirkung – die Welt geistig zu durchdringen, d. h. zu erklären. Auf diese Weise kann der Mensch auch die Folgen seines (möglichen) Verhaltens im voraus erkennen und sich danach richten.

Das kann der Hund nicht. Genau hier liegen die Grenzen jeder tierischen Intelligenz. (Wenn einzelne Primaten im Experiment Ansätze derartiger Leistungen erkennen lassen, ist dies nur von entwicklungsgeschichtlichem Interesse. Für eine praxisorientierte Abrichtelehre müssen wir uns an die Grundregel der Tierpsychologie von der einfachsten Erklärung tierischen Verhaltens halten.)

Vor allem hat der Hund, wie *Fischel* überzeugend nachgewiesen hat (Die Seele des Hundes, 1961), keine abstrakten Zielvorstellungen: Wenn er einer Hasenspur folgt, hat er hierbei keine bildhafte Vorstellung der gesuchten Beute. Er fühlt nur, daß das Folgen der Spur ein lustbetontes Verhalten ist, das Triebbefriedigung verheißt. Wenn er gehorsam einem Befehl folgt, wallt die mit diesem Verhalten durch

Abrichtung verknüpfte Gefühlserregung des bevorstehenden Bröckchengenusses in ihm auf, wodurch er freudig dem Befehl folgt; aber das Bröckchen selbst hat er nicht bildhaft vor Augen.

Das Fehlen einer Zielvorstellung bedeutet, daß der Hund die Folgen seines Verhaltens weder kennt noch zur Richtschnur seines Verhaltens machen kann. Nie tut oder unterläßt er etwas aus Angst vor den Folgen. Ihm fehlt jedes Pflichtgefühl, jede Art Mußvorstellung. Alles das sind Handlungsanreize, die der menschlichen Verhaltenswelt entstammen und Vorstellungsvermögen voraussetzen.

Gedächtnis- und Denkleistungen

Die intelligenten Leistungen des Hundes dürfen wir daher nur als Gedächtnisleistungen, nicht als Denkleistungen erklären. Den Unterschied möchte ich an einem Beispiel deutlich machen: Die Mutter erklärt ihrem Jungen, sie wolle Kuchen backen; er möge in den Garten gehen und ihr einige Äpfel pflücken. Der Junge kommt nach einigen Ab-lenkungen in den Garten, weiß aber nicht mehr, was er hier soll.

Fall 1: »Was sollte ich hier bloß?« fragte er sich. »Ach ja, Mutter will Kuchen backen, und ich soll ihr Äpfel holen!« –

Fall 2: Der Junge sieht zufällig die roten Äpfel am Baum. »Ach ja«, fällt ihm ein, »Äpfel sollte ich holen!«

Im ersten Fall kommt der erwünschte Handlungseinfall (Äpfel holen) aufgrund einer Denkleistung: Durch einen Denkprozeß findet der Junge über das Kuchenbacken zum Apfelpflücken.

Im zweiten Fall kommt der erwünschte Handlungseinfall allein aufgrund einer Gedächtnisleistung: Durch die Wahrnehmung des Apfelbaumes wird das erwünschte Verhalten gewärtig, da beide im Gedächtnis des Jungen verknüpft sind. Irgendein Denkvorgang ist nicht im Spiele.

Alle Leistungen des Hundes sind Gedächtnisleistungen. Jeder Erzieher ist in der Gefahr, seinem Hund Denkleistungen abzufordern, die der Hund nicht erfüllen kann. Schon das Wort »Gehorsam« zielt dahin. Es wird nicht bedacht, daß der Gehorsam eines Soldaten etwas völlig anderes ist als der »Gehorsam« eines Tieres.

Die Lerntechnik des Hundes

Bis hierher habe ich das biologische Lernvermögen des Hundes seinem Umfang und seinen Grenzen nach dargestellt. Es besteht aus dem Wahrnehmungsvermögen, dem Trieb und Gefühlsleben und dem Gedächtnis.

Jetzt gilt es aufzuzeigen, wie der Hund diesen ihm von der Natur mitgegebenen Lernapparat einsetzt, um sich veränderten Umweltbedingungen anzupassen, d. h., wie seine Lerntechnik aussieht. Daraus können wir dann die optimale Abrichtemethode ableiten.

Instinktverhalten

Der Ablauf des Instinktverhaltens zeigt uns die Lerntechnik

Einen Teil der Leistungen, die wir vom Hund erwarten, braucht er nicht zu lernen, er beherrscht sie von Natur aus. Der Hund folgt z. B. instinktiv einem flüchtigen Hasen; er folgt allem, was sich fortbewegt. Da rast der kleine Kerl los, und was verfolgt er? – Ein Segelflugzeug. Oder er steht am Aquarium und schnappt nach dem Goldfisch. Oder er schnappt, im Wagen auf Frauchens Schoß sitzend, nach den entgegenkommenden Lastwagen. Solche Verhaltensformen sind nicht »erfolgsorientiert«. Der Hund tut spontan und unbewußt etwas, was die Natur ihn gelehrt hat.

Jedes Lebewesen bringt eine Reihe solcher Erbkoordinationen mit. Diese bilden die Artausstattung eines Individuums an nützlichen Verhaltensformen. Die meisten Individuen aber, auch die Tiere, müssen selbständig etwas hinzulernen. Sie benutzen dazu jedoch die gleiche Technik, die ihnen von den Instinkthandlungen her geläufig ist.

Es liegt z. B. jenseits der Gartentür ein saftiges Stück Fleisch. Wie soll der Hund da herankommen? Vorgegeben waren ihm Instinkte; er sah das fliehende Objekt und brauchte nicht lange zu »überlegen«; die Verknüpfung »Hase sehen – hetzen« hatte ihm die Natur mitgegeben.

Die aber hilft hier nicht; der Hund müßte jetzt schon sein »Köpfchen« anstrengen; er müßte überlegen, was zu machen ist.

Leider kann er das nicht. Er kann sich nicht fragen: »Wie mache ich das am besten?« Dazu fehlt es ihm an der Fähigkeit zum zielgerichteten Denken. Was also tun? Drüben duftet das Futter. Der Trieb, in diesem Fall der Hunger, ist der Motor, der zum Handeln treibt und vorschnelles Resignieren verhindert. Es ist, als ob er sagt: »Du weißt es doch, lieber Hundeverstand, von den Instinkten her, was du tun mußt: Nur Handeln,

etwas Tun, führt zum Erfolg!« –
»Aber«, so wird der Hundeverstand
einwenden, »was soll ich tun? Kein
Instinkt ist da, der es mir sagt!« Worauf der Trieb erwidert: »Im Falle des
Instinktes weißt du ja auch nicht,
was du tust! Du tust einfach etwas,
und das ist immer das Richtige. Also
tue auch jetzt irgend etwas!« Also tut
der Hund »irgend etwas«, und zwar
das, was ihm gerade einfällt. Wahrscheinlich bellt er das Fleisch erst
einmal kräftig an. Dann versucht er,
den Zaun zu überspringen oder sich
von unten durchzubuddeln, bis er
schließlich nach mehreren vergeblichen Versuchen mit der Pfote an die
Türklinke langt und so der Sache
näherkommt. Einige Wiederholungen sind noch nötig, und er hat gelernt, die Tür zu öffnen.

*Der Hund lernt nur durch eigenes Erle-
ben. Er wird nur durch Erfahrung klug!*

Lernen durch »Versuch und Irrtum«

Die natürliche Lerntechnik des Hundes besteht also darin, daß er, vor
eine neue Aufgabe gestellt, wie vom
Instinktverhalten her gewohnt das
tut, was ihm gerade einfällt. Dabei
greift er gerne auf Handlungseinfälle zurück, die zuvor einmal in ähnlicher Lage erfolgreich waren. Aber er
irrt! Alles ist zunächst vergeblich.
Also bleibt ihm, da der Trieb drängt,
nichts übrig, als es mit einem anderen Verhalten ein zweites, ein drittes
Mal zu versuchen. Das läuft darauf
hinaus, alle in der gegebenen Situation möglichen Verhaltensformen
durchzuprobieren – bis zufällig die
richtige gefunden ist. Diese vielen
Tieren eigene Lerntechnik bezeichnet man als »Lernen durch Versuch
und Irrtum« (engl. »trial and error«).

Der Hund behält das erfolgreich erlebte Verhalten

Für die Lernmethode »Versuch und
Irrtum« ist noch ein zweites wichtig.
Denn es kommt nicht nur darauf an,
das richtige Verhalten nach vielen
Irrungen herauszufinden; der Hund
muß fähig sein, das einmal gefundene erfolgreiche Verhalten auch zu
behalten. Ohne diese Fixierung im
Gedächtnis wäre »Versuch und Irrtum« eine bloße Verhaltensform,
aber kein Lernprozeß, d. h., der
Hund würde durch sie nur gegen-
wartsbezogene Einzelprobleme lösen, aber nicht gleichzeitig für die
Zukunft profitieren. Außerdem wäre
er gezwungen, das erfolgverspre-
chende Verhalten immer wieder neu
entdecken zu müssen. Das wäre
höchst irrational. Aus diesem Grunde hat die Natur das Tier mit der

Fähigkeit ausgestattet, das einmal erfolgreich erlebte Verhalten – und nur dieses – im Gedächtnis zu speichern, um es bei Bedarf parat zu haben. Der Verhaltensprozeß »Versuch und Irrtum« wird zum Lernprozeß durch das Wirken des Gedächtnisses: In der Sekunde des Erfolges wallt im Hunde ein positiv-lustvolles Gefühl auf, das er, da zeitgleich erlebt, mit dem zufällig herausgefundenen Verhalten verknüpft. Hierdurch wiederum behält er eben dieses Verhalten.

Meutetier und Individuum

Manche Experten glauben, es sei nicht möglich, eine allgemeingültige Abrichtelehre zu schreiben, weil die Hunde zu verschieden seien. Diese Auffassung teile ich nicht. Unser heutiger Hund hat über Tausende von Jahren vieles von dem behalten, was Wolfs- und Wildhundmeute ihm mitgegeben haben (s. Seite 55ff.). Diese Stabilität im Wesenskern war nur möglich bei entsprechender Einheitlichkeit in der Artausstattung. Der Hund wird erst zum Individuum durch die unterschiedlichen Bedingungen seiner Umwelt.

Obwohl von seinen Instinkten abhängig, ist der Hund ein so guter Lerner, weil er sich nicht zu lange bei den ihm vorgegebenen Instinkten aufhält. Kommt er mit ihnen nicht zum Ziele, ist er durchaus bereit, andere Wege zu probieren. Selbst starke Instinkte, wie z. B. den Hetz-,

Flucht- oder Beutetrieb, kann er überwinden. Hierdurch entfernt er sich von der relativ einheitlichen Artausstattung und lernt mehr hinzu als andere Tiere mit vergleichbarer Intelligenz; er wird mit zunehmendem Alter immer mehr von erlernten als von ererbten Verhaltensmechanismen bestimmt.

So kommt es, daß in der Tat jeder Hund anders ist, ein Individuum mit eigenen Lebensformen, Gewohnheiten und Fähigkeiten, jeder ein eigener Charakter. Auch ein typisches Meutetier kann also ein Individuum sein... ein weites Feld für die Philosophie der Freiheit.

Selbständiges Lernen

Vieles, was der Hund an Leistungen vollbringt, lernt er nicht durch Abrichtung, sondern selbständig. Wie lernt der Hund unabhängig vom Menschen?

Betrachten wir als Beispiel einen frei lebenden, streunenden Hund, der in der Nähe eines Dorfes lebt. Es gibt dort einen Fleischer, der in unregelmäßigen Zeitabständen Fleischabfälle auf einen Müllplatz bringt. Mit dem Aufkippen seines Hängers ist dabei stets ein quietschendes Geräusch verbunden. – Was wird geschehen? Der Hund wird bald gelernt haben, wie er diese höchst erfreuliche Aufbesserung seines Speisezettels optimal nutzen kann. Er wird seinen ständigen Wohnsitz an einen Platz verlegen, von dem aus er das Quietschen hört. Schon die leiseste Wahrnehmung dieses Lautes läßt sein Herz höher schlagen. In Hochstimmung eilt er zu dem Futterplatz.

Wir sehen, wie bei diesem Lernvorgang der beschriebene Lernapparat des Tieres funktioniert: Durch seine Beobachtungsgabe erfaßt der Hund den Zusammenhang zwischen dem Quietschen und der Ankunft des Futters. Es wird für ihn zum schönsten Geräusch. In seinem Gedächtnis wird es mit dem Lustgefühl der bevorstehenden Sättigung verknüpft. Gleichzeitig ruft es in ihm den Handlungseinfall »Zum-Müllplatz-Laufen« hervor. Kein Zweifel, daß er diesem »Befehl« schnell und zuverlässig »gehorcht«.

Da zwischen Selbstlernen und gesteuertem Lernen aus der Sicht des Tieres kein Unterschied besteht, können wir das an diesem Beispiel Erkannte auf das systematische Lernen durch Abrichtung ein ganzes Stück weit übertragen, z. B. auf die Leistung »Herankommen«.

Das kynologische Dreieck

Drei Leistungsfaktoren

Zunächst können wir das erlernte oder das zu erlernende Verhalten in drei Faktoren auflösen:

1. Die Wahrnehmung des Quietschens als Auslöser; es entspricht dem auslösenden Befehl zum Handeln, z. B. dem Ruf »Komm!«.

2. Der hierdurch wachgerufene Handlungseinfall »Zum-Müllplatz-Laufen«; er entspricht der Leistungshandlung, z. B. dem »Herankommen«.

3. Die erhoffte Befriedigung des Hungertriebes; sie ist die Motivation zum Handeln, hier wie dort.

Aus diesen drei Faktoren besteht jede Leistung, die der Hund erlernt. Sie lassen sich in folgender Weise graphisch einander zuordnen.

Diese drei Faktoren sind immer beteiligt, wenn der Hund einem Befehl folgt.

Nun zeigt eine einfache Überlegung, daß die genannten Faktoren für sich allein nicht zum Zustandekommen einer Leistung ausreichen: Es genügt nicht, daß wir unserem rohen Hund »Komm« zurufen. Er vernähme zwar diesen Laut, aber er bedeutete ihm ebensowenig wie die »Kleine Nachtmusik«. Es muß zuvor eine Beziehung hergestellt werden zwischen dem erwünschten Verhalten »Herankommen« und dem Befehl »Komm«. – Ebenso muß eine Beziehung hergestellt werden zwischen den inneren Antriebskräften des Hundes und dem erwünschten

Verhalten. Der Hund muß ausreichend dafür motiviert sein, zu uns zu kommen, sobald er unseren Ruf vernimmt. – Schließlich muß auch eine Beziehung bestehen zwischen dem Laut »Komm« und dem Gefühlsbereich des Hundes; das »Komm« muß aus der unendlichen Vielzahl der Laute und Geräusche, die der Hund vernimmt, herausragen und sein Herz sofort höher schlagen lassen.

Die drei Faktoren einer Leistung müssen also jeweils miteinander verknüpft sein. Diese Verknüpfung drücken wir aus, indem wir die drei Kreise durch Linien miteinander verbinden. So erhalten wir das »Kynologische Dreieck«.

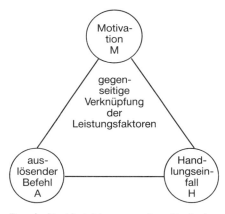

Durch die Abrichtung werden die drei Faktoren einer Leistung miteinander verknüpft (»Kynologisches Dreieck«).

Dieses Dreieck zeigt in einfacher Form das Zusammenspiel aller Faktoren, die beim Abrichten des Hundes eine Rolle spielen. »Die Abrichtung von Hunden beruht auf ihrer Fähigkeit, Wahrnehmungen, Affekt-regungen und erlernte Verhaltensformen zu behalten und erfahrungsgemäß miteinander zu verknüpfen« (*Fischel,* Die Seele des Hundes, 1961, Seite 82). Das »Kynologische Dreieck« ist das graphische Symbol der »Positiven Abrichtelehre«.

Auf dieses Symbol übertragen ist »Abrichten« (Dressur) nichts anderes als das Aufbauen und Verbinden der in den drei Kreisen dargestellten Leistungsfaktoren:

Abrichten (Dressur) ist die gegenseitige Verknüpfung des erwünschten Verhaltens mit einem Befehl und einem der Leistung entsprechenden Gefühlspotential.

Das kynologische Dreieck gilt für das gesamte Verhalten des Hundes, auch für Instinkthandlungen und selbsterlernte Verhaltensformen. Es gilt für die »Tätigkeitsleistungen«, bei denen der Hund etwas Bestimmtes tun muß (Herankommen, Apportieren), aber ebenso für die »Unterlassungsleistungen«, bei denen er etwas Bestimmtes unterlassen muß (Hetzen, Kläffen, etwas Verunreinigen usw.). Für letztere muß statt des positiven ein negatives Motivationspotential aufgebaut werden.

Zur Entwicklung der Lerntheorie

Diese von mir hier vorgetragene Auffassung über das Wesen der Abrichtung baut auf Erkenntnissen auf, die in den letzten 100 Jahren durch die Wissenschaft erarbeitet wurden.

Bereits *Pawlow* »konditionierte« Hunde auf der Basis des Freßtriebes durch »Reiz, Reaktion und Bestärkung«. Allerdings lehrte er damit die Tiere nichts Neues, sondern bediente sich ihrer angeborenen Reflexe.

Thorndike setzte Katzen in einen Käfig und stellte vor die Tür eine Futterschüssel. Die Katze konnte die Tür durch Ziehen an einer Schnur öffnen. Sie lernte dies durch »Versuch und Irrtum«. Ebenfalls durch »Versuch und Irrtum« brachte *Skinner* in der »Skinner-Box« Tauben dazu, auf ein Signal hin in bestimmter Weise zu reagieren. Er nannte den Lernvorgang »operante Konditionierung«, um auszudrücken, daß das lernende Tier aktiv operierend seine Existenzbedingungen verbessert. Abrichtung ist »operante Konditionierung«, allerdings mit dem Ziel, ein Tier ein uns nützliches Leistungsverhalten zu lehren, das auf Befehl erbracht werden soll. Es sei angemerkt, daß ich die Begriffe »Abrichtung« und »Dressur« (von lat. dirigere = dirigieren, lernen, leiten) synonym verwende, denn beide besagen, daß es darum geht, einem Tier bestimmte Fähigkeiten beizubringen.

Die positive Abrichtung der Tätigkeitsleistungen

Die Leistung

Die Reaktion des Hundes auf einen Befehl ist eine »Leistung«. Darunter verstehe ich jedes erwünschte Verhalten, das der Hund im Dienste oder im Sinne des Menschen aus eigenem Antrieb vollbringt. Es kann sich dabei um ein Tun (= Tätigkeitsleistung) oder um ein Unterlassen (= Unterlassungsleistung) handeln. Die »einfache Leistung« ist die kleinste Leistungseinheit, die immer aus einem Auslöser (Befehl), einem ihm zugeordneten Verhalten und einer eigens für sie aufgebauten Motivation besteht. Herankommen, Sichsetzen oder Lautgeben sind z. B. einfache Leistungen.

Komplizierte Leistungen des Hundes bestehen häufig aus einer ganzen Reihe von einfachen Leistungen, die zusammen einen »Leistungsablauf« bilden (s. Seite 209). Beispiele sind das Apportieren, das Totverbellen, die Mannarbeit.

Wie lassen sich die verschiedenen Leistungen des Hundes ordnen?

Vom Hund als Helfer des Menschen müssen wir zweierlei erwarten: Er muß uns bestimmte Dienste erweisen; dafür haben wir ihn. Und er muß bereit und fähig sein, sich in unsere Lebensgemeinschaft einzufügen. Die erste Forderung setzt voraus, daß der Hund Leistungen vollbrin-

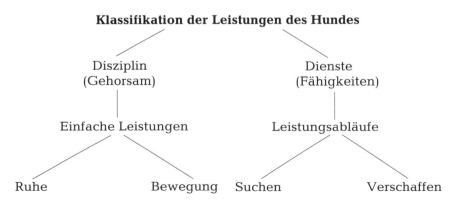

Klassifikation der Leistungen des Hundes

Disziplin (Gehorsam)

Dienste (Fähigkeiten)

Einfache Leistungen

Leistungsabläufe

Ruhe

Bewegung

Suchen

Verschaffen

gen kann, zu denen der Mensch nicht fähig ist; er ist insoweit auf den Hund angewiesen. Hier kann der Hund seine artspezifischen Anlagen voll ausspielen.

Die zweite Forderung verlangt vom Hund, daß er sich benehmen kann und es lernt, unseren Befehlen zu folgen. Er muß manipulierbar sein.

Dreistufenabrichtung

Die Abrichtung einer einfachen Leistung des Hundes erfolgt immer in drei Stufen:

In der ersten Stufe, der »Herbeiführungsstufe«, müssen wir den Hund dazu bringen, seine natürliche Lerntechnik von »Versuch und Irrtum« anzuwenden. Wir benutzen dazu die ihm angeborenen Triebe. Meist ist es der Hunger. Der Abrichter kann aber auch durch Wegwerfen eines Gegenstandes den Jagdtrieb oder durch Weglaufen den Meutetrieb usw. zur Herbeiführung des erwünschten Verhaltens erregen. Seine Aufgabe in der ersten Stufe ist es, einen Weg, man könnte auch sagen, einen Trick, zu finden, durch den er die abzurichtende Leistungshandlung des Hundes, das Kommen, Sichsetzen usw., beliebig oft zum Zwecke des Verknüpfens mit einem Befehl herbeiführen kann.

In der zweiten Stufe, der »Verknüpfungsstufe«, geht es darum, durch möglichst häufig erlebte Gleichzeitigkeit das herbeigeführte Verhalten mit dem gewählten Kommando zu verknüpfen. Der Dresseur spricht oder pfeift den Befehl, während (also nicht bevor!) der Hund das erwünschte Verhalten äußert, und zwar so oft wie möglich. Hierdurch »erlernt« der Hund das Kommando. Hört er es später, fällt ihm sofort die mit ihm verknüpfte Verhaltensform ein. Er wird folgen, wenn er hierfür hinreichend motiviert wurde.

In der dritten Stufe schließlich, der »Motivationsstufe«, müssen wir den Hund für das erwünschte Verhalten regelrecht begeistern, »passionieren«. Die Motivation des Hundes muß so stark sein, daß wir z. B. beim Üben des Herankommens auch den hungrigen Hund von der gefüllten Futterschüssel abrufen können. Dieses Beispiel zeigt, daß der Hungertrieb nach erfolgreicher Absolvierung der dritten Abrichtestufe nicht mehr Handlungsmotiv sein kann, obwohl wir mit seiner Hilfe in der ersten Stufe das erwünschte Verhalten herbeigeführt haben.

Herbeiführen

Nehmen wir z. B. an, der Hund soll lernen, auf das Kommando »Gib Laut« hin zu bellen. Wir können diesen Befehl nur mit dem erwünschten Verhalten verknüpfen, wenn es uns gelingt, das erwünschte Verhalten beliebig oft herbeizuführen. Wir müssen dazu seine natürlichen Triebe, z. B. den Hunger, nutzen. Dazu leinen wir den hungrigen Hund an und halten ihm ein Bröckchen vor die Nase. Das möchte er gerne bekommen. Aber wie? Der Hund weiß es nicht. Aber er ist nicht hilflos: Er setzt seine Lerntechnik ein und beantwortet unseren Trick mit »Versuch und Irrtum«. Bestimmt steigt er zunächst einmal an der Leine hoch, schnappt mit Fang und Vorderläufen nach dem Futter, wirft sich lang auf den Boden und starrt das Futter an... alles umsonst; das Bröckchen bleibt unerreichbar. Einmal jedoch muß es kommen, durch Zufall vielleicht, ein erstes, ganz leises »Wa«, oder auch nur ein resignierendes Wimmern... und das genügt: Schwups, hat er sein Bröckchen.

Einige wenige Versuche genügen, dann hat er kapiert. Die Lautäußerung ist es, die Erfolg bringt! Sehr bald wird jetzt das schüchterne »Wa« zum wilden Geläut. So werden 2 oder 3 Tage hintereinander einige Futterschüsseln auf immer genau die gleiche Weise bröckchenweise geleert. Die erste, schwierigste Abrichtestufe ist geschafft.

Bitte nicht zwingen, nicht einmal helfen

Genauso wird grundsätzlich bei allen Tätigkeitsleistungen verfahren. Entscheidend ist: Der Hund muß seiner hundlichen Lernweise von »Versuch und Irrtum« folgend selbst auf das erwünschte Verhalten kommen; nur dann kann er verknüpfen. Es ist falsch und verlängert unnötig die Abrichtung, wenn man ihm hilft

oder gar Zwang ausübt. Ich habe das Beispiel »Gib Laut« bewußt gewählt, weil hierbei solche Hilfe kaum möglich ist.

Das Gegenbeispiel ist das »Sitz«. Hierbei drücken fast alle Hundeerzieher unentwegt auf die Kruppe – und das ist hier auch nicht einmal so folgenschwer wie bei anderen Zwangseinwirkungen. Aber es ist sinnlos und bringt nichts. Wenn das »Sitz« auf dem Stundenplan steht, verfahren Sie wie beim »Gib Laut«: Irgendwann resigniert der Hund und setzt sich hin... und schwups folgt die Bestätigung. Dieses eigene, selbst gefundene Erfolgserlebnis behält und verknüpft er zehnmal schneller und nachhaltiger als das lästige »In-die-Knie-gezwungen-Werden«.

Eine Übung nach der anderen

Am Anfang wird der Hund das Bröckchen selbst als Auslöser für das zu übende Verhalten betrachten. Das ist an sich nicht tragisch; denn für eine Übergangszeit, bis zum Erlernen des Kommandos, soll das Bröckchen dieses Verhalten herbeiführen und somit auslösen.

Dieser Umstand macht es allerdings erforderlich, die verschiedenen Leistungen nacheinander zu üben. Erst wenn der Hund ohne Bröckchen in der zweiten Abrichtestufe auf den Befehl reagiert, können Sie die nächste Übung angehen.

An dieser Stelle darf ich darauf hinweisen, daß ich alle praktischen Regeln, die sich aus diesen Überlegung ergeben, kurz formuliert in »Allgemeine Grundsätze der Abrichtung« zusammengefaßt habe. Es finden sich dort auch Tips und Hinweise, die zur Vermeidung von Wiederholungen im Text fehlen (s. Seite 270 ff.).

Verknüpfen

Die Funktion des Befehls

Wenn Sie soweit sind, daß Sie durch Triebnutzung, z. B. mit einem Bröckchen, das erwünschte Verhalten (Lautgeben) zuverlässig herbeiführen können, bringen Sie den Befehl (»Gib Laut«) ins Spiel. Vorher wäre dies nicht nur sinnlos, sondern falsch: In seiner Probierphase könnte der Hund den Befehlslaut mit irgendeinem anderen, gerade versuchten Verhalten verknüpfen.

Welche Funktion hat der Befehl im biologischen Ablauf der Leistung? Keinesfalls ist er als Aufforderung im menschlichen Sinne zu verstehen, die beim Hund etwa eine Art »Jetzt-muß-Ich«-Situation entstehen ließe; die gibt es nicht – übrigens bei keinem Tier (*Konrad Lorenz:* »Man kann ein Tier nicht drängen«). Der Befehlslaut soll bei seiner Wahrnehmung das mit ihm im Gedächtnis verknüpfte Verhalten im Zentralnervensystem des Hundes lediglich als Handlungsmöglichkeit wachrufen, mehr nicht!

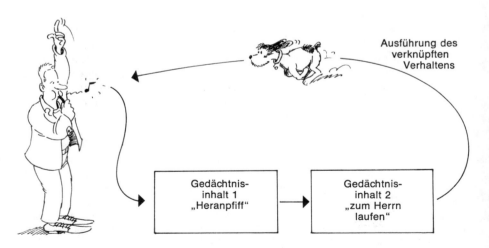

Die Wahrnehmung des Pfiffes macht im Gedächtnis des Hundes die mit ihm verknüpfte Verhaltensform »Zum-Herrn-Laufen« ebenfalls wirksam.

Der Hund verknüpft durch Gleichzeitigkeit

Weil er noch nicht wissen kann, was »Komm« bedeutet, hat es am Anfang keinen Sinn, daß Sie ihn rufen. So paradox es klingt: In der 2. Abrichtestufe wird der Befehl erst dann abgegeben, wenn der Hund bereits folgt, nicht vorher! Der Hund verknüpft nur, was er gleichzeitig erlebt. Was nicht ist, kann nicht verknüpft werden. Also muß, wenn der Befehlslaut abgegeben wird, das erwünschte Verhalten bereits auf andere Weise ausgelöst sein. Während er kommt, pfeifen und rufen Sie ihn unaufhörlich heran, so oft wie möglich, bis er bei Ihnen ist.

Staunend werden Sie feststellen: Plötzlich geht es umgekehrt! Sie rufen »Komm!«, und er kommt, weil Sie ihn riefen. Sie sagen »Ablegen!«, und er legt sich hin, weil Sie es sagten. Sie sagen »Gib Laut!«, und

er bellt, weil Sie es befahlen. Die ständig wiederholte Wahrnehmung wurde mit dem Verhalten verknüpft. Sie wurde Befehl.

Impulswechsel

Hat der Hund für ein bestimmtes Verhalten einen Befehl erlernt, ist es leicht, das gleiche Verhalten nach dem Grundsatz der Gleichzeitigkeit mit weiteren Befehlen zu verknüpfen. Der Hund sei z. B. so weit, daß er auf »Komm!« schnell herankommt. Auf diese Weise rufen Sie ihn, und während er kommt, pfeifen Sie wiederholt den Heranpfiff. So lernt er schnell auch den Pfiff als zweiten Heranbefehl. Beherrscht der Hund das »Gib Laut«, stellen Sie ihn vor die ausgestopfte Rehdecke und befehlen: »Gib Laut!« So wird nach und nach der Anblick des vor ihm liegenden Wildkörpers zum Auslöser für das Geläut, und der Hund ist auf dem Wege zum Totverbeller.

Es lassen sich nach diesem Verfahren auch zwei Befehle gleichzeitig erlernen: Hat der Hund gelernt, auf das Kommando »Down!« herun-

Der Hund verknüpft durch Gleichzeitigkeit. Während er herankommt, müssen Sie daher wiederholt kommandieren: »Komm, so recht, komm, komm!«

terzugehen, ertönt unmittelbar nach dem Ruf der Trillerpfiff bei gleichzeitig erhobenem Arm. Beide Befehle werden so mit dem Down-Gehen verknüpft und zu selbständigen Auslösern.

Situationsnutzung

Bei einer Vielzahl von Leistungen ist die Verknüpfungsstufe noch einfacher zu bewerkstelligen. Ich denke an die Übungen, die der Hund ganz oder teilweise außerhalb der Ausbildungsstunde im täglichen Umgang mit ihm erlernen kann, das Kommen, Ablegen, Bleib, Bei-Fuß, Gib-Laut, Voran, Stehen u. a. m. Alles das sind Verhaltensformen, die der Hund im Alltag zufällig, aber dennoch hinreichend häufig von sich aus zeigt: Er kommt x-mal am Tag von sich aus zu Ihnen; sobald Sie das sehen, rufen Sie ihn. Oder Sie »befehlen« jedesmal »Ablegen!«, wenn Sie sehen, daß der Hund sich hinlegen will. Verharrt er an der Tür, während Sie hinausgehen, sagen Sie: »Bleib!« Und schimpft er mit seiner Nachbarin, dann sagen Sie: »So recht, gib Laut!«

Es ist also gleichgültig, wie das zu verknüpfende Verhalten ausgelöst wird, durch Triebnutzung, durch einen zuvor erlernten Befehl oder durch Zufall. Wenn es sich zeigt, kann es verknüpft werden.

Motivieren

Die erste Abrichtestufe, die Herbeiführungsstufe, ist die schwierigste. Die zweite Stufe, die Verknüpfungsstufe, ist die interessanteste. Die dritte Stufe, die Motivationsstufe, ist die langwierigste.

Die Motivation des erwünschten Verhaltens

Zwar können wir jetzt annehmen, daß der Hund »verstanden« hat, was wir wollen: Mehrmals hintereinander reagierte er sichtbar und zweifelsfrei nicht auf das Bröckchen, sondern allein auf die Wahrnehmung unseres Befehls. Damit ist das Kernstück der Abrichtung einer Übung geschafft, aber bei weitem nicht die ganze Abrichtung. Denn der bisher erreichte Leistungsstand bleibt unbefriedigend. Wir wollen den Hund ja auch dann zuverlässig heranrufen können, wenn das verheißungsvolle Ereignis des Fütterns nicht ansteht. Wir müssen also die Motivation des erlernten Verhaltens verändern. Dazu müssen wir uns von der bisher benutzten Antriebskraft Hunger lösen. Wir müssen für das erwünschte Verhalten eine Motivation finden, die

1. von dem wechselnden Triebstatus des Tieres unabhängig ist und
2. in dem erwünschten Verhalten selbst ihren Ursprung hat.

Das Ziel der Abrichtung ist uns durch das Vorbild des Instinktverhaltens vorgegeben: Der Hund verfolgt das flüchtende Objekt, den Hasen, das Auto, den Vogel, wenn keinerlei Aussicht besteht, es zu erreichen. Der Hund hetzt aus Freude am Hetzen! Er ist für das Hetzen passioniert. Eine entsprechende Motivation müssen wir für jede Tätigkeitsleistung des Hundes aufbauen.

Auch der Antrieb zum Handeln entsteht durch Verknüpfung!

Wenn der Hund immer wieder bei dem erwünschten Verhalten lustvolle Gefühle, Sättigung seines Hungertriebes, Liebe und Lob, begeisterte Zustimmung seines Herrn erlebt, verknüpft er diese Gefühle mit dem Herankommen, Bringen, Verbellen usw. Das aber bedeutet: Sobald er später die Laute »Komm«, »Apport« oder »Gib Laut« hört, fällt ihm nicht nur das hiermit verknüpfte Verhalten ein; auch die Erinnerung an die vorherigen lustvollen Gefühle wird wieder wach, jetzt vielleicht in der Form einer »frohen Erwartung«. Sie wird zum wesentlichen Motiv seines Handelns.

Der Hund »gehorcht« aus Freude an der ihm befohlenen Handlung

Der Hund folgt unseren Befehlen also nicht aus Gehorsam oder Pflichtgefühl, sondern aus einem viel einfacheren Grunde: Er folgt, weil ihm das erwünschte Verhalten Spaß macht, weil er durch die Abrichtung für dieses Verhalten motiviert (begeistert, passioniert) wurde.

Der Hund läßt sich leicht motivieren!

Durch mehrere Besonderheiten seines Wesens läßt sich der Hund besonders leicht, leichter als andere Tiere, durch Verstärkung motivieren, ja man kann sagen, daß diese Eigenschaften überhaupt seine Abrichtung ermöglichen (s. Seite 66 ff.). Die wichtigste ist die schnelle Erregbarkeit des Hundes in beide Richtungen. Die zweite Besonderheit ist die Stärke der Gefühlsaufwallung, zu der ein Hund fähig ist. Drittens kommt der Hund uns durch die Unkompliziertheit seiner polaren Erregungszustände entgegen. Er ist entweder positiv-lustvoll erregt oder negativ-betroffen. Tiefe und verwickelte seelische Probleme gibt es bei ihm weder in der einen noch in der anderen Richtung.

Diese Eigenschaften des Hundes erleichtern seine Motivierung beträchtlich. Wie oft müßten wir ein erwünschtes Verhalten verstärken,

Mit der erwünschten Tätigkeit muß der Hund ein starkes Gefühlspotential verknüpfen. Dazu braucht er viele Erfolgserlebnisse wie dieses »Freudenfest«.

wenn der Hund nur schwache Gefühlsschwankungen hätte. Welches Raffinement an Lustbarkeiten müßten wir aufbieten, um ihn überhaupt aus der Reserve zu locken? Würde der Hund, wie unsere Kinder es tun, nach jedem Anschnauzer tagelang »bocken«, brauchten wir Jahre, um uns ihm verständlich zu machen. So aber können wir dem gerade noch Betroffenen mit einem Bröckchen oder einem lobenden Wort die Welt wieder in Ordnung bringen. Es genügen »Zuckerbrot und Peitsche«.

Nicht das Verhalten belobigen, sondern die Ausführung des Befehls

Wichtig ist jedoch, daß der Hund nicht für das erwünschte Verhalten allein passioniert ist – das ist zwar die Voraussetzung des Gehorsams –, sondern für die mit ihm sich vollziehende Ausführung des Befehls. Haushunden wird z. B. gerne das Männchenmachen oder Pfötchengeben beigebracht. Dafür werden sie dann in Ermangelung anderer Aufgaben so passioniert, daß sie ständig Männchen machen oder Pfötchen geben, auch wenn keiner es befohlen hat. Das ist nicht das Ziel der Abrichtung. Ein solches Verhalten wird daher nicht beachtet und nicht belobigt.

Sobald der Hund gelernt hat, Ihrem Befehl zu folgen, müssen Sie die Abrichtetechnik ändern: Jetzt bekommt er erst dann und nur dann sein Bröckchen, wenn er auf Ihren Befehl hin in der gewünschten Weise reagiert. Der Hund muß jetzt nicht nur für das erwünschte Verhalten selbst motiviert werden, sondern dafür, daß er es auf Kommando ausführt.

Der Hund muß die Erfahrung machen, daß es für ihn gut ist, ja, daß es für ihn geradezu eine Lust ist, wenn er auf das von Ihnen festgelegte Zeichen (Ruf, Pfiff oder Wink) in der von Ihnen gewünschten Weise reagiert. Der Hund, der jeden Befehl seines Herrn, jeden kleinsten Wink ausführt, als habe er darauf gewartet, das ist der Hund, der für seine Leistungen hinreichend motiviert ist.

Das Prinzip der kleinen Schritte

In der dritten Abrichtestufe bleiben zunächst alle äußeren Umstände unverändert. Sie üben vorerst immer am selben Platz, in der gleichen Entfernung, vor dem Füttern usw. Ist der Hund über ein Jahr alt, verschieben Sie ab und zu eine Mahlzeit und nutzen den 36-Stunden-Hunger. Es wird dann aber auch nicht mehr jede erfolgreiche Übung mit Futter und Liebeln belohnt, das Lob wird vielmehr bewußt dosiert (Intervallverstärkung). Erst langsam gehen Sie zu wechselnden Umweltbedingungen und zu größeren Schwierigkeitsgraden über. Das Ziel ist, die Folgsamkeit von dem ursprünglich genutzten Hungertrieb, aber auch von allen sonstigen Umweltverknüpfungen unabhängig zu machen.

Positive Dreistufen-Dressur

(ein Kurzlehrgang in Bildern)

Gewöhnung an die Leine

Dressurziel: Der Hund soll lernen, die Leine freudig zu akzeptieren; das ist die von ihm geforderte »Leistung«.

1. Stufe: Herbeiführen

Sie sorgen für reichlich Appetit. Zur Fütterung nehmen Sie die Futterschüssel in die linke, den Karabinerhaken der Leine in die rechte Hand. So gehen Sie mit dem (hungrigen) Hund etliche Schritte hin und her.

Schließlich geben Sie ihm mit »So recht, so brav!« sein Futter. Im gleichen Augenblick leinen Sie ihn an und halten die Leine, solange er frißt, mit fortwährendem Lob in der Hand.

Auch nach dem Fressen bleibt er an der Leine. Sie machen mit ihm einen kleinen Spaziergang, lassen ihn dabei aber an der Leine laufen, wohin er will.

So gewöhnt er sich an die Leine in wenigen Tagen.

2. Stufe: Verknüpfen

Sobald er sich auch ohne Futter willig anleinen läßt, muß er lernen, den Anblick der Leine als Befehl zu erkennen. Es handelt sich dabei um einen »Objektbefehl«: Der Hund verknüpft, daß es ins Freie geht, wenn Herrchen die Leine nimmt. Er läuft nicht davon, er *kommt* freudig herbei, um angeleint zu werden.

Objektbefehle sind dem Hund vertraute Gegenstände oder Vorgänge, die unmittelbar, d. h. ohne Mitwirkung des Hundeführers, ein bestimmtes Leistungsverhalten auslösen und steuern. Nicht der Hundeführer, sondern der vom Hund gefundene tote Hase selbst gibt ihm den »Befehl« zum Bringen. Nicht das Kommando »Faß!« des Beamten, sondern der Angriff des Täters gibt ihm den »Befehl« zum Gegenangriff. Je fortgeschrittener die Dressur, je mehr werden Kommandos durch Objektbefehle ersetzt.

3. Stufe: Motivieren

Diese Erfahrung des Tieres muß nun weiter verstärkt werden. Fütterung und Spaziergang sind die Höhepunkte des Hundetages. Immer geht ihnen das Angeleintwerden voraus, das nach und nach immer freudiger begrüßt wird. Das Dressurziel ist erreicht.

Herankommen

Dressurziel: Der Hund soll lernen, auf Befehl so schnell wie möglich zu seinem Herrn zu laufen.

1. Stufe: Herbeiführen

Da der Hund den Befehlslaut »Komm« noch nicht kennt, wäre es unsinnig, ihn zu rufen. Er muß den Befehl zuerst lernen. Der Hund erlernt einen Befehl durch gleichzeitige Wahrnehmung von Befehl und Verhalten. Daher muß das zu übende Verhalten auf irgendeine andere Weise herbeigeführt werden. Der Dresseur erreicht dies, indem er durch Herstellung einer günstigen Lernsituation dafür sorgt, daß der Hund selbst auf das erwünschte Verhalten kommt. Dies geschieht:

durch Heranlocken mit Futter

durch Sich-Entfernen, also durch Wecken des Meutetriebs

durch Sich-Verstecken, ebenfalls durch
Wecken des Meutetriebs

durch Sich-Kleinmachen, so daß der Hund
denkt, man entfernt sich

durch Heranlocken durch Frauchen

2. Stufe: Verknüpfen

In der zweiten Dressurstufe vollzieht sich die notwendige gedächtnismäßige Verknüpfung zwischen der selbständig ausgeführten Handlung des Tieres und dem vom Erzieher gewählten Befehlslaut oder -zeichen. Diese Verknüpfung ist nur erreichbar durch gleichzeitiges Erleben von Verhalten und Befehl. Beide sollen im Gedächtnis des Tieres so eng miteinander verbunden sein, daß es sich der Handlungsmöglichkeit »Zum-Herrn-Laufen« erinnert, sobald es den Befehlslaut »Komm!« wahrnimmt. Man nennt diesen Vorgang »Konditionieren«: Der Erzieher ruft den Befehlslaut mehrmals hintereinander, immer wieder, *während* der Hund das erwünschte Verhalten ausführt, nicht früher, nicht später (das ist sehr wichtig!).

Verknüpfen, einen Befehl erlernen, kann der Hund nur, *während* er den Handlungseinfall hat oder unmittelbar danach, während er ihn ausführt. Auch wenn es paradox klingt: Nur wenn der Hund schon kommt, darf man ihn rufen.

Nach und nach, manchmal schon nach wenigen Versuchen, geht es umgekehrt: Der Hund kommt, *weil* Sie ihn riefen. Gleichzeitig mit der Wahrnehmung des Befehls kommt ihm der (nunmehr verknüpfte) Handlungseinfall: »Ich könnte – statt hier herumzuschnüffeln – zum Herrn laufen!«

Manchmal führt er diesen Handlungseinfall auch aus, dann nämlich, wenn er hierfür hinreichend motiviert ist.

3. Stufe: Motivieren

In dieser Dressurstufe gilt es, den Hund für die (inzwischen wiederholbar herbeiführbare und konditionierte) Leistungshandlung, in diesem Fall also das Herankommen, so zu begeistern, daß er sie gerne und von sich aus ausführt, sobald sie ihm bei der Wahrnehmung des Befehls als Handlungsmöglichkeit gewärtig wird. Der Dresseur muß daher durch systematische Verstärkung (Belobigung) ein positives Gefühlspotential aufbauen und dieses mit dem erwünschten Verhalten verknüpfen.

Für die Herandressur in der zweiten und dritten Stufe ist die selbst gebastelte »Leinenlösungsanlage« ein gutes und einfaches Hilfsmittel. Mit ihr läßt sich das Heran beliebig oft wiederholen und konditionieren. Sie leinen den Hund an, indem Sie eine kurze Halteleine hinter dem Halsband durchziehen und an einem herausziehbaren Bolzen befestigen.

Dann warten Sie einige Sekunden, während Sie mit dem Futter spielen, und lösen die Halteleine durch Herausziehen des Bolzens. Sobald er sich zu Ihnen in Bewegung setzt, rufen Sie so oft Sie können: »Heran! Komm! Struppi komm!« oder Sie nutzen – abwechselnd! – die Pfeife. Ist er bei Ihnen, loben und liebeln Sie ihn und leinen ihn zur nächsten Übung wieder an.

Bei jedem herbeigelockten Herankommen gibt es einen riesigen Freudenempfang, auch wenn der Hund von einer unerlaubten Exkursion heimkehrt (die hat er längst vergessen). Eine Heimkehr muß für ihn immer etwas Schönes sein.
Kommt er folgsam, wenn Sie ihn rufen, kann das regelmäßige Belobigen eingeschränkt werden und schließlich unterbleiben. Jetzt muß mit höchster Konsequenz darauf geachtet werden, daß der Hund das erwünschte Verhalten *nur* auf Befehl ausführt.

Pfötchen-Geben

Dressurziel: Der Hund soll sich auf Kommando setzen und Pfötchengeben. Die Übung dient der frühen Kommunikation zwischen Herrn und Hund. (Auch das Lernen muß der Hund erlernen.) Und mit »Gib Pfötchen!« kann man sich durchaus einen größeren Hund vom Leibe halten – wenn er spurt!

1. Stufe: Herbeiführen

Sie sorgen für einen guten Appetit des Schülers. Dieser wird an einem Pflock oder Haken angeleint; das ist die übliche Lernsituation. Mit allgemeinen Ermunterungsworten stellen Sie sich vor ihn und zeigen ihm ein Bröckchen. Er wird nach der ihm eigenen Lernmethode von Versuch und Irrtum alles Mögliche versuchen, um seiner habhaft zu werden:

Er wird hochgehen, bellen, sich hinwerfen und vieles mehr. Hier zeigt er seine reiche Phantasie. Wenn Sie ihm das Bröckchen einmal unmittelbar vor die Nase halten, wird er vielleicht auf einmal sich setzen oder danach greifen. Schwubs, hat er sein Bröckchen, und zwar in beiden Fällen. Er bekommt sein Bröckchen, sobald er das erwünschte Verhalten auch nur im Ansatz zeigt. Darum nennt man dieses Verfahren »Verstärken«.

Am nächsten Tag geht es schon schneller. Sie werden sehen: Die Zahl der erfolgreichen Versuche steigt zuerst langsam an, aber dann immer schneller. Bald genügt die Herstellung der Lernsituation, und das Pfötchen kommt von selbst. Geben Sie ihm ruhig auf diese Weise das gesamte Futter.

2. Stufe: Verknüpfen

Sie können jetzt problemlos das erwünschte Verhalten wiederholbar herbeiführen. Erst jetzt (!) kommt das Kommando ins Spiel. Sie warten, bis der Hund ruhig vor Ihnen sitzt und beide Vorderpfoten am Boden hat. Sollte er jetzt von sich aus das Pfötchen geben, übersehen Sie dies, denn

jetzt soll er den Befehl erlernen. Dazu zeigen Sie ihm unerwartet das Bröckchen. Sobald er richtig reagiert, sagen Sie: »Gib Pfötchen, gib Pfötchen!« und geben ihm das Futter. So geht es weiter. Langsam, aber ganz sicher, verknüpft er auf diese Weise durch wiederholte Gleichzeitigkeit Befehl und Verhalten. Er hebt das Pfötchen, weil Sie »Gib Pfötchen!« befahlen.

3. Stufe: Motivieren

Jetzt geht es darum zu erreichen, daß der Hund mit dem befohlenen Verhalten selbst freudige Gefühle verknüpft, nicht nur mit der damit verbundenen Speisung. Denn er soll nicht nur beim Füttern, sondern immer auf Befehl das Pfötchen geben. Das Belobi-gungshäppchen ist nur der Weg dorthin, ebenso wie viele andere Formen der Belobi-gung. Natürlich wird jetzt auch die Lernsi-tuation gewechselt und ständig variiert. Alle Familienmitglieder sollten als Dresseur auf-treten, vor allem bei einem größeren Hund.

Mach-Männchen

Dressurziel: Der Hund soll auf den Hinterläufen aufrecht sitzen oder (wahlweise) stehen. Diese Übung ist besonders geeignet als Dressuraufgabe für den hundemiterziehenden Partner oder für die Kinder des Hauses. Durch kleine Dressuraufgaben dieser Art werden neben dem Hauptdresseur auch die übrigen Familienmitglieder vom Hund als ranghöher akzeptiert.

1. Stufe: Herbeiführen

Die Dressur verläuft wie beim Pfötchen-Geben. In der gleichen Lernsituation wird der Hund wieder seine ihm arteigene Lernmethode von Versuch und Irrtum anwenden und alle möglichen Verhaltensformen, auf die er zufällig kommt, durchprobieren.

Aber jetzt gibt es das Bröckchen nur, sobald beide Vorderpfoten vom Boden sind. Dabei wird nicht kommandiert und nicht geholfen. Der Hund muß das erwünschte Verhalten selbst herausfinden, um es erlernen zu können.

2. Stufe: Verknüpfen

Wenn diese Routine reibungslos funktioniert, nicht vorher, beginnen Sie mit dem Konditionieren des Befehls »Mach Männchen«. *Während* der Hund hochsteigt und auf den Hinterläufen steht, sagen Sie ununterbrochen: »Mach Männchen! So recht! Mach Männchen!« Das kleine Lernwunder geschieht: Der Hund verknüpft den Befehlslaut mit dem vom Dresseur hervorgelockten Verhalten. Er steigt hoch, *weil* Sie es befahlen.

3. Stufe: Motivieren

Bis das aber richtig sitzt, bedarf es einer hinreichenden Motivation. Der Hund muß für das Männchen-Machen so passioniert werden, daß er nichts Schöneres kennt und jede Dressurstunde freudig erwartet. Von jetzt ab gibt es nur noch ab und zu ein Bröckchen, aber nach jedem Versuch viel Lob und Liebe.

Bringen an der Angel

Dressurziel: Der Hund soll das an der Angel befestigte Bringholz suchen, in den Fang nehmen, heranbringen und abgeben. Das Bringen (= Apportieren) ist die Grundlage der gesamten Dressur. Es vereint in sich viele Einzelübungen wie Suchen, Schwimmen, Springen, Fährten, Herankommen, Sitz und mehr. Zugleich gibt es dem Hund die Möglichkeit, viele seiner Sinne und Fähigkeiten zu üben und zu nutzen, und festigt so die Beziehung zu seinem Herrn wie keine andere Leistung.

1. Stufe: Herbeiführen

Am besten beginnen Sie die Bringdressur an der Angel. Als »Köder« dient hierbei das kleine Bringholz, das von nun an ausschließlich verwendet und so zum Lieblingsapportl ausgebildet wird. Mit ihm imitieren Sie die Fluchtbewegungen der Beutetiere des Hundes und wecken so seinen Hetz- und Beutetrieb.

Hat er das Bringsel im Fang, rufen Sie ihn (bei entsprechendem Fortschritt der Heran-Dressur) mit »Komm!« heran. Auf keinen Fall dürfen Sie ihn an der Angelschnur heranziehen; diese bleibt locker, er kommt von sich aus. Dann erhält er sein Bröckchen, aber nur im direkten Tausch gegen das Bringsel. Im Notfall hilft hier ein Hungertag.

2. Stufe: Verknüpfen

Während der Hund losläuft, um das Apportl zu fassen oder zu suchen, rufen sie: »Voran! Such voran!«. Während er es von sich aus bringt, rufen Sie: »Komm! Apport!«. Bedenken Sie aber, daß das fortgeschrittene Bringen nicht durch das Kommando »Apport«, sondern ausschließlich durch das dem Hund wohlbekannte Bringobjekt als »Objektbefehl« ausgelöst wird. Das wird hier besonders anschaulich: Woher sollte der Hund sonst wissen, welchen Gegenstand von den vielen Tausend, die er findet, er bringen soll? Dem Hund ist es andererseits völlig egal, ob sein Handeln von einem über das Ohr wahrgenommenen Befehlswort oder von einem über das Auge wahrge-

nommenen Objektimpuls ausgelöst wird. Er vermag das nicht zu unterscheiden.

3. Stufe: Motivieren

Es fällt leicht, den Hund für das Bringen an der Angel zu motivieren. Es ist lediglich eine Frage der Zeit: Kein Futter ohne wenigstens eine kleine Bringdressur! Und nach getaner Arbeit darf der Hund auch ab und zu das Bringsel an der Angel hetzen. Das steigert die Leidenschaft und erhöht die Passion für das Bringen.

Wurfapport

Dressurziel: Der Hund soll das Apportl auch dann suchen und bringen, wenn es ihm weder ansichtig ist noch eine Fährte zu ihm führt. Diese Übung dient nur der Unterhaltung und der Passionierung des Bringens (als wichtigster Leistung). Sie wird später nicht mehr benötigt, es sei denn zur Jagd auf Flugwild.

1. Stufe: Herbeiführen

Der Hund sitzt anfangs angeleint, später frei neben seinem Herrn. Er verfolgt mit den Augen das wegfliegende Apportl, darf aber erst auf das Kommando »Such voran!«, das auch erst nach kurzer Verzögerung kommt, losstieben, um es zu suchen und zu bringen. Am besten geschieht dies durch eine vom Dresseur gehaltene, etwa 2 m lange Schnur, die hinter dem Halsband durchgezogen ist.

2. Stufe: Verknüpfen

Das gefundene Lieblingsapportl wird immer mehr zum Auslöser (= Befehl) für das Aufnehmen und Bringen.

3. Stufe: Motivieren

Der Hund soll lernen, so lange zu suchen, bis er das Apportl findet. Dabei bildet sich infolge der starken Verknüpfungen eine Art Finderwille heraus. (Ich hatte eine Hündin, die sich, wenn sie das Apportl nicht fand, irgendwo in Suchrichtung niederlegte und wartete, bis ich kam.)

Bringen auf der Führerfährte

Dressurziel: Der Hund soll lernen, verschiedene ihm bekannte Bringobjekte, die er auf der Führerfährte oder bei der freien Suche zufällig findet, aufzunehmen, zu bringen und korrekt abzugeben.

1. Stufe: Herbeiführen

Anstatt das Apportl zu werfen, kann der Dresseur es auch selbst wegbringen und verstecken, während sein Hund (am An- fang!) interessiert zuschaut. Dann geht er zum Hund zurück, wartet ein Weilchen (später länger) und schnallt den Hund.

2. Stufe: Verknüpfen

Am besten geschieht dies ohne jedes Kommando, denn der Hund hat inzwischen längst verknüpft, daß eine spannende, alle Sinne fordernde Bringübung ansteht.

3. Stufe: Motivieren

Mit dem Motivieren durch tägliches Üben gehen die Steigerung der Schwierigkeiten (die Fährte führt über Stock und Stein), die Verlängerung und Standzeit der Fährte (sie kann 3000 m lang werden und mehr) und – schließlich – das Wechseln der Bringobjekte einher. Aber höchste Vorsicht beim Steigern: Sicherheit geht weit (sehr weit!) vor Schnelligkeit.

Grundsätzlich bleiben Sie in den ersten ein bis zwei Monaten immer auf genau derselben Bringstrecke. Diese führt vom Dressurplatz aus (wo die Bröckchen liegen) etwa 50 Meter in den Garten oder ins Freie. Der Hund soll die ganze Szenerie genau kennen und somit wissen, daß er auf dieser Strecke zu suchen hat und daß er heranbringen muß, was er an ihrem Ende findet. Das ist für ihn zwar ein Kinderspiel, das aber trotzdem Lohn einbringt. Nach ausreichender Motivierung ist für seine Nase jede andere Fährte nicht wesentlich schwieriger. Der Vorteil Ihres »Standard-Bringparcours« liegt darin, daß der Hund unbedenklich alles bringt, was er an seinem Ende findet, auch z. B. eine tote Katze, Ihren (verlorenen) Schlüsselbund, Abwurfstangen oder den schweren Apportierbock. Alles das merkt er sich und bringt es Ihnen, wo immer er es findet. Sie können ihn hier also problemlos an jedes weitere Bringobjekt gewöhnen.

Gleichzeitig verhindern Sie jedoch, daß der Hund im Übereifer anfängt, alles heranzuschleppen, nur nicht das, was er bringen soll. Hier ist Beschränkung am Platze. Nichts ist so schön wie die ungeduldig erhoffte, glückliche Heimkehr nach einem langen, schwierigen, erfolgreich gemeisterten Bringparcours – für Hund und Herr!

»Voran!«

Dressurziel: Der Hund soll auf Kommando »Voran!« – und *nur* auf Kommando »Voran!« – losstieben, den Kontakt zu seinem Herrn aber unbedingt behalten.

1. Stufe: Herbeiführen
Sie halten den Hund an einer hinter dem Halsband durchgezogenen Schnur. Sobald Sie merken, daß der Hund weglaufen möchte, ermuntern Sie ihn hierzu und laufen einige Schritte mit. Sie können ihn auch von einem Helfer rufen lassen, wenn er das »Komm!« inzwischen beherrscht. Beim Losstieben des Hundes geben Sie ein Ende der Schnur frei, so daß diese sich für den Hund kaum merklich durchziehen kann.

2. Stufe: Verknüpfen
Sobald Sie den Hund auf diese Weise wiederholbar zum Losstürmen bringen können, beginnen Sie mit der systematischen Konditionierung des Kommandos: *Während* der Hund losstiebt, rufen Sie mehrmals hinter ihm her: »Lauf voran! Voran!«. Sie unterstützen den Befehl, indem Sie mit

ausgestrecktem Arm in die Richtung zeigen, in welche der Hund laufen soll. Sobald Sie feststellen, daß der Hund nicht mehr Kontakt zu Ihnen hält, rufen oder pfeifen Sie ihn heran. Vorsicht: Der Hund darf nicht zum Hetzer werden! Stellen Sie dies fest, bleibt der Hund beim »Voran!« grundsätzlich an einer 10 Meter langen Dressurleine, am besten einer 0,8 cm starken, weichen Kunststoffschnur.

3. Stufe: Motivieren

Für das »Voran!« ist jeder Hund von sich aus motiviert, häufig geht die Motivation sogar zu weit. Daher müssen über die Methode des Impulswechsels die Herandressur mit dem Heranpfiff sowie (später) die Down-Dressur zugeschaltet werden. Sie üben dann miteinander kombiniert die drei Leistungen »Voran!«, »Down!« und »Heran!« und trainieren damit die drei wichtigsten Kommandos zur Beherrschung des Hundes und somit die wichtigsten Kommandos der Hundedressur überhaupt.

»Gib Laut!«

Dressurziel: Der Hund soll lernen, auf das Kommando »Gib Laut!« anhaltend zu bellen.

1. Stufe: Herbeiführen

Kein vernünftiger Mensch wird von einem jungen oder rohen Hund erwarten, daß er zu bellen beginnt, wenn man zu ihm »Gib Laut!« sagt, solange er diesen Befehl nicht erlernt hat. Da der Hund das ausgewählte Befehlswort jedoch gedächtnismäßig nur mit dem zugehörigen Verhalten verknüpfen kann, *während* er es ausführt, also tatsächlich bellt, muß das Lautgeben auf andere Weise herbeigeführt werden.

Dazu stellt sich der Dresseur mit einem Bröckchen bewaffnet und mit erhobenem Zeigefinger vor den angepflockten, ratlosen Hund, der zunächst nicht weiß, was er tun soll, um an sein Bröckchen zu kommen. Er probiert daher nach der von ihm meisterlich beherrschten Methode von Versuch und Irrtum alles aus, was ihm der Zufall eingibt. Wenn nichts, aber auch gar nichts gelingt, bleibt am Ende nur ein resignierendes Wimmern – genau das, worauf der Ausbilder wartet. Sofort hat er sein Bröckchen. Ich wiederhole mich: Das erwünschte Verhalten wird nach dem kleinsten Ansatz verstärkt. Der Hund hat für erfolgreiches (d. h. vom Dresseur belohntes) Verhalten ein besonders gutes Gedächtnis, das Teil seiner Lerntechnik ist. Er hat nach wenigen erfolgreichen Versuchen kapiert: »Bellen gibt Bröckchen!«

2. Stufe: Verknüpfen

Damit kommt der Befehl ins Spiel: Sobald der Hund bei vorgehaltenem Bröckchen Laut gibt, sagen Sie: »Gib Laut! So recht, gib Laut!«

3. Stufe: Motivation

Einige Tage erhält er so sein gesamtes Futter. Und bei jeder sich bietenden Gelegenheit, 30mal am Tag, befehlen Sie »Gib Laut!«. Zugleich mißachten (später mißbilligen) Sie jedes unerwünschte Bellen, üblicherweise als »Kläffen« bezeichnet. Auslöser soll zunächst nur der Befehl »Gib Laut!« sein. Später übertragen Sie dann nach dem Prinzip des Impulswechsels die Befehlsfunktion auf weitere Auslöser, z. B. auf das Läuten der Klingel, das Umschleichen des Hauses usw.

Damit ist Ihr Hund auf dem besten Wege zum Schutz- und Wachhund, zum Rettungshund oder Schnüffler oder gar zum Totverbeller.

Fährten am langen Riemen

Dressurziel: Der Hund soll lernen, einer menschlichen Fährte oder einer künstlichen oder natürlichen Wundfährte ruhig und beharrlich am langen Riemen (ggf. Schweißriemen) zu folgen. Führer und Hund bilden dabei ein »magisches Gespann« (*Paul-Joachim Hopp*).

1. Stufe: Herbeiführen

Der Hund ist genetisch für das Folgen einer Fährte vorprogrammiert. Stellt er beim Herumschnüffeln fest, daß eine Duftmarke nicht, wie eine Blume, punktuell ist, sondern daß sich in der Nähe weitere Duftpartikel der gleichen Art finden und sich zu einer laufenden Kette verbinden, so fühlt er sich gezwungen, dieser Kette zu folgen. Diese Anlage muß daher so früh wie möglich geweckt und gefestigt werden. Schon der zwei Monate alte Welpe erhält sein aus passenden Bröckchen bereitetes Futter grundsätzlich nicht in der Schüssel, sondern als »Perlenkette« im Freien ausgelegt. Dabei werden die Abstände von Tag zu Tag größer.

2. Stufe: Verknüpfen

Die Fährte ist für den Hund mithin ein typischer Objektbefehl. D. h.: Nicht das verbale Kommando des Führers veranlaßt den Hund, der Fährte zu folgen, sondern diese selbst. Auch die Wildmeute folgt der Wundfährte einer Beute nicht deshalb, weil ein Meuteführer es befahl, sondern weil die Fährte selbst es ist, die dieses Verhalten auslöst. Das hier übliche Kommando »Such Verwundt!« kann daher die Fährtenarbeit nur unterstützen. Ein guter Fährtenhund kann darauf verzichten.

3. Stufe: Motivieren

Viele Hunde sind von Haus aus gute Fährtenhunde, aber es fehlt ihnen die bei dieser

Arbeit unabdingbare Ausdauer und Ruhe. Sie können es nicht erwarten, an das Fährtenende zu kommen. Sie versuchen daher vorzupreschen oder sie geben auf.
Gerade der Fährtenhund verlangt aber eine starke Motivation, die immer wieder erneuert werden muß. Der Hund muß daher am Ende »finden«, sonst verlöre er die Lust.

Aber: Der Besitz eines guten Fährten- oder Schweißhundes ist die Mühe wert. Es gibt kein schöneres, ja kein zweites Beispiel, bei dem die Zusammenarbeit von Mensch und Hund so wunderbaren Ausdruck findet. Und es gehört zu den schönsten Erlebnissen, wenn Sie, nach stundenlanger Arbeit am langen Riemen, allein im Vertrauen auf das Können Ihres Hundes durch schwierigste Dickungen immer wieder vorwärtsgetrieben, endlich am Ziel sind und vielleicht ein schwerkrankes Tier von seinen Leiden befreien können.

»Sitz!«

Dressurziel: Der Hund soll auf das Kommando »Sitz!« sofort, wenn auch gemächlich, in Sitzstellung gehen.

1. Stufe: Herbeiführen

Auch bei dieser Übung bleibt der Befehlslaut »Sitz!« in der 1. Dressurstufe absolut tabu. Es hat keinen Sinn, einen Befehl zu erteilen, den der Hund noch nie gehört hat und nicht kennt. Außerdem besteht die Gefahr, daß der Hund, der gerade dabei ist, verschiedene Verhaltensformen durchzuprobieren, das Wort »Sitz!« mit einem anderen Verhalten verknüpft.

Viele Hundebesitzer helfen sich in dieser Situation, indem sie gleichzeitig mit dem Kommando den Hund durch Druck auf die Kruppe in die Sitzstellung zwingen. Dies lehne ich als Zwangsdressur entschieden ab, auch wenn diese hier in harmloser Gestalt erscheint. Richtig ist, dem Hund Gelegenheit zu geben, seine eigene Lerntechnik von Versuch und Irrtum auch hier abzuwenden.

Dazu pflocken Sie ihn wie bei den ersten Übungen an und halten die Bröckchen parat. Der erhobene Zeigefinger besagt, daß es Zeit ist, aufzupassen und die Phantasie spielen zu lassen. Durch ein geschickt hoch gehaltenes Bröckchen erreichen Sie leicht, daß sich der Hund auf alle Viere stellt. Sie selbst verhalten sich völlig ruhig und desinteressiert. Es ist eine Frage der Zeit, bis ihm das Stehen beschwerlich wird und er sich hinsetzen möchte. Das unterstützen Sie mit »So brav, so recht!«, und dazu gibt es beim zaghaftesten Heruntergehen das erste Bröckchen, dem, wie wir wissen, bald viele folgen.

2. Stufe: Verknüpfen

Jetzt erst, wenn er sich vor dem Bröckchen brav setzt, bringen Sie das Kommando ein. *Während* er Anstalten macht, sich zu setzen, sagen Sie: »Sitz, so brav, sitz!«, und immer noch gibt es Bröckchen, bis die Futterschüssel geleert ist. So erlernt er sehr bald durch aktiv erlebte Gleichzeitigkeit

von Befehl und Verhalten den Befehlslaut »Sitz!«, der damit zum Auslöser für das erwünschte Verhalten des Hundes geworden ist.

3. Stufe: Motivieren

Motivieren heißt üben, wiederholen, belobigen, verstärken, heißt aber auch, die Anwendungsgebiete einer Leistung zu erweitern. Für das »Sitz!« bedeutet dies z. B., daß der herangerufene Hund, sobald er in schneller Gangart herangekommen ist, sich *ohne* Kommando neben oder vor seinen Herrn zu setzen hat, oder daß der heranbringende Hund sich mit dem Apportl im Fang *ohne* Kommando vor seinen Herrn zu setzen hat, um es diesem zu überreichen, oder daß der »Bei Fuß« gehende Hund sich *ohne* Kommando hinzusetzen hat, wenn sein Herr geruht, stehenzubleiben.

Alles das will geübt und motiviert sein. Auch wenn es sich beim »Sitz« nur um eine kleine Übung handelt, trägt sie doch viel zur Disziplinierung des Hundes bei und ist unerläßlich.

»Bei Fuß!«

Dressurziel: Der Hund soll lernen, angeleint oder (später) frei links neben seinem Herrn zu gehen. Der Kopf ist immer gleichauf mit dem Herrn. Hindernisse muß er mit dem Herrn umgehen. Die Leine muß immer locker durchhängen, sie darf sich nicht spannen.

1. Stufe: Herbeiführen

Sie erreichen das gewünschte Verhalten, indem Sie bei gutem Appetit den Hund an die Leine und die volle, duftende Futterschüssel in die Hand nehmen und mit beiden kreuz und quer durch den Garten gehen. Dabei regen Sie sich nicht auf, wenn der Hund vorläuft oder an einem Mauseloch zurückbleibt. Ohne dies könnten Sie ihn nicht dressieren. Aber immer dann, wenn er zufällig in Ihrer Höhe ist, bekommt er ein Bröckchen. Sollte er zu sehr an der Schüssel kleben, verlängern Sie die Wegstrecke zwischen zwei Bröckchen; beim nächsten Training begnügen Sie sich mit weniger Appetit.

2. Stufe: Verknüpfen

Das Herumtragen der Futterschüssel, so wichtig es im Anfang ist, können Sie sich bald sparen und sich mit einigen Belobigungshäppchen begnügen. Wenn Sie jetzt den Hund sicher in Ihrer Höhe haben (nicht vorher!), kommandieren Sie fortwährend hintereinander: »So recht. Bei Fuß!« Später können Sie auf dieses Kommando ganz verzichten. Der Hund erkennt Ihren Befehl an den Objekten, an der Leine in Ihrer Hand und an Ihrem Schritt.

3. Stufe: Motivieren

Es bleibt nicht aus, daß sich auch der gelehrigste Schüler mit seiner Leine um einen Baum verheddert. Das zu vermeiden lernt der kluge Hund unerwartet schnell. Versunken in tiefe Gedanken dudelt er auf das Hindernis zu. Im buchstäblich letzten Moment erkennt er die nahenden Verwicklungen und wie vom Blitz getroffen wirft er sich herum.

Das korrekte Gehen an der Leine muß früh geübt werden, unmittelbar nach der Trennung von der Mutter. Es ist das erste, was ein junger Hund lernen muß. Das wird oft versäumt. Oft ist es auch die falsch verstandene Benutzung der ausziehbaren Leine. Oder man meint, der junge Hund müsse erst einmal seine Freiheit haben. Das soll er auch. Aber dazu bleibt genügend Zeit. Man muß sich auch als Hund benehmen können, und das fängt an der Leine an.

Ist er erst einmal ein Vorprescher und notorischer Leinenzerrer geworden, so reicht die positive Dressur allein nicht aus, um ihn zu kurieren. Sie muß vielmehr durch eine Unterlassungsdressur ergänzt werden. Es leuchtet ein, daß Schmerzeinwirkungen mit Stachelhalsband oder Peitsche gerade hier kein Mittel sind, einen Hund »Bei-Fuß!« zu halten. Versuchen Sie es besser mit einem grünen Zweig vor seiner Nase, der diese Unart schnell verleidet.

Wenn ich dem gut dressierten, frei bei Fuß gehenden Hund manchmal so zuschaue, wie er selbstbewußt und mit freudigem Ernst dahinschreitet, denke ich: »Sieh an, der ist stolz auf seinen Herrn«. Auch das »Bei Fuß!« ist keine große Übung. Aber wer sie versäumt, wird später reichlich Grund haben, das zu bereuen.

Ablegen/Down

Dressurziel: Der Hund soll lernen, auf Kommando »Ablegen!« (»Down!«), auf Hochheben des Armes und auf Trillerpfiff sich blitzartig hinzulegen. Das »Down« ist der strengere Befehl. Hier soll er sich noch blitzartiger platt auf den Bauch werfen einschließlich Hals und Kiefer. Jegliches weitere Handeln soll unterbleiben. Das »Down!« dient damit mehr der Beherrschung des Hundes. Das »Ablegen!« ist mehr die Aufforderung, es sich bequem zu machen und nicht weiter zu stören.

1. Stufe: Herbeiführen

Das »Down!« läßt sich mit dem Kommando »Ablegen!« leicht herbeiführen, wenn der Hund letzteres beherrscht. Der Dresseur muß dann auf schnellere Reaktion bestehen.

Für das Herbeiführen des Ablegens gibt es mehrere Möglichkeiten. Man kann den Hund z. B. angeleint auf eine größere Kiste setzen und das Bröckchen so tief halten, daß er es nur in totaler Tieflage erreichen kann. Oder Sie schaffen durch Umbau Ihrer Springanlage eine Art Tunnel, den der Hund nur kriechend überwinden kann. Das lernt er im Handumdrehen.

2. Stufe: Verknüpfen

Schwieriger ist hier die zweite Stufe, denn der Hund ist ein durch und durch mobiles Tier. Laufen, Springen und Schwimmen liegen ihm weit mehr als bei vollem Aktionsdrang in die Horizontale zu gehen. Es sind daher viele Übungen nötig, bis die Reaktion auf das Kommando hinreichend schnell und sicher erfolgt. Eine gründliche Down-Dressur kann ein Jahr dauern.

3. Stufe: Motivieren

In der dritten Stufe wird es noch komplizierter: Es kommt die Unterlassungsdressur hinzu. Der Hund soll sich nicht nur auf Kommando hinwerfen, er soll es auch *unterlassen* aufzustehen. Hiergegen muß also eine *negative* Verstärkung erfolgen. Hier muß ich auf den Buchtext verweisen, in dem diese schwierigen Zusammenhänge ausführlich dargestellt sind (siehe Seite 181 ff.).

»Bleib!«

Dressurziel: Hierbei handelt es sich um ein von mir in die Kynologie (Lehre vom Hunde) eingeführtes Kommando mit entsprechender Leistungshandlung, welche die Verständigung mit dem Tier in vielen Situationen des Alltagslebens vereinfacht. Der Hund soll bleiben, wo und wie er gerade ist. Auf den ersten Blick scheint damit die Lernmethode der Tiere von Versuch und Irrtum außer Kraft gesetzt, denn das erwünschte Verhalten verbietet es ja, irgendetwas zu tun. Aber das scheint nur so. Das durch die Probiermethode herauszufindende Verhalten in der gegebenen Situation ist, nun mal nichts zu tun, den Status quo zu erhalten.

1. Stufe: Herbeiführen

Am besten üben Sie das »Bleib!« im alltäglichen Zusammenleben. Der Hund will z. B. mit Ihnen durch die Haustüre. Aber Sie lassen ihn nicht; Sie schließen die Türe gerade so weit, daß er nicht hindurch kann. Sie lassen ihn auch nicht ins Auto, obwohl die Türe geöffnet ist – solange Sie das »Bleib!« üben wollen. Systematisch üben Sie das »Bleib!« in Kombination mit dem »Ablegen!«. Liegenbleiben ist »Bleib!«.

2. Stufe: Verknüpfen

Sobald Sie feststellen, daß er gelernt hat zu verhoffen, sagen Sie, während er geduldig wartet, unaufhörlich Ihren Spruch: »So recht, bleib, bleib, bleib!« So verknüpft er sehr bald diesen Laut mit dem Verhalten Bleiben, Verharren, »Jetzt-nichts-Tun«.

3. Stufe: Motivieren

Auch das »Bleib!« ist eine positive, dem Hund sehr schwer fallende Leistung, die aber auch mit Unterlassungselementen durchsetzt ist. Der Vorteil ist hier, daß dieses Verhalten häufig im Alltag erwünscht wird und daher auch im Alltag geübt werden kann. Vergessen Sie aber auch dann nicht das berühmte Bröckchen zur Belobigung und Verstärkung.

Schwimmen

Dressurziel: Der Hund soll lernen, am Ufer stehend auf Kommando »Lauf Voran!«, nicht vorher, das Wasser freudig und ohne Hemmung anzunehmen.

1. Stufe: Herbeiführen

Schwimmen ist eine Lieblingsbeschäftigung aller Hunde. Ausgenommen sind nur diejenigen, die in ihrer Jugend durch Zwangsdressur geschädigt wurden. Diejenigen aber, die als Junghunde wochenlang ihr

Lieblingsapportl aus 2 cm tiefen Pfützen und erst Wochen danach aus 5 cm tiefen Lachen geholt haben, sind alle nach einigen weiteren Übungswochen begeisterte »Wassersportler« geworden.

Schwimmen ist nämlich für den Hund das gleiche wie Laufen, und der Hund ist bekanntlich ein Lauftier. Da er im Wasser praktisch nur »läuft!«, ist er von Haus aus zugleich ein Schwimmtier.

Er nimmt das Wasser auch ebenso freudig an, wenn es sehr kalt ist. Man sollte für diesen Fall ein paar grobe Handtücher bereit haben. Nach dem Abrubbeln lassen Sie ihn sich warmlaufen.

2. Stufe: Verknüpfen

Sobald das »Voran!« am Lande dressiert wird, sollte es auf entsprechende Art am Wasser geübt werden. Da der Hund gerne schwimmt, verknüpft er diesen Befehl um so leichter.

3. Stufe: Motivieren

Die Abbildungen zeigen die hochpassionierte Kleine Münsterländerin Falka vom Schönberg meines Freundes Alexander Dörries bei ihren zwei Lieblingsbeschäftigungen Schwimmen und Bringen des Apportls.

Springen

Dressurziel: Der Hund soll lernen, eine Spring- oder Kletterwand in leistungsabhängiger Höhe zu überspringen. Er kann dabei die Füße aufsetzen.

1. Stufe: Herbeiführen

Das Springen ist für den Hund, was das Turnen für den Menschen ist. Es dient der Fitneß und Freizeitgestaltung, hat aber darüber hinaus für das praktische Leben wenig Wert.

Dennoch gibt es mir Gelegenheit, an ihm das wichtige »Lehrprinzip der kleinen Schritte« zu erläutern. Dieses Prinzip gilt im Grunde für alles Lehren und Lernen. Beim Tier spielt es insofern eine besondere Rolle, weil das Lernen durch Versuch und Irrtum, die allgemeine Lerntechnik der Tiere, das schrittweise Vorgehen von kleinsten Anfangserfolgen an bis zur Meisterleistung unumgänglich macht. Für die Tiere gilt daher ganz besonders, daß noch kein Meister vom Himmel gefallen ist.

Von Natur her ist der Hund nicht springbegeistert. Er hat die Nase gewöhnlich am Boden und weiß nicht, was hinter der Springwand ist. Daher muß das Training mit *einem* Brett, am besten sogar *ohne* Brett, beginnen. Der Dresseur führt den Hund an die Sprungwand, die Helferin lockt auf der anderen Seite mit Futter. Jegliches Kommandieren unterbleibt.

2. Stufe: Verknüpfen

Erst wenn der Hund alle Scheu vor der Sprungwand überwunden hat und das »Turnen« ihm sichtlich Freude macht, beginnen Sie mit der zweiten Stufe, der Konditionierung des Springbefehls »Hopp!«. Auch dieses Kommando dient nur der Unterstützung. Selbstverständlich weiß der Hund beim Anblick der Kletterwand auch selbst, was er hier zu tun hat. Es bedarf auch bei der Arbeit im Gelände keines Befehls, wenn es gilt, durch einen Sprung einen Zaun oder Graben zu überwinden.

3. Stufe: Motivieren

Trotz möglicher Anfangsschwierigkeiten ist das Springen eine Übung, die vielen Hunden Spaß macht. Der Hund von heute wird in bezug auf seine außerordentlich hohe körperliche Leistungsfähigkeit im allgemeinen viel zu wenig gefordert. Deshalb liebt er Übungen, bei denen er wild herumtollen, seine Kräfte einsetzen und sich voll austoben kann. Entsprechend leicht ist er hierfür zu motivieren.

Abwehr eines Überfalls

Dressurziel: Der Hund soll lernen, einen Angriff auf seinen Herrn auf Kommando »Faß!« oder auf den Angriff hin mit sofortigem Zufassen am rechten Arm des Angreifers zu beantworten und auf Kommando »Aus!« sofort von diesem abzulassen.

1. Stufe: Herbeiführen

Der junge oder rohe Hund weiß nicht, was die Kommandos »Faß!« und »Aus!« bedeuten. Aber er ist aus Urzeiten gewohnt, nicht nur Angriffe auf sich selbst, sondern auch Angriffe auf seine Meutegenossen, vor allem auf den Meuteführer, spontan mit einem Gegenangriff zu beantworten. Sein Verteidigungs- oder Kampftrieb ist so stark, daß er auch überzogen sein kann. Eine korrekte Dressur dieser Disziplin verlangt daher sowohl das Ermunterungskommando »Faß!« wie auch das Dämpfungskommando »Aus!«

Geübt werden beide Kommandos schon in früher Jugend. Der Hund wird angepflockt oder von seinem Herrn an der Leine gehalten. Der Helfer nähert sich ihm mit einem Stock in der einen und einem Sack oder Lumpen in der anderen Hand. Mit dem Sack schlägt er nach dem Hund und reizt ihn zur Gegenwehr. Der Hund soll wütend werden und bellen und sich immer wieder in den Sack verbeißen. Er darf nie der Unterlegene sein. Auf dem Höhepunkt seiner Wut brechen Sie den Kampf ab, beruhigen den Hund durch ausreichendes Liebeln und geben ihm ein Bröckchen.

Bald hat der Hund erkannt, daß der Sack der Verbrecher ist, der seinen Herrn bedroht. Gegen ihn richtet sich seine Kampfbereitschaft und sein Zorn. Wickeln Sie jetzt den Sack um den gepolsterten Beißarm, ohne ihn vorerst anzuziehen, und reizen Sie damit den Hund. Die mit dem Sack verknüpfte »Verbrecherfunktion« geht damit auf den Beißarm über.

2. Stufe: Verknüpfen

Zeigt der Hund die erwartete Kampfbereitschaft mit hinreichender Regelmäßigkeit, kommen die Befehle »Faß!« und »Aus!« ins Spiel, nicht vorher! Von ihnen ist das »Aus!« das wichtigere; der Gegenangriff des Hundes muß auf den Angriff des Täters hin auch ohne Kommando kommen. Das »Aus!« hingegen ist für den Hund eine höchst unwillkommene Unterbrechung einer schneidigen Rauferei, in der er der große Sieger ist, und kann daher leicht überhört werden. Außerdem handelt es sich beim »Aus« um eine Unterlassungsleistung. Es bedeutet nämlich auch »Nicht weiter!« und muß daher durch negative Einwirkungen untermauert werden.

Beim Üben trägt der Helfer den vollen Schutzanzug mit Beißarm. Der Hund bleibt anfänglich an der Leine. Während er von sich aus bei Ansichtigwerden des Täters auf diesen mit bösem Gebell losgeht, rufen Sie fortwährend: »So recht! Faß! Faß!« Der Täter hält mit Scheinschlägen auf Herrn und Hund gegen. Plötzlich unterbrechen Sie den Streit, am besten durch einen Trillerpfiff. Während der Scheintäter zur Salzsäule erstarrt, wiederholen Sie ununterbrochen »Aus! So recht, aus!« und zwingen den Hund durch Erheben des Armes und entsprechende Drohgebärden zu Boden. Sie dürfen in der Übung erst weitergehen, wenn das »Aus!« wirklich fest konditioniert ist.

3. Stufe: Motivation

Erst jetzt verzichten Sie auf die Leine, unter strenger Beachtung der Sicherheitsvorschriften. Mannarbeit ist kein Pappenstiel! Man übt sie daher am besten im Hundeverein. Hier gibt es erfahrene Dresseure, von denen man etwas lernen kann; es gibt das nötige Schutzzeug, das geeignete Gelände, die richtigen Kumpel und – für den späten Nachmittag nach harter Dressurarbeit auch die nötigen Mittel zur Stärkung.

Stellen und Verbellen des Täters

Dressurziel: Der Hund soll lernen, den nach Abwehr eines Angriffs flüchtenden oder im Gelände versteckten Täter zu fassen und zu stellen; bricht der Täter die Flucht ab und verharrt in Ruhestellung, soll der Hund sofort von ihm ablassen und ihn durch weitere Bedrohung stellen und verbellen.

1. Stufe: Herbeiführen
Diese Übung ist problemlos herbeizuführen, wenn der Hund in der Abwehr eines Überfalls hinreichend firm ist. Zum mindesten auf dem Dressurplatz wird der gewohnte Sieger dem flüchtenden Täter schnell folgen und den Kampf wieder aufnehmen. Auch können Sie durch Kommando »Aus!« oder »Down!« den Abbruch des Kampfes jederzeit herbeiführen. Die schwierigen Probleme liegen bei dieser Übung hingegen in der Konditionierung der für das Ablassen vom Täter zuständigen Kommandos, also in der zweiten Dressurstufe.

2. Stufe: Verknüpfen
Es ist kein Problem, dem Jagdhund beizubringen, einen flüchtigen Hasen zu hetzen. Das ist seine absolute Lieblingsbeschäftigung. Aber es macht größte Schwierigkeiten, ihm klarzumachen, daß er einem flüchtenden Hasen nur *auf Kommando*, also normalerweise *nicht* nachhetzen darf. Genauso ist es hier: Der Hund soll dem flüchtigen Täter folgen, ihn aber nicht mehr anfassen, sobald er sich stellt. Die ganze Natur des

Hundes fordert den Kampf bis zur Vernichtung. Dieser starke Trieb *muß* unter Kontrolle gebracht werden. Dazu muß das folgende immer wieder geübt werden:

- Der Hund kommt an die lange Leine
- Der Täter greift an
- Kommando »Faß!«
- Der Hund beißt in den Arm
- Kommando »Aus!«
- Der Täter flieht

3. Stufe: Motivieren

Auch bei dieser Leistungshandlung des Hundes ist neben dem aktiven Tun »Den-Angriff-Abbrechen« eine Unterlassungsleistung »Nicht-Mehr-Fassen« beteiligt. Sie müssen daher das wohlgelungene selbständige Loslassen des Hundes deutlich loben, das durch die Leine erzwungene Loslassen jedoch mit »Pfui« und anderen Schreckmitteln verleiden. Das selbständige Ablassen vom Täter mit anschließendem Stellen und Verbellen muß schließlich bei stets und vielfältig wechselnden Gegebenheiten so praxisnah wie möglich geübt werden, sonst bleibt es Spielerei, oder der Erfolg bleibt Zufall.

Sicher ist, daß diese Dressur (wie beim Jagdhund der »hasenreine Hund«) zu den schwierigsten überhaupt gehört. Keine Übung knüpft jedoch stärker die »magischen Bande« zwischen Herr und Hund. Und der Lohn ist hoch: ein zuverlässiger, mutiger Kamerad – ein eingespieltes Team.

- Der Hund verfolgt ihn an der langen Leine
- Kommando »Faß!«
- Der Täter steht
- Kommando »Aus!«

Hierbei soll das letzte Kommando »Aus!« nach und nach wegfallen und durch Impulswechsel von dem Objektbefehl »Täter-Steht« abgelöst werden. Der Fortschritt zeigt sich daran, daß sich die Leine weniger und schließlich nicht mehr spannt, um den Hund vom weiteren Zufassen abzuhalten.

Bringen über Hindernis

Dressurziel: Der Hund soll lernen, ein schweres Apportierobjekt ohne direkte Kommandos über ein Hindernis zu bringen. Sinn dieser Übung ist weniger das Springen; sie dient mehr dazu, die Bringleistung des Hundes weiter zu festigen.

1. Stufe: Herbeiführen

Das Training beginnt mit dem kleinen Apportierholz und niedriger Sprunghöhe. Beides kann mit bekannten Kommandos mühelos herbeigeführt werden. Das Bringholz wird wie der schwere Apportierbock für den Hund sichtbar über die Sprungwand geworfen.

2. Stufe: Verknüpfen

Am Anfang kommandiert der Dresseur zur Herbeiführung des erwünschten Verhaltens: »Such voran! Apport!« und dann vor dem Sprung: »Hopp! Hopp!« Es gilt allerdings, die Übung völlig ohne verbale Kommandos

ablaufen zu lassen, d. h. ausschließlich mit Hilfe von Objektbefehlen: Der beim Überspringen hinter dem Hindernis sich findende Apportierbock gibt den »Befehl« zum Aufnehmen und Bringen, der Anblick der Sprungwand den »Befehl« zum Springen. Diese Objektbefehle lösen die verbalen Befehle des Dresseurs ab, die folglich immer leiser werden und schließlich ganz verstummen müssen und können. So kann der ganze Ablauf dieser Übung bis auf seine Ingangsetzung durch »Voran!« völlig lautlos vor sich gehen. Auch in der Praxis arbeitet der (logisch operierende) Hund ja nicht ohne Kommandos, sondern mit Objektbefehlen, da kein Dresseur ihm über tausende Meter im Gelände folgen kann.

3. Stufe: Motivieren

Sollte der Hund den großen Apportierbock nur ungern oder gar nicht aufnehmen und bringen, müssen Sie mit ihm für einige Tage auf den Standard-Bringparcours; dafür haben Sie ihn.

Problematischer ist es, wenn der Hund sich bei schwerer werdendem Bringobjekt um das Springen drückt, indem er (er ist ja auch nicht dumm) um das Hindernis herumläuft. In diesem Fall bleibt nur die Anlage eines Pferches von 1,50 × 3 Metern oder etwas Geduld.

Vorstehen

Dressurziel: Der Hund soll lernen, bei der Suche gewittertem Wild vorzustehen und ggf. nachzuziehen.

1. Stufe: Herbeiführen

Die jetzt folgenden drei Leistungen des Hundes betreffen in erster Linie den Jagdhund. Sie sind aber zugleich echte Meisterleistungen, die auch einem nicht selbst jagenden Hundebesitzer Freude machen können, vor allem, wenn er seinen Hund jagdlich führen will.

Sie verstecken eine zahme Wachtel in einem Vogelkäfig im Gelände oder binden sie an einem Ständer (= Füßchen) fest. Man kann auch eine auffallend farbige längere Schnur verwenden, die es der Wachtel ermöglicht, langsam zu laufen, so daß der Hund nachziehen kann. Das Versteck markieren Sie in 2 m Höhe. Mit dem an der langen Dressurleine geführten Hund nähern Sie sich mit gutem Wind der markierten Stelle. Zeigt er die Witterung an, ohne in der üblichen Pose vorzustehen (oder im Anfang vorzuliegen), kommandieren Sie »Down!« verbunden mit dem Down-Pfiff und lassen den Hund eine Weile vor dem Wild liegen. Diesen Vorgang wiederholen Sie unbesorgt einige Male an der gleichen Stelle, bevor Sie die Übung an einen anderen Ort verlagern.

2. Stufe: Verknüpfen

Hierdurch verknüpft der Hund nach und nach das Vorstehverhalten mit dem Objektbefehl »Sich-Drückendes-Wild«.

3. Stufe: Motivieren

Vor zahmem Wild wird der Hund grundsätzlich nicht geschnallt. Auch im Revier bleibt er zunächst an der Dressurleine. Hier sollte er am Anfang *nur* an Federwild kommen, dem er, wenn es abstreicht, allenfalls verdutzt nachäugen kann. Diese Erfahrung überträgt er auf Haarwild. Kommt er einmal aus der Hand und zu einer unkontrollierten Hasenhetze, ist er schon halbwegs verdorben.

Totverbellen

Dressurziel: Der Hund soll lernen, ein auf der Wundfährte oder im Gelände gefundenes Stück Schalenwild anhaltend so lange zu verbellen, bis der Jäger bei ihm ist. Normalerweise geht es darum, ein verletztes Wild, das noch flüchten konnte, im dichten Bestand zu finden.

1. Stufe: Herbeiführen

In der Praxis gibt es nur wenige, wirklich zuverlässige Totverbeller. Dennoch behaupte ich, daß die Dressur des Totverbellers einfacher ist als die des hasenreinen Hundes. Dressurtechnisch liegt das daran, daß der Leistungsablauf des Totverbellens ausschließlich mit positiven Leistungselementen darstellbar ist. D. h., der Totverbeller ist nur mit positiven Einwirkungen (Lob, Liebeln, Bröckchen) dressierbar. Nur das Leistungselement »Beim-Stück-Bleiben« enthält negative Elemente, die aber nach meinen Erfahrungen die positive Stimmung nicht merklich trüben, da der Hund eine natürliche Neigung hat, bei einem gefundenen Stück zu bleiben.

Die Dressur des Verbellers baut auf dem Kommando »Gib Laut!« auf. Da dieses inzwischen dem Hunde bestens bekannt ist, ist die erste Stufe problemlos; das erwünschte Verhalten ist leicht und wiederholbar herbeizuführen.

2. Stufe: Verknüpfen

Auch hier liegt das Problem wieder in der Herausbildung eines Objektbefehls. Der Hund darf im Wald nur lautgeben, wenn er das Stück gefunden hat und unmittelbar bei ihm ist. Ob das zutrifft, kann tief im Wald kein Herr und Meister, das kann einzig und allein das kranke oder verendete Stück ihm »sagen«.

Die Lernsituation bleibt wie beim »Gib Laut!«. Nur liegt vor dem angepflockten Hund eine ausgestopfte, also dreidimensionale Rehdecke, die mit viel Salz getrocknet ist, damit sie nicht angeschnitten wird. Die Decke muß so liegen, daß der Hund bei strammer Leine mit den Vorderpfoten gerade auf ihr steht.

So bleibt es über Monate: Jeden Tag gibt es das gesamte Futter in dieser Stellung, nachdem auf Kommando »Gib Laut!« kräftig geläutet wurde. Zwischendurch schafft man die Decke auch einmal beiseite, so daß der Hund sie nicht mehr sieht. Dann gibt es das Bröckchen für das Verschweigen. Nach und nach geht die Befehlsfunktion von dem verbalen Kommando auf den Objektbefehl »Beim-Stück-Bellen« über. Dann erst ist die zweite Stufe – bewältigt wäre zu viel gesagt! Aber der Totverbeller ist auf dem Wege.

3. Stufe: Motivieren
Sie können es jetzt auch ab und zu ohne die angepflockte Leine versuchen. Dazu schicken Sie den Hund »Zum Bock!«, zuerst natürlich nur auf fünf Meter.

Gehen Sie, während er verbellt, kurz außer Sicht, die Trillerpfeife im Mund! Schließlich liegt der Bock so, daß Sie ihn nicht sehen. Sie warten in Deckung auf das erste Geläut.

Und Sie werden, wenn Sie die Dressur des Totverbellers wagen, hier nicht das letzte Mal auf das erste Geläut warten, mit bangem Herzen bei Ihrem ersten Bock.

Bringselverweisen

Dressurziel: Der Hund soll lernen, seinem Herrn durch In-den-Fang-Nehmen eines am Halsband getragenen Bringsels (eines kleinen Bringgegenstandes) anzuzeigen, daß er beim selbständigen Folgen einer Wundfährte verendetes oder krankes Wild gefunden hat, und ihn dann zum Stück zu führen. In den Weltkriegen wurde der Bringselverweiser zum Suchen und Verweisen verwundeter oder gefallener Soldaten eingesetzt.

1. Stufe: Herbeiführen

Während das Totverbellen von dem Kommando »Gib Laut!« ausgeht, beruht das Totverweisen auf dem Bringen. Praktisch besteht der erste Teil der Übung aus einer Art Ersatzbringen, das erforderlich ist, weil der durchmotivierte Hund, wie wir sahen, unter allen Umständen bringen *will*, aber nicht bringen *kann*, weil das gefundene Objekt zu schwer zum Tragen wäre. Kommt der auf die Suche geschickte Hund aber mit dem Ersatzapportl im Fang zu seinem Herrn zurück, weiß dieser, daß er das Wild gefunden hat; denn nur bei oder auf diesem nimmt er das Bringsel in den Fang. Der Hund »verweist« das Wild.

Aber auch der zweite Teil der Übung, das Führen des Herrn zum Stück, basiert auf dem Bringen. Allerdings wird die Annahme des Bringsels verweigert bzw. hinausgeschoben. Das ist am Anfang frustrierend für den Hund: Er wollte bringen, er *hat* gebracht, aber sein Herr mag das Gebrachte auf einmal nicht. Da ist etwas schief gegangen! Was soll er machen? Ihm bleibt fast nichts anderes übrig, als es noch einmal zu versuchen. Das bedeutet: noch einmal zurück zum Stück – genau das, was wir herbeiführen wollten.

2. Stufe: Verknüpfen

Die Arbeit beginnt auf dem Standard-Bringparcours. An dessen Ende findet der Hund ein neues, ihm unbekanntes Bringsel, ein 10–15 cm langes Lederriemchen, angebunden vielleicht an den kleinen Apportierbock. Bald wird aber auch das Bringsel selbst freudig apportiert.

Jetzt kommt ein halber Hungertag und mit

ihm der erste Versuch: Am Fährtenende liegt plötzlich nicht das Bringsel, sondern die ausgestopfte, dreidimensionale Rehdecke, fest auf dem Boden verankert. Die kann er nicht bringen. Aber er ist *hier*, um etwas zu bringen. Also sucht und schnüffelt er an der Decke herum. Und siehe da: Auf einmal stößt er auf das ihm wohlbekannte Bringsel, dem er in letzter Zeit so manches Bröckchen verdankt. Er merkt gar nicht, daß ihm dieses am eigenen Halse hängt und er es sich selbst hingelegt hat. Ohne zögern nimmt er es in den Fang und läuft zu seinem Herrn. Dieser will das Bringsel zwar nicht; aber er kommt mit dem Hund zu dem präparierten Stück. Und *hier* nimmt er es ihm ab, sobald der Hund mit beiden Vorderpfoten auf der Rehdecke steht.

3. Stufe: Motivieren

Der Rest ist Routine und trotzdem spannend. Denn es ist schon ein Erlebnis, wie ein Hund einen solch komplizierten Leistungsablauf mit *seinen* Mitteln (Wahrnehmen, Rückerinnern, Handeln) bewältigt und Tag für Tag sicherer wird. Insofern ist es nicht verwunderlich, daß viele Menschen ihrem Hund geistige Fähigkeiten zurechnen, die er leider nicht hat. Die Dressur eines Tieres – die Suche nach einer Brücke der Verständigung mit ihm – gibt dennoch eine tiefe Befriedigung und läßt uns etwas von den Wundern der Natur und des Lebens erahnen.

Der Rettungshund

Dressurziel: Der Hund soll lernen, unter der Erdoberfläche gefundene, frisch getragene Kleidungsstücke durch Buddeln oder Bellen zu verweisen.

1. Stufe: Herbeiführen

Grundlage der Dressur des Rettungshundes ist wiederum das Bringen. Für diese Übung wechseln Sie bitte dem Schüler zuliebe die in Ihren Gummistiefeln getragenen Stocken und umwickeln damit das Lieblingsapportl (den kleinen Apportierbock). Wie üblich leinen Sie den Hund am Dressurplatz an und bringen auf Ihrem Standard-Bringparcours das so präparierte Bringholz zum Endpunkt der Fährte. Dann gehen Sie zum Dressurplatz zurück, warten einige Minuten und schicken den schon ungeduldigen Hund mit »Such voran! Apport!« auf die Fährte. Der Hund wird dieses Bringsel mit Sicherheit sofort bringen, weil er a) alles bringt, was an dieser Stelle liegt, b) das Lieblingsapportl sowieso bringt, c) dieses Bringsel zusätzlich deshalb bringt, weil es mit menschlicher Witterung versehen ist. Schon beim nächsten Mal legen Sie dieses Bringsel in eine zuerst 5 cm, dann 10, dann 20 cm und dann immer tiefer werdende, am Fährtenende gegrabene Grube. Dann fangen Sie an, das Apportl in der Grube zuerst mit Heu und Stroh, später mit Erde zu umgeben und zu bedecken, während gleichzeitig die Suchstrecke von der Grube aus gesehen immer kürzer wird. Wenn Sie auf 5 Meter heran sind, schnallen Sie den Hund nicht mehr zur Suche, sondern halten ihn an der Leine. Gleichzeitig verzichten Sie auf das Apportierholz; die menschliche Witterung der vergrabenen Kleidungsstücke genügt. – Sie sehen, wie vom einfachen Bringen ausgehend allmählich die Leistungshandlung des Rettungshundes herbeigeführt wird. Dazu bedarf es, wie bei allen anderen Dressurübungen zuvor, ganz sicher keines Zwanges, der hier im Gegenteil alles kaputt machen würde.

2. Stufe: Verknüpfen

Natürlich geht es auch hier einzig darum, die für den Rettungshund benötigte Verknüpfung »menschliche Witterung – buddeln« herauszubilden. Sobald der Hund an der Leine die Grube anfällt und sofort zu buddeln beginnt, nach reichlicher Belobigung materieller und ideeller Art, müssen Sie deshalb weitergehen. Sie müssen an anderen Stellen mehrere Gruben haben, die einmal menschliche Witterung haben, ein anderes Mal nicht. Sie können anstelle der Gruben auch Bretter, Kunststoffdeckel, Erdhaufen, Teppichreste und anderes nehmen. Schnüffeln darf der Hund an allen, aber buddeln darf er nur bei solchen, unter denen Sie die Socken oder andere Kleidungsstücke versteckt haben.

3. Stufe: Motivieren

Dazu bedarf es jedoch noch einer tieferen Motivation und Erweiterung der Übung. Um die Sicherheit der Reaktion des Hundes auf gefundene Witterung zu erhöhen, ist es ratsam, neben dem Buddeln eine zweite Form des Verweisens einzuführen, das »Gib Laut!«. Sobald der Hund vor Witterung anfängt zu buddeln, sagen Sie immerzu: »Gib Laut, so recht! Gib Laut!« und verstärken das richtige Verhalten durch Lob und Liebeln.

Für den sicheren Apporteur ist die Abrichtung zum Rettungshund im Grunde ein Kinderspiel. Die kleine Mühe dieser Dressur steht jedenfalls in keinem Verhältnis zu den Möglichkeiten, die ein so ausgebildeter Hund bietet. Ist doch die Rettung eines Menschen das höchste Glück, das einem Hundeführer zuteil werden kann. Wenn diese Dressuranleitung daran mithelfen könnte, wäre dies auch für mich höchster Lohn.

Fehlverhalten

Natürlich dürfen Sie in dieser Phase der Abrichtung nicht erwarten, daß der Hund immer wie gewünscht reagiert; denn Sie sind ja erst dabei, ihn so zu motivieren, daß er später zuverlässig folgt. Reagiert er nicht wie erwartet, obwohl er den Befehl wahrgenommen hat, so ist nichts weniger angebracht als Enttäuschung und Aufregung: Es gibt andere Dinge, die den Hund im Augenblick mehr interessieren. Was soll's? Sie beenden den mißlungenen Versuch, lenken den Hund von der Verleitung ab und beginnen die Übung sofort oder am nächsten Tag von vorn. Der einzige verbleibende Nachteil ist der, daß Sie eine Gelegenheit zur Passionierung des erwünschten Verhaltens versäumt haben.

Konsequenz

Konsequenz im Verhältnis zum Hund heißt also nicht, daß der Hund in jedem Fall und unbedingt »gehorchen« muß.

Konsequenz heißt: Der Abrichter verstärkt mit fortschreitender Übung des Tieres das erwünschte Verhalten nur dann, wenn es exakt so ausgeführt wird, wie es ausgeführt werden soll. Das Herankommen wird z. B. nur verstärkt, wenn der Hund sofort reagiert, in schnellster Gangart kommt und sich unmittelbar vor dem Abrichter hinsetzt. Jede Abweichung von diesem Ablauf wird zwar nicht bestraft, aber auch nicht honoriert. Die Übung wird vielmehr unter erleichterten Bedingungen, ggf. mit etwas mehr Appetit, wiederholt.

Konsequenz heißt auch, daß der Abrichter sich selbst beherrscht, den dreistufigen Übungsablauf einhält und den Schwierigkeitsgrad erst dann erhöht, wenn der Hund in der Lage ist, die höhere Leistung zu erbringen. Auf keinen Fall darf der Hund überfordert, d. h. zu einer Leistung veranlaßt werden, die nicht seinem Ausbildungsstand entspricht.

Positive Abrichtelehre (auch: Positive Dressurtheorie)

Die Abrichtung jeder einzelnen Tätigkeitsleistung wird also ausschließlich durch positive, das sind verstärkende, anregende, ermunternde Einwirkungen vollzogen. Auf jegliche negative Einwirkung wird verzichtet. Es gibt kein Schimpfen, Drohen oder Strafen; es gibt keinerlei schmerzhafte Einwirkungen; es gibt auch kein Erzwingen, weder direkt noch indirekt. Ich nenne diese Abrichtung daher »Positive Abrichtung« (oder: »Positive Dressur«).

Die positive Abrichtung folgt jedoch unter Beachtung der natürlichen Lernweise des Hundes strengen methodischen Grundsätzen und Regeln; sie hat einen genau festliegenden, stufenweise fortschreitenden Aufbau. Deshalb steht sie ebenso eindeutig im Gegensatz zu der sogenannten spielerischen Abrichtung.

Die Grundregeln der Abrichtung

Für den Erfolg der Abrichtung ist es entscheidend, das Pensum unter genauer Beachtung der Stufenfolge anzugehen. Jeder vernünftige Baumeister wird zuerst das Fundament setzen, dann die Wände errichten und darauf das Dach. Jede andere Reihenfolge wäre unsinnig. Ebenso unsinnig wäre es, die Ausführung eines Befehls zu motivieren, den der Hund nicht kennt, oder ein Verhalten mit einem Befehl verknüpfen zu wollen, das sich nicht herbeiführen läßt.

Auch wenn der Abrichter sich des schrittweisen, dreistufigen Lernvorganges nicht bewußt ist, wird jede Art von Tätigkeitsleistung nur in dieser Reihenfolge vom Hund erlernt. Selbst der Zwangsabrichter, der überzeugt ist, zuverlässige Leistungen nur unter Zwang erreichen zu können, wendet, ohne es zu wissen, zwischen seinen nutzlosen Zwangsmaßnahmen die Einwirkungen des dreistufigen positiven Lernprozesses an. Besser ist es natürlich, die Abrichtemethode überlegt und bewußt der natürlichen Lerntechnik des Tieres anzupassen. Das macht die »Positive Abrichtelehre«, die hier noch einmal in drei Grundregeln zusammengefaßt sei:

Die erste Grundregel (Herbeiführungsregel)

In der ersten Stufe der Abrichtung einer Tätigkeitsleistung wird das erwünschte Verhalten durch Ausnutzung von Trieben des Hundes (Hunger, Meutetrieb, Hetzlust u. a.) herbeigeführt. Dabei darf kein Zwang angewendet und keine Hilfe gewährt werden! Der Hund soll das richtige und für ihn erfolgreiche Verhalten durch die ihm eigene Lernmethode von »Versuch und Irrtum« selbst herausfinden.

Die zweite Grundregel (Verknüpfungsregel)

Zum Erlernen des festgelegten Kommandos (Laut, Pfiff oder Zeichen) wird es abgegeben, während der Hund das erwünschte Verhalten zeigt, nicht vorher. Der Hund verknüpft Befehl und Verhalten durch Gleichzeitigkeit.

Die dritte Grundregel (Motivationsregel)

Da nach erfolgreicher Abrichtung sowohl Triebe als auch Zielvorstellungen als Antrieb zur Leistung ausfallen, muß der Hund durch positive, mit der Leistungshandlung selbst verknüpfte Gefühle motiviert (»passioniert«) werden. Die dazu erforderliche Verstärkung der erwünschten Reaktion erfolgt durch Triebbefriedigung (Futter, Lob, Liebeln) und begleitende Ermunterungen.

Exkurs über den Unsinn der Zwangsabrichtung

Im Gegensatz zur Positiven Abrichtelehre (Positiven Dressurtheorie) vertreten die Zwangsabrichter den Standpunkt, daß der Hund Leistungen nur dann zuverlässig erbringt, wenn sie ihm »unter Zwangsanwendung« beigebracht wurden.

Der Hund soll nichts freiwillig tun; er soll aufgrund seines ihm anerzogenen »Pflichtgefühls« oder irgendwelcher, jedoch nirgendwo näher definierter oder analysierter »Muß-Vorstellungen« gehorchen. Die Zwangsabrichtung ist die humanere Nachfolgerin der berühmten Parforcedressur des vorigen Jahrhunderts. Kerndeutsche Gehorsamkeitsbegriffe und waidmännischer Traditionalismus spielen daher nach wie vor mit. Einige Zitate mögen dies erhärten:

1895: »Wir beginnen die systematische Stubendressur, in welcher der Hund mittels Korallen und Peitsche zum unbedingten Gehorsam gezwungen wird. – Der Hund soll nur apportieren, weil er muß, dem eisernen Zwang gehorchend, nicht dem eigenen Triebe. – Ich bin der Meinung, daß das Pflichtgefühl die Grundlage jeder Dressur sein muß« *(Oberländer).*

1971: »So wie ich die Abrichtung um die Jahrhundertwende lernte, ist sie in ihrem Kern gleichgeblieben. So wird sie auch bleiben müssen, wenn wir weiterhin als waidgerechte Jäger gelten wollen. Gleiches gilt für die Kindererziehung. Wir waren 4 Jungen und 2 Mädchen und haben auch mal härtere Strafen erhalten. Sie haben uns nicht geschadet; aber wir sind dadurch ordentliche, strebsame Menschen geworden. Genauso ist es... bei unseren Hunden« *(Sahre).*

1981: »Von Tag zu Tag Zwangsverschärfung. Im Hund ist jede Lust zum Bringen unterdrückt. – Sobald der Hund den Befehl ›Apport!‹ beherrscht, wird die Übung mit dem Gegenstand, den er am wenigsten gern nimmt, so oft hintereinander wiederholt, bis er keine Lust mehr hat und das Bringen verweigert, woraufhin die Arbeit mit Hilfe von Leine und Korallen einige Male erzwungen wird. – Der Hund bringt, weil er muß, nicht, weil es im Spaß macht. – Außerdem pflegt das unter härterem Zwang Gelernte später auch besser ›zu sitzen‹. – Verweigert er jetzt noch den Gehorsam, muß er mit allen zur Verfügung stehenden Mitteln gezwungen werden« *(Tabel).*

Was ist Zwang?

Trotz der offensichtlichen, das Wesen des Hundes total verkennenden Unhaltbarkeit solcher Thesen werden auch heute noch zwei Drittel der Hunde durch Zwang abgerichtet.

Mit dieser Lehrmeinung müssen wir uns daher auseinandersetzen. Dazu bedarf es jedoch zuerst der Klarstellung, was unter »Zwang« überhaupt zu verstehen ist.

Ich empfinde es z. B. nicht nur als falsch, sondern als Verstoß gegen die begriffliche Ehrlichkeit, wenn jede Art von Schmerzeinwirkung von der Koralle bis zur Peitsche schlicht und untertreibend als »Zwang« bezeichnet wird. Solche Maßnahmen bezeichne ich nicht als »Zwang«, sondern als das, was sie sind, als Schmerzeinwirkungen. Diese haben im Rahmen der Hundeerziehung möglicherweise einen gewissen Sinn, wenn es darum geht, dem Hund unerwünschte Verhaltensformen zu verleiden. Die »Hundeerziehung ohne Zwang« erfolgt jedoch auch in diesen Fällen nicht mit schmerzhaften, sondern mit schreckhaften Einwirkungen.

Wenn Sie den Hund in den Zwinger sperren, wenden Sie Gewalt an; aber Sie »erzwingen« nichts. Sie verhindern, daß er herumstreunt, Leute beißt, Hühner stiehlt oder Katzen hetzt. Irgend etwas Unbestimmtes verhindern ist kein Zwang. Dasselbe gilt, wenn Sie ihn an die Leine nehmen, ihm einen Hieb versetzen, weil er Sie anknurrt, oder ihn hungern lassen. In all diesen Fällen verhindern oder verleiden Sie etwas, aber Sie erzwingen nichts.

Erzwingen kann man ein bestimmtes Tun, eine Tätigkeit, eine Leistung. »Zwang« kann sinnvollerweise nur bedeuten, daß eine bestimmte Tätigkeit des Hundes, das Herankommen, Bringen oder Schwimmen z. B., vom Abrichter selbst herbeigeführt, also mit Gewalt, par force, erzwungen wird. Zwang ist das Erzwingen der Leistungshandlung in der ersten Stufe der Tätigkeitsdressur.

Direkter und indirekter Zwang

Dabei sind Formen von Zwang zu unterscheiden: Beim direkten Zwang führt der Abrichter selbst das dem Hund befohlene Verhalten unmittelbar herbei. Er zieht z. B. den Hund an einer langen Leine zu sich heran; oder er bringt ihn durch Druck auf die Kruppe unmittelbar zum Sitz. Nachstehende Skizze A soll das verdeutlichen: Der als Symbol dienende Ball wird durch die Kraft des Zwanges direkt in die gewünschte Richtung geschoben:

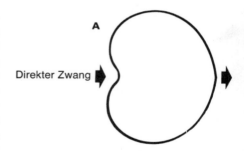

Diese Art Zwang ist von vornherein sinnlos. Der Hund erlernt nur ein Verhalten,

1. das ihm selbst eingefallen war, das er also aktiv erlebt hat und
2. das er als erfolgreich und lustvoll erlebt hat.

Ein direkt erzwungenes Verhalten ist ihm niemals selbst eingefallen.

Außerdem ist mit dem Zwang immer Unannahmlichkeit, oft sogar Schmerz verbunden; Zwang kann niemals lustvoll erlebt werden. Das direkt erzwungene Verhalten wird daher nicht wiederholt und somit nicht erlernt.

Andere Abrichter sind daher vom »direkten Zwang« abgegangen und bringen den Hund durch »indirekten Zwang« dazu, das zu erlernende Verhalten auszuführen. z. B. wird der Hund durch Strangulieren des Halsbandes, durch den sog. Drehgriff, gezwungen, den Fang zu öffnen, weil ihm die Luft ausgeht. Hierbei wird der Hund gleichsam in die Zange genommen (s. Skizze B; die Handwerker bezeichnen das entsprechende Werkzeug sinnigerweise als »Zwinge«). Dem Hund bleibt, um dem schmerzhaften Zwang zu entgehen, keine andere Wahl, als

nehme Gefühl mit dem erwünschten Verhalten. Die Gefahr ist jedoch groß, daß der notwendig vorausgegangene Schmerz ebenfalls mit dem erwünschten Verhalten verknüpft wird. Auch das indirekt erzwungene Verhalten wird dann nicht wiederholt.

Die natürlichen Triebkräfte nutzen

Richtig ist allerdings, daß der Abrichter das zu erlernende Verhalten in irgendeiner Form herbeiführen muß, denn sonst kann der Hund es nicht mit einem Befehl verknüpfen. Statt Zwangsanwendung muß der Abrichter die natürlichen Bedürfnisse und Triebkräfte des Hundes nutzen, den Hunger, den Jagd- oder Beutetrieb, den Meutetrieb, den Bewegungsdrang usw., damit er von

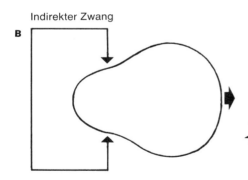

Indirekter Zwang

B

Triebweckung

C

das erwünschte Verhalten auszuführen. Der Zwang endet im gleichen Augenblick, in dem der Hund das erwartete Verhalten zeigt.

Zwar erlebt der Hund das Aufhören des indirekten Zwanges als Wohltat und verknüpft dieses ange-

sich aus, aufgrund eines eigenen Handlungseinfalles, das erwünschte Verhalten ausführt. Um im Bild des Gummiballs zu bleiben: Er nutzt als »natürliche Triebkraft« die Schwerkraft des Balles (s. Skizze C).

Die folgenden Bilder zeigen Beispiele weitverbreiteter Dressurmethoden und wie man es richtig macht:

Falsch! – Es ist sinnlos, den Hund heranzuziehen – das ist direkter Zwang, der dem Hund das Kommen verleidet.

Richtig! – Den Hund heranlocken, seinen Hunger- und Meutetrieb nutzen.

Falsch! – Das gewaltsame Öffnen des Fanges mittels Drehgriff ist indirekter Zwang. Der Hund verknüpft den Schmerz mit dem Apport und mit dem Abrichter.

Richtig! – Schnell und freudig nimmt der Hund die Handel auf, wenn Sie seine natürliche Triebkraft, den Beutetrieb, wecken.

Falsch! – Nicht durch Druck auf die Kruppe das Sitzen erzwingen.

Richtig! – Der Hund soll das erwünschte Verhalten durch seine natürliche Lernmethode »Versuch und Irrtum« selbst herausfinden.

Falsch! – Der Hund wird wasserscheu, wenn Sie ihn an der endlosen Leine hin- und zurückbefördern.

Richtig! – Gehen Sie selbst mit ihm hinein oder nutzen Sie seine Freude am Bringen.

Zwang ist wider die Natur

Es wird behauptet, die Zwangsabrichtung folge dem Vorbild der Natur. Dabei wird auf die rüden Raufereien des Hundevaters mit dem Sohn verwiesen oder auf den Kampf um den Thron des Meuteführers. In der Tat geht es hierbei nicht zimperlich zu. Aber es handelt sich eben nicht um Zwang; es wird keine Leistung vom Meuteführer selbst erzwungen. Es ist einfach nicht vorstellbar, daß der Hundevater, wie bei der Zwangsdressur üblich, den wasserscheuen Zögling packt und par force durchs Wasser zeiht. Die Natur lehrt anders: Wer nicht mitschwimmt durch den Fluß, muß verhungern, während die Meute drüben jagt. Hunger und Meutetrieb sind es, die den Zögling das Schwimmen lehren. Hunger und Meutetrieb sind es auch, die bei der positiven Abrichtelehre als wichtigste Triebkräfte genutzt werden.

Mit positiver Abrichtung geht es schneller

Dann heißt es, die »weiche Welle« sei schön und gut, aber es dauere zu lange; mit Zwang gehe es eben schneller.

Dieser Irrtum ist verständlich. Natürlich geht es »schneller«, wenn Sie den Hund hinunterdrücken, anstatt ein paar Minuten zu warten, bis er sich von selbst setzt. Aber der Hund lernt deshalb nicht schneller! Er kann nichts damit anfangen, wenn Sie das Sitz für ihn bewerkstelligen.

Denn es fehlt ihm der zum Lernen unumgänglich nötige eigene Handlungseinfall, den er als Erfolgserleben behalten und verknüpfen kann.

Das Gegenteil ist richtig: Ohne Zwang lernt er schneller: Der Zwangsabrichter drückt ihn immer noch hinunter, während der positive Abrichter längst ein selbständig ausgeführtes »Sitz« exerziert und motiviert. Denn sein Hund hat verstanden: Das Sichsetzen ist das Verhalten, das Tierbefriedigung bringt.

Darin aber, daß Sie dem Hund auf seine Weise begreiflich machen müssen, was Sie wollen, liegt das eigentliche Problem der Abrichtung. Was folgt, das Verknüpfen und Motivieren, ist Routine. Jeder neue erfolgreiche Versuch ist eine Freude für Herr und Hund, ungetrübt durch Zwangseinwirkung, ist Lernen auf natürliche Weise, ist aktives Betätigen der Sinnesorgane und Körperfunktionen. Nur wer gerne lernt, lernt gut. Das gilt auch für den Hund.

Der »todsichere« Apporteur

Als Musterbeispiel für die Notwendigkeit der Zwangsabrichtung gilt das Apportieren. Nur durch Zwang, so heißt es, ließ sich der »todsichere« Apporteur heranbilden. Irgendwann nämlich verweigere jeder Hund den Gehorsam, und dann habe der Hundeführer kein Mittel, ihn zu zwingen.

Was aber soll, so frage ich, dieser Zwangsapport im praktischen Jagdbetrieb? Apportieren unter Zwang,

d. h. unter dem direkten Befehl des Hundeführers, ist nämlich nur bei ansichtig verendetem Wild denkbar. Das aber kann sich der Jäger, auch wenn es nicht »fein« ist, zur Not selbst holen.

Viel wichtiger ist das Verlorenbringen, wenn der kranke Hase oder Fuchs mehrere tausend Meter flüchtig ist. Für diese Fälle braucht der waidgerechte Jäger seinen Hund. Befehl und »Gehorsam« aber spielen bei dieser Arbeit überhaupt keine Rolle, wie leicht zu beweisen ist (s. Fährtengabel, Seite 210). Die Zwangsdressur nützt hier also nichts. Entscheidend ist allein die Motivation zum Bringen.

Das Flegeljahr

Die ganze Misere der Zwangsdressur zeigt sich an dem von Oberländer und andern verfochtenen Flegeljahr. Einerseits verbietet sich auch nach Auffassung der Zwangsabrichter selbst bei einem jungen Hund jeder Zwang. Das Flegeljahr ist für den Zwangsabrichter also nötig. Andererseits zeigt der Hund gerade in den ersten Lebensmonaten die größte Lernbereitschaft (s. Seite 50 und Seite 195). Der Zwangsabrichter ist also in einer doppelt nachteiligen Lage: Erstens ist er gezwungen, die mit dem Flegeljahr verbundenen Unarten später wieder auszutreiben; das ist ohne Härte nicht möglich. Zweitens hat er die beste Zeit versäumt, in der die grundlegenden Verhaltensmuster für spätere Leistungen angelegt werden müssen. –

Die positive Abrichtemethode hingegen wird von der 6. Woche an bis ins hohe Alter unverändert angewandt. Von früher Jugend an, wenn der Hund am besten lernt, werden unerwünschte Verhaltensformen verhindert oder durch »Pfui« verleidet und Leistungen von kleinsten Anfängen an zielbewußt aufgebaut. Es gibt kein Flegeljahr.

Zwangsabrichtung ist Abrichtung auf Umwegen

Ich behaupte nicht, daß die Zwangsabrichtung überhaupt nicht zum Ziele führen kann – obwohl sie häufig genug das Abrichteziel tatsächlich verfehlt! (Es liegt dann natürlich am Hund, der zu weich oder zu schlecht veranlagt ist.) Auch der Zwangsabrichter mag schließlich sein Ziel erreichen, allerdings auf Umwegen: Statt den Hund zielbewußt für das erwünschte Verhalten zu passionieren, muß dieser nun einmal zuerst durch den Zwang hindurch. Denn: »Nur das unter Zwang Gelernte sitzt!«

Nun, der Hund hat ein erstaunliches Wesen und ist aus seiner Entwicklungsgeschichte her in der Tat an manche Härte gewöhnt. Je stärker, je überlegener der Meuteführer, desto mehr respektiert ihn die Meute. Von daher zeigt der Hund auch heute noch seinem Herrn gegenüber ein unendliches Maß an Nachsicht und Geduld – auch wenn dieser ein Zwangsabrichter ist.

Viele Zwangsabrichter haben auch durchaus ein Herz für Hunde und zeigen viel Geschick im Umgang mit dem Tier. Dieses nimmt sich aus dem vielen Positiven und Negativen, das dieser ihm bietet, letztendlich das Positive heraus. Ein solcher Abrichter ist dann nach endlosen Stunden zermürbender Zwangsdressur vielleicht noch stolz auf das Erreichte – nicht im entferntesten ahnend, daß er durch positive Abrichtung das gleiche in kürzester Zeit, mit weniger Aufregung, besser, nachhaltiger und erfreulicher hätte erreichen können.

Die häufigste Folge: Handscheue

Im übrigen muß ich zugeben, daß die Zwangsdressur wirklich eine Kunst ist. Sie erfordert in der Tat den »geborenen Dresseur«, eine »eigentümliche Begabung«. Denn der Abrichter muß, dem Drahtseilkünstler vergleichbar, die Balance halten zwischen Einschüchterung und Ermunterung, Verängstigung und Auflockerung. Ein bißchen zuviel – das Tier ist handscheu, gehemmt, verdorben. Handscheue, dieses traurige Fanal des Versagens, ist einzig und allein die Folge der Zwangsdressur.

Außerdem: Wie schnell verliert man das Maß? In die wohlgemeinte Absicht mischen sich Affekte, Zorn auf den Zögling, Enttäuschungen, Wut, Ärger über Dritte, den Chef, die Frau, sich selbst: alles Dinge, für die der Delinquent weiß Gott nicht zuständig ist.

Wieviel Ressentiments sind auf dem Rücken unserer Hunde abreagiert worden? Wissen wir, was der unbefangene Leser in den »gerechten Zwang« hineininterpretiert? Alles das ist die Praxis der Zwangsabrichtung, ist der Versuch, positive Leistungen des Hundes mit Gewalt zu erzwingen.

Es ist ein verfehlter Versuch. Der Grundfehler der Zwangsabrichtung liegt in ihrem Denkansatz: Menschliche Erziehungsmethoden werden auf das Tier übertragen (»Tust du nicht gut, fühl die Rut«). Ferner wird der methodische Unterschied zwischen Tätigkeits- und Unterlassungsabrichtung nicht erkannt: Man weiß, daß es bei der Unterlassungsabrichtung ohne »Zwang« nicht geht und überträgt diese Erkenntnis auf die Tätigkeitsleistung. Damit steht die Theorie der Zwangsabrichtung jedoch im Widerspruch zu den Einsichten der modernen Verhaltensforschung:

Lorenz: »Es muß unbedingt im Tiere die Einstellung erhalten bleiben, daß es die entsprechende Übung nicht ausführen muß, sondern darf.«

Whitney: »By using his natural needs and reflexes, you can teach your dog more – in one gentle, easy 15-minute session – than you can pount into him in days of harsh training by the old force methods.« – »Wenn Sie seine natürlichen Bedürfnisse und Relfexe nutzen, bringen Sie Ihrem Hund in 15 erfreulichen Minuten mehr bei, als Sie in Tagen harten Trainings nach der alten Zwangsmethode in ihn hineinhämmern könnten.«

Burtzik: »Der Hund soll alle Übungen freudig ausführen.«

Fassen wir zusammen!

Der Mensch ist als sein Herr und Meister das Schicksal des Hundes. Es ist zugleich sein Schicksal, von diesem mißverstanden zu werden. Der Hund zeigt in seiner ausgeprägten, treuherzigen Mimik, in dem fragenden, verständnisvollen Ausdruck seiner Augen so viele menschenähnliche Seelenzustände, daß wir zu leicht geneigt sind, ihm menschliche Gefühle und Gedanken (Reue, Eifersucht, Neid, Pflichtgefühl) und damit einsichtsvolle Reaktionen zu unterstellen. Wir »vermenschlichen« den Hund.

Doch das geht nicht an. Wir müssen uns schon, wenn wir uns mit einem uns völlig fremden Wesen umgeben wollen, die Mühe machen, sein Verhalten mit Kategorien zu messen, die seinen biologischen Fähigkeiten entsprechen und nicht den unseren. Das gilt vor allem dann, wenn wir von ihm schwierige Leistungen verlangen.

Der Hund hat weder Vorstellungs- noch Denkvermögen. Er verknüpft immer nur sein gegenwärtiges Verhalten mit Wahrnehmungen, die es auslösen, und zugleich mit positiven oder negativen Gefühlen, die es zustande kommen lassen oder hemmen. Das ist seine Erfahrung, die ihn handeln oder nicht handeln läßt.

Eine neue Abrichtelehre

Auf dieser Theorie vom »Gehorsam« des Hundes baut sich meine neue »Positive Abrichtelehre« auf. Nach dieser Methode lernt der Hund zügig und nachhaltig sein Programm. Die natürliche Anhänglichkeit des Hundes an seinen Herrn wird dabei in keinem Augenblick durch unsinnigen Zwang getrübt, sie festigt sich vielmehr mit jeder Übung. Und auch für den Abrichter selbst ist jede Übungsstunde im Gegensatz zu den aufreibenden Kämpfen der Zwangsdressur eine Freude und Erbauung.

Die grundlegenden Verhaltensmuster
(6.–18. Lebenswoche)

Unter Hundeerziehung verstehe ich alle Handlungen und Maßnahmen, die geeignet sind, aus einem jungen oder rohen Hund ein im Umgang angenehmes und lenkbares, möglichst auch brauchbares und nützliches Haustier zu machen. Dazu gehören die Aufzucht, vor allem der frühe Kontakt mit dem Welpen, Spiele mit ihm und Zeitvertreib, Stuben- und Straßenreinheit und, als Hauptkapitel, die Abrichtung.

Diese umfaßt alle Einwirkungen auf das Verhalten des Tieres im Rahmen seiner Erziehung. Es gibt zwei einander entgegengesetzte Arten der Abrichtung. Bei der Tätigkeitsabrichtung oder Dressur geht es darum, dem Hund bestimmte, uns erwünschte Tätigkeiten beizubringen, nämlich Folgsamkeitsübungen, Kunststücke oder Leistungen. Bei der Unterlassungsabrichtung hingegen geht es darum, ihm bestimmte Tätigkeiten, die uns unerwünscht sind, abzugewöhnen.

Vom Sinn der Abrichtung

Der Hund braucht die Meute

Das Wichtigste, das Ihr junger Hund braucht, ist Beschäftigung. Nur durch aktives Tun, durch Spielen, Raufen, Herumtoben, Schnuppern hier und dort kann er Erfahrungen machen, die Welt entdecken und sich körperlich und seelisch normal entwickeln. Allerdings: Er kann sich leider nicht selbst beschäftigen oder nur höchst unzureichend.

Der Hund ist von Natur aus ein Meutetier. Er liebt und braucht die Meute, die Gesellschaft von seinesgleichen. Sie gibt ihm Beschäftigung, Zeitvertreib, Lebenslust und Selbstvertrauen.

Nun ist der Hund deshalb ein so brauchbares und anhängliches Haustier geworden, weil er uns, den Menschen, als seinesgleichen betrachtet: Herrchen, Frauen und die Kinder sind für ihn richtige Meutegenossen.

Sie alle sind für ihn richtige »Meutegenossen«.

Nur Sie selbst können Ihrem Hund also geben, was er so nötig braucht wie die Luft zum Atmen: Beschäftigung, Zeitvertreib, Lebenslust und Selbstvertrauen.

Dressur ist lebensnotwendig

Das tun Sie, wenn Sie mit ihm spielen und spazierengehen. Aber das reicht nicht aus. Während Sie mit ihm spielen und während Sie mit ihm spazierengehen, sollten Sie sich bemühen, ihm irgend etwas Sinnvolles beizubringen.

Auch die Tiere im Zoo werden heute dressiert, aber nicht, damit sie den Zuschauern Kunststücke vorführen können. Die Dressur dient vielmehr ausschließlich ihrem Wohlbefinden und ihrer normalen, den Anforderungen einer natürlichen Lebensweise entsprechenden Entwicklung. Alle Lebensfunktionen verlangen nach Betätigung, auch die des Gehirns; sonst verkümmern sie.

Ja, man weiß heute, daß ein Tier um so besser lernt, je mehr es lernt. Je mehr Assoziationen bereits gebildet sind, um so eher haben neue Informationen eine Chance, ihrerseits aufgenommen und verknüpft zu werden. Je mehr man erinnert, desto mehr fällt einem ein. Der Lernapparat schärft sich gewissermaßen an jeder neuen Übung. Lernen wird auch für das Tier zur Routine.

Ohne Zweifel kann man sagen, daß die (positive) Abrichtung Ihren Hund seelisch stärkt, sein Lebensgefühl positiv beeinflußt. Mit der Abrichtung verbinden sich für ihn stets neue Erfolgserlebnisse. Wenn er erfolgreich war, sein Bröckchen bekommt, wird er gelobt, und geliebelt. Er empfindet freudige, lustvolle Gefühle und diese, wie dargelegt, sehr stark. Das summiert sich. Denken Sie an das Gegenteil, an ein Tier, dem jedes Erfolgserlebnis versagt bleibt.

Ausbildung der Rangordnung

Schließlich und nicht zuletzt: Mit der Dressur entwickelt sich ganz von selbst die erwünschte Rangordnung zwischen Mensch und Hund. Der nach Meuteführerschaft strebende Junghund erfährt, wer der Boß ist; er ordnet sich ein, oberhalb der Hühner, Schafe und Pferde, aber unterhalb der Menschen. So wird er nie zu einer Gefahr. Peinliche Maßnahmen zum Erzwingen der Unterordnung erübrigen sich.

Der Dressurplatz

Draußen richten Sie sich zuerst Ihren Dressurplatz ein: Ein Tisch, auf dem Sie Gerätschaften ablegen und Fleischbröckchen zurechtschneiden können. In der Nähe brauchen Sie einen Haken zum Befestigen der Leine. Die Fleischbröckchen bestehen aus normalem Futter, das Ihr Hund gewohnt ist, paniert mit etwas Kleie.

Früh übt sich ...

Abschied von der Welpenmeute

Im Normalfall wechselt der junge Hund heute zwischen der 6. und 10. Lebenswoche den Besitzer; vom Züchter kommt er jetzt zu seinem neuen, eigentlichen Herrn. Der kleine Hund verläßt damit genau zur gleichen Zeit seine Welpenmeute, in der er in seiner entwicklungsgeschichtlichen Vorzeit begann, in die Wildhundmeute hineinzuwachsen. Für den jungen Wildhund begann damit ein entscheidender Lebensabschnitt. Denn bald mußte er beweisen, ob er, auf sich gestellt, den rauhen Anforderungen des Wildhundlebens gewachsen war.

Die Zeit der größten Lernbereitschaft

In dieser Zeit mußte der junge Wildhund sehr viel lernen. Er mußte schnell ein nützliches Mitglied der Meute werden, sonst war er ihr eine Last. So hat die natürliche Auslese dafür gesorgt, daß der Hund in dieser Lebensphase seine größte Aufnahmefähigkeit und Lernbereitschaft zeigt, eine Eigenschaft, die er wie viele andere aus der Frühzeit seiner Entwicklung übernommen hat (s. Seite 55).

Bei Kenntnis dieser Zusammenhänge ist es geradezu eine Selbstverständlichkeit, daß der Abrichter diese Zeit nutzt, um die grundlegen-den Verhaltensmuster für den späteren Gebrauchshund, aber auch für die Fähigkeiten und den Benimm des Haushundes anzulegen. Wer heute noch, wie die Vertreter der Zwangsabrichtung, das Oberländersche »Flegeljahr« praktiziert, der versäumt die wichtigste Zeit der Ausbildung des Hundes.

Der werdende Spezialist

Das bedeutet: Soll der Hund ein ausgesprochener Spezialist werden oder ein Fach besonders gut beherrschen, muß dieses Fach vom ersten Tag der Abrichtung an absolut im Vordergrund stehen. Wer z.B. einen sicheren Schweißhund oder Fährtenhund heranbilden will, beginnt das Fährten nicht, wie hier vorgesehen, in der 16., sondern schon in der 8. oder 9. Lebenswoche. Die in diesem Buch gewählte Reihenfolge der Lehrfächer ist nur als Vorschlag für den Normalhund zu verstehen.

Leinenführigkeit (ab 6. Lebenswoche)

Der ausgeruhte Spring-ins-Feld wird sich heftig sträuben, wenn Sie ihn zum erstenmal an die Leine nehmen. Damit können Sie ihm die Leine schnell verleiden. Sie müssen klüger sein! Sie machen gleich am ersten Tag mit dem hungrigen Welpen einen ausgedehnten Spazier-

Will er laufen, laufen Sie ruhig ein Stück mit!

tät gegen Mensch und Tier ahnden Sie mit »Pfui!« und einem energischen Ruck an der Leine.

Noch eines: Mit dem Anleinen zusammen bereiten Sie das »Ablegen« vor, das später, ab 7. Lebensmonat, systematisch geübt wird. Wann immer Sie sehen, daß der Hund sich hinlegt (oder hinlegen will), sagen Sie: »So recht, ablegen, ablegen!« Aber Vorsicht: Kommandieren Sie ihn nicht! Das wäre zwecklos. Sie sollen nur das selbständige Tun des Hundes mit Ihrem Kommando begleiten (zweite Grundregel).

gang und machen ihn dabei richtig müde. Zu Hause geben Sie ihm sein Futter. Gleich bei dem ersten Bissen leinen sie ihn an und werfen die Schleife über einen Haken. So »denkt« der Hund, die Leine gehöre zum Füttern und dem anschließenden Verdauungsschlaf.

Beim nächsten Spaziergang binden Sie ihn dann, nachdem er sich ausgetobt hat, an eine etwas längere Schnur. Die lassen Sie, wenn er vorläuft, durch die Hand gleiten. Am Schluß laufen Sie ruhig ein Stück mit. Wichtig ist in diesen ersten Wochen, daß Ihr Hund sich ohne Widerstand freudig an der Leine führen läßt. Das korrekte »Bei-Fuß-Gehen« ohne Zerren an der Leine wird später geübt (ab 6. Lebensmonat).

Gehen Sie auch so früh wie möglich mit ihm unter Menschen und unter Hunde, auch in den Verkehr der Stadt. Sprechen Sie dabei mit anderen Menschen, die Ihnen die Hand geben und Ihren Hund streicheln. An all das soll er sich früh gewöhnen. Zeichen von Aggressivi-

Heranlocken (ab 7. Lebenswoche)

Das Herankommen ist eine Übung, die jeder Hund erlernen muß. Sie ist die Grundlage des Gehorsams, der Beherrschung des Hundes. Das Herankommen muß daher vom ersten Tage an, zuerst in der Form des Heranlockens, geübt werden.

Herbeiführen: Heranlocken beim Füttern

Die beste Gelegenheit hierzu ist das Füttern, zu dem der in Hof oder Garten spielende Hund sich ja an der Futterstelle einfinden muß. Anfangs warten Sie, bis er von sich aus kommt, nachdem er die Fütterungsvorbereitungen wahrgenommen hat. Im gleichen Moment, wenn er sich zum Kommen anschickt, rufen oder pfeifen Sie ihn heran, bis er bei Ihnen ist, auch noch beim Füttern selbst. Rufen Sie ihn in freundlich klingendem Ton: »Na komm, so recht! Komm! Komm!« (zweite Grundregel). Bald holen Sie ihn so aus dem letzten Winkel des Gartens.

Oder Sie nehmen, anstatt sie dem Kleinen einfach vorzusetzen, die ganze duftende Futterschüssel in die Hand und wandern mit ihr durch den Garten – Ihren Spezialheranpfiff immer auf den Lippen; dazwischen rufen Sie immer wieder »Komm« und seinen Namen. Folgt Ihnen der Hund wie erwünscht, bleiben Sie ab und zu stehen und geben ihm ein Bröckchen oder reichen ihm die Schüssel, um sie aber bald wieder wegzunehmen, damit das Spiel weitergehen kann.

Haben Sie aber zur Fütterungszeit gar keine Zeit, um außer dem Füttern selbst etwas Erzieherisches anzubringen, dann tun Sie wenigstens eines: Nehmen Sie zum Füttern die Pfeife und pfeifen Sie den Heranpfiff auch dann, wenn der Hund bereits neben Ihnen sitzt und das Futter erwartet. Pfeifen Sie weiter, während er frißt. Die verschiedenen Heranbefehle können nicht intensiv genug verknüpft werden. Denken Sie daran, daß das zuverlässige Herankommen auf Pfiff und Ruf die Grundlage allen Gehorsams ist. Ein Hund, der zuverlässig kommt, ist immer in der sicheren Hand seines Herrn.

Es ist auch zweckmäßig, so früh wie möglich ein bestimmtes Signal mit der Autohupe, z. B. kurz-lang-kurz-kurz, als Heranbefehl festzulegen und immer wieder zu üben.

Heranlocken beim Spaziergang

Sehr geeignet für das Üben des Herankommens und für alle Beteiligten höchst erfreulich sind die Spaziergänge mit Ihrem jungen Hund in Wald oder Feld. Dabei ist folgende Überlegung wichtig: Der Welpe pendelt fortgesetzt hin und her zwischen zwei Bedürfnissen. Auf der einen Seite will er die Umwelt erkunden. Er geht deshalb immer wieder auf Entdeckungsreise. Auf der anderen Seite will er den Kontakt zu seinem neuen Obergefährten nicht verlieren.

Dieses triebhafte Hin und Her nutzen Sie vom ersten Tage an für das Üben des Herankommens, wobei Sie aber gleichzeitig das Streben des Tieres nach Selbständigkeit fördern und verstärken. Das ist für ein gutes Abrichteprogramm sehr wichtig: Die eine Übung muß sich aus der anderen ergeben! Aus dem Üben des Herankommens ergibt sich eine neue Leistung, das »Voran«, also das Verhalten des Hundes, vom Herrn fortzulaufen und die Umgebung zu

Sichkleinmachen sieht der Hund als Sichentfernen. So wecken Sie seinen Meutetrieb. Schnell kommt er heran.

erkunden und nach interessanten Objekten abzusuchen.

Zu diesem Verhalten ermuntern Sie den Hund und rufen, sobald er voraus läuft, »Vooo-ran!«. Plötzlich aber gehen Sie möglichst unbemerkt 10, 15 m in die entgegengesetzte Richtung. Je weiter sie sich fortstehlen konnten, um so größer wird sein Erschrecken sein, um so freudiger wird er herankommen. Bis er bei Ihnen ist, rufen Sie ununterbrochen »Na, komm, komm!«.

Später, mit zunehmendem Selbstbewußtsein, wird er bisweilen nicht so schnell zurück wollen, vor allem, wenn er auf neuartige Dinge, Maulwurfshügel, Wühlmäuse oder Rehfährten, gestoßen ist. Das ist für Sie ein Grund, sich um weitere 20 oder 30 m zu entfernen – das Pendel schlägt mit Sicherheit von der Seite des Entdeckertriebes auf die Seite des Kontaktverlangens um. Wichtig ist nur, daß Sie nicht versuchen, ihm jetzt schon das Herankommen zu befehlen. Denn noch sind Befehl und Verhalten nicht konditioniert und die erwünschte Reaktion ist noch nicht motiviert. Sie müssen warten, bis er stutzt und Sie vermißt. In diesem Augenblick können Sie rufen. So verknüpft er den Handlungseinfall Zum-Herren-Laufen mit dem »Komm«. Gehen Sie ihm dabei nicht entgegen. Gehen Sie lieber ein paar Schritte zurück. Sie wecken damit den Meutetrieb. Sie können sich in diesem Augenblick klein machen, indem Sie in die Hocke gehen. Der Hund denkt, mein Meuteführer ist auf einmal ganz weit weg und kommt noch schneller zu Ihnen.

Verknüpfen

Während er zu Ihnen kommt, rufen Sie ihn; nicht vorher! Die rechte Hand zeigt dabei auf den Boden zu Ihren Füßen. Lehren Sie Ihren Hund auch von Anfang an den Heranpfiff. Am besten verwenden Sie eine Doppelpfeife mit einem Trillerpfiff für »Down« und einfachem Pfiff für »Heran«. Halten Sie sich für »Heran« immer an einen bestimmten Pfiff, z. B. einen langgezogenen Ton mit einem schrill hochgezogenen Schluß. Der Hund soll lernen, sowohl auf »Komm« und »Hier« wie auch auf seinen Namen, auf Handzeichen und auf Pfiff, letzteres für weitere Entfernungen, zu Ihnen zu kommen.

Wenn Sie auf diese Weise jede Gelegenheit wahrnehmen, Ihren Hund, während er von sich aus auf Sie zukommt, zu rufen und zu pfeifen, erübrigt sich jede formale Dressur des Herankommens. Der Hund lernt das Kommen, gewiß eine der wichtigsten Übungen, ganz von selbst im alltäglichen Beisammensein.

Motivieren: Freudenempfang

Die wichtigste Regel für die Abrichtung des Herankommens ist: Immer wenn der Hund zu Ihnen kommt, müssen Sie ihn mit Freude und Begeisterung empfangen, selbst wenn er Omas Hausschuh zerfetzt oder Tante Emmas Superlegehuhn im Fang anbringt. Zuerst müssen Sie ihn (wegen des Herankommens!) loben und liebeln. Dann können Sie ihm das Huhn von mir aus um die Ohren schlagen, damit es ihm als Objekt unsympathisch wird.

Sehen Sie sich bitte an, mit welcher Herzlichkeit und Liebe unser Abrichter seinen Hund empfängt und liebelt, nachdem er zu ihm herangekommen ist (s. Seite 92 ff.).

Eine kleine Leinenlösungsanlage

Wenn Sie das Verhalten »Herankommen« mit Ihrem Hund beliebig oft hintereinander üben wollen, sollten Sie sich eine kleine Leinenlösungsanlage bauen. Dies ist mit wenigen Handgriffen ganz einfach zu bewerkstelligen. Sie benötigen dazu einen Holzpfahl. Diesen schlagen Sie 6 bis 10 Meter von Ihrem Dressurplatz entfernt in die Erde, und zwar möglichst so, daß Sie die Entfernung vergrößeren können. Sie brauchen außerdem eine entsprechend lange Zugleine und sechs Schraubösen. Die Leine binden Sie mit einer Öse direkt am Dressurplatz an. Sie führt zu dem Holzpfahl und ermöglicht es Ihnen, dort einen Bolzen aus zwei dicht beieinander angebrachten Ösen nach oben herauszuziehen. Der Hund ist an einer 2 Meter langen einfachen Schnur angeleint. Das eine Ende dieser Schnur ist an dem Pfahl fest angebunden, das andere nur um den Bolzen geschlungen. Ziehen Sie vom Dressurplatz aus diesen Bolzen hoch, wird das zweite Ende der Schnur freigegeben. Der Hund ist damit frei, denn das nunmehr freie Ende der Schnur gleitet ungehindert durch das Hals-

band. Er kann also jetzt ohne Schwierigkeit zu Ihnen herankommen. Dabei ist entscheidend, daß Sie den Zeitpunkt des Herankommens selbst genau bestimmen können.

Achten Sie aber bitte darauf, daß der Bolzen stark gefettet ist. Das Herausziehen und Freigeben der Leine muß geräuschlos funktionieren. Es besteht sonst die Gefahr, daß der Hund dieses Geräusch für den Heranbefehl hält und nicht Ihren Pfiff.

Am Anfang können Sie mittels einer wenigstens 3 Meter längeren Zusatzschnur, an der der Hund angeleint bleibt, ein Ausbrechen Ihres Zöglings verhindern und ihn so voll unter Kontrolle halten.

Er sitzt angeleint in 5 m Entfernung und beobachtet erwartungsvoll seinen Futternapf.

Bedenken Sie, wie wichtig gerade diese ersten Dressuren sind, denn die hier geübte Disziplin im Lernen und Lehren überträgt sich auf die folgenden Übungen, und bedenken Sie ferner, um wieviel wertvoller ein wirklich folgsamer Hund für seinen Besitzer ist, so sollte sich diese kleine Bastelei eigentlich bezahlt machen. Hinzu kommt, daß Sie diese Leinenlösungsanlage später für viele weitere Übungen benötigen.

Auf die oben beschriebene Weise angeleint, sitzt der Hund nun 5 Meter oder mehr von Ihnen entfernt und beobachtet gespannt und gebannt, wie Sie sich mit dem Futter beschäftigen. Und damit lassen Sie sich Zeit. Denn besser können Sie den Hund nicht auf die bevorstehende Dressurübung vorbereiten.

Pfötchengeben (ab 8. Lebenswoche)

Sehr einfach abzurichten, wenn auch natürlich nur eine Spielerei, ist das Pfötchengeben. Wenn Kinder im Hause sind, können solche kleinen Kunststücke unseres Hausgenossen jedoch die allgemeine Freude an ihm erhöhen. Außerdem läßt sich am Beispiel des Pfötchengebens unsere neue Dressurmethode wundervoll demonstrieren. Wir wollen daher auch hier streng nach den drei Grundregeln schrittweise vorgehen.

Herbeiführen

Sie nehmen den hungrigen Schüler an die Leine und befestigen diese am Dressurplatz. Kleine Hunde können Sie auch angeleint auf einen Tisch setzen. Mit je einem Bröckchen Fleisch in beiden Händen stellen Sie sich vor den Hund. Das Bröckchen in der rechten Hand halten Sie ihm vor die Nase, das linke verbergen Sie auf dem Rücken.

Er wird danach schnappen, bellen, Männchen machen oder sonstwie versuchen, das Bröckchen zu bekommen – er bekommt es nicht! Jetzt halten Sie es weiter unten in Pfotenhöhe und bringen ihn so dazu, sich zu setzen und mit dem Pfötchen nach dem Fleisch zu langen.

In diesem Augenblick verstecken Sie das Bröckchen, das Sie ihm vorgehalten haben, und geben ihm das zweite Bröckchen mit der linken Hand. Dabei loben Sie ihn: »So recht, mein Hund!«

So wird das gewünschte Verhalten herbeigeführt: Er wird alles versuchen, um das Bröckchen zu bekommen.

Erst wenn er zufällig mit einem Pfötchen nach dem Fleisch langt, bekommt er...

...das Bröckchen aus der anderen Hand.

Wichtig ist: Das geringste Anheben der Pfote genügt zur Belobigung. Sie verstärken damit das erwünschte Verhalten. Gleich danach machen Sie den nächsten Versuch, der nicht anders verlaufen wird. Bitte haben Sie Geduld! Versuchen Sie nicht, Ihrem Schüler zu helfen, indem Sie sein Pfötchen anheben; er muß von selbst darauf kommen (erste Grundregel der Abrichtung).

Es ist auch zwecklos, jetzt schon »Gib Pfötchen!« zu sagen; das könnte beim Hund zu falschen Verknüpfungen führen. Reden Sie vielmehr beruhigend und ermunternd auf ihn ein. Wenn er resigniert und sich enttäuscht hinlegt, halten Sie ihm das Bröckchen wieder vor die Nase und verführen ihn erneut dazu, mit der Pfote nach dem Fleisch zu langen. Zwischendurch können Sie die Spannung auch einmal lockern, indem Sie mit ihm balgen oder ihn kräftig liebeln.

Machen Sie am ersten Tag etwa 10–15 Versuche. Meistens merkt der Hund schon am ersten, sonst aber bestimmt am zweiten oder dritten Tag, was Sie von ihm wollen. Dann ist das Schwierigste geschafft, nämlich das, was Phantasie und Geduld erfordert. Was noch kommt, ist Routine.

Verknüpfen

Sobald Sie ihren Schüler soweit haben, daß er regelmäßig Pfötchen hebt, wenn Sie ihm ein Bröckchen hinhalten, kommt das Kommando ins Spiel. Jetzt sagen Sie jedesmal, während er bei vorgehaltenem Fleisch das Pfötchen hebt, »Gib Pfötchen, so recht, gibt Pfötchen!« und dann schütteln Sie das dargereichte Pfötchen mit Ihrer Rechten und geben ihm sein Bröckchen mit der Linken.

Bitte denken Sie daran: Sie können in diesem Stadium des Übens nicht kommandieren, was der Hund tun soll, denn er kennt Ihr Kommando noch nicht. Sie müssen das er-

Sobald er von sich aus das Pfötchen hebt, sagen Sie, während es erhoben ist: »Gib Pfötchen!«

wünschte Tun auf andere Art, nämlich durch das Vorhalten des Bröckchens hervorlocken und dann, während er das Pfötchen hebt, das Kommando »Gib Pfötchen!« aussprechen. Dadurch erst lernt der Hund das Kommando. Das ist so bei allen Leistungsforderungen, die Sie abrichten wollen.

Motivieren

Wenn Sie den zweiten Schritt lange genug geübt haben (nämlich in drei, vier oder mehr Übungsstunden jeweils 10- bis 15mal; das hängt von der Intelligenz des Hundes ab), vollzieht sich langsam die gewünschte Wandlung: Der Hund lernt das Kommando! Er fängt an, das Pfötchen auch dann zu heben, wenn Sie ihm kein Fleisch mehr vorhalten, aber dafür »Gib Pfötchen!« sagen. Jetzt reagiert der Hund auf Ihren Befehl.

So lernt er, auf Ihren Befehl hin richtig zu reagieren. Dafür gibt es am Anfang immer ein Bröckchen.

Jetzt bekommt er sein Bröckchen auch nur noch dann, wenn er den ihm erteilten Befehl ausführt, d. h., wenn er richtig reagiert (dritte Grundregel).

Nun können Sie auch anfangen, die Situation zu ändern. Sie drehen sich einmal zur Seite oder ganz herum und sagen »Gib Pfötchen!«. Oder Sie gehen einige Schritte weg. Bei richtiger Reaktion gibt es ein Bröckchen. Dann lösen Sie den Hund von der Leine, warten, bis er sich setzt, und kommandieren »Gib Pfötchen!«.

Richtige Reaktion wird belohnt und gelobt. Sie werden sehen, daß sich der Hund sogar für ein so sinnloses Tun wie das Pfötchengeben passionieren läßt: Er setzt sich vor Sie hin und hebt sein Pfötchen, weil er Futter erwartet. Das geben Sie ihm jetzt aber nicht. Sie loben ihn vielmehr, balgen etwas mit ihm, sagen dann »Gib Pfötchen!« – und wenn er jetzt richtig reagiert, bekommt er sein Häppchen.

Männchenmachen (ab 9. Lebenswoche)

Genauso wie das Pfötchengeben wird das Männchenmachen abgerichtet. Nur verstärken Sie beim ersten Schritt dieser Übung ein anderes Verhalten. Hierbei müssen beide Pfoten vom Boden sein. Und natürlich brauchen Sie einen anderen Befehl, »Mach Männchen!« oder »Geh hoch!«. Sonst ist im ganzen Ablauf der Abrichtung kein Unterschied.

Schußfestigkeit
(ab 10. Lebenswoche)

Jagd- und Schutzhunde müssen schußfest sein, d. h., sie dürfen auf einen unerwarteten lauten Knall hin nicht ängstlich reagieren, weglaufen oder sich verkriechen. Sie dürfen erschrecken und zu ihrem Herrn laufen, müssen sich aber nach kurzer Zeit mit »Voran!« wieder von ihm entfernen.

Schußscheue ist keine Unart, sondern eine Wesensart, die häufig nicht angeboren, sondern erworben ist. Sie läßt sich einfacher vermeiden als beheben. Besorgen Sie sich einen Spielzeugrevolver mit Platzpatronen. Lassen Sie Ihren Hund mit einem anderen raufen. Wenn es gerade so richtig hoch hergeht, feuern Sie in 50–100 m Entfernung die erste »Salve«. Oder machen Sie das gleiche beim Spiel mit der Angel. Auch bei den ersten Bissen eines langersehnten Fressens können sie es knallen lassen.

Verkürzen Sie die Entfernung nur sehr behutsam. Erst wenn die Schüsse Ihrem Hund offensichtlich gleichgültig sind, nehmen Sie draußen im Revier das Schrotgewehr oder den Revolver.

Bringen
(ab 10. Lebenswoche)

Das Bringen ist die Grundlage der Dressur

Die schönste Beschäftigung für jeden Hund ist das Bringen. Da kann er laufen, hetzen, suchen, seinen Beutetrieb entwickeln und sich so recht austoben. Gleichzeitig gewinnen Sie hierbei im Handumdrehen sein Vertrauen und seine Liebe; der Hund verknüpft sehr bald dieses schönste aller Hundespiele mit Ihrem Anblick. Das Bringen ist daher nicht nur eine wichtige Leistungsforderung für den Gebrauchshund. Auch dem bravsten Schoßhündchen sollte das Hundeglück der Abrichtung zum »firmen Apporteur« nicht versagt werden.

Vor allem aber absolviert der junge Hund zusammen mit der Bringdressur eine ganze Reihe anderer Leistungsfächer. Er lernt das »Ablegen!« und das »Bleib!«, wenn er warten muß, bis Sie ihn zum Bringen schnallen, das »Such – Voran!«, wenn er zum Bringen losstürmen darf, das schnelle Folgen von Fährten, das Jagd- und Schutzhunde beherrschen müssen, das Herankommen auf Ruf oder Pfiff, wenn er heranbringt, das »Sitz!«, wenn er das Apportl vorschriftsmäßig abgeben lernt, und schließlich das »Aus!«, das für das korrekte Abgeben beim Jagdhund, aber auch beim Schutzhund ein wichtiges Kommando ist.

Wie Sie schon an dieser Aufzählung erkennen, ist das Bringen nicht

wie das Herankommen oder das Pfötchengeben eine einfache, d. h. aus einem einzigen Bewegungsvorgang bestehende Leistung, sondern ein Leistungsablauf, der aus mehreren Einzelhandlungen (Leistungselementen) gebildet wird:
- dem Voranlaufen auf Kommando »Voran!«,
- dem Suchen des Apportls,
- dem Aufnehmen des Apportls,
- dem Herankommen zum Herrn und
- dem Abgeben des Apportls auf Kommando »Aus!«.

Jedes dieser Leistungselemente kann für sich durch Dreistufenabrichtung wie das Pfötchengeben gelehrt werden. Doch hat es sich als zweckmäßig erwiesen, möglichst den Leistungsablauf im ganzen zu üben und nur diejenigen Elemente für sich abzurichten, die dem Hund besondere Schwierigkeiten machen.

Das Lieblingsapportl

Sie besorgen sich aus einem Zoogeschäft ein kleines Apportierholz, wie

Das Apportierholz wird an eine Schnur gebunden, damit es sich bewegen kann und »lebt«.

unten dargestellt. Das binden Sie an eine 3 m lange Schnur. Damit erreichen Sie, daß es »lebt« und daß sich der Hund mit ihm nicht auf und davon machen kann. Denn er wird dieses Holz bald über alles lieben.

Herbeiführen

Und nun beginnt die Dressur: Sie nehmen Schnur und Apportl in die linke, ein Fleischbröckchen, vom Hund unbemerkt, in die rechte Hand und stellen sich vor den nicht angeleinten Hund. Nun bewegen Sie das Apportl vor seiner Nase hin und her und lassen ihn daran schnuppern.

Dann werfen Sie das Apportl ein paar Schritte weg oder lassen es wegrollen, oder Sie ziehen es vor dem Hund hin und her. Dies ist Ihr Trick, mit dem Sie den Hund dazu bringen, hinter dem Apportl herzulaufen und es zu schnappen (erste Grundregel).

Dann bewegen Sie das Apportl vor seiner Nase hin und her...

Verknüpfen

Während er hinterherläuft, sagen Sie mehrmals freundlich: »Voran, such, voran!« (zweite Grundregel).

Ist er bei dem Apportl und macht er Anstalten, es zu schnappen, sagen Sie: »Apport, so recht, apport!« (zweite Grundregel).

Hat er das Apportl schließlich im Fang, dann zeigen Sie ihm schnell das Bröckchen und locken ihn hiermit zu sich heran. Da er Hunger hat, wird er kommen (erste Grundregel).

... und wecken so seinen Beutetrieb: Er fängt an, nach dem Apportl zu schnappen.

Hat der Hund das Apportl, ausgelöst durch dessen Fluchtbewegung, geschnappt, locken Sie ihn heran. Nicht ziehen!

Der Beutetrieb kann aber auch stärker sein. Sie müssen ihm dann etwas Zeit lassen. Vor allem dürfen Sie nicht an der Schnur ziehen. Er muß von sich aus zu Ihnen kommen. Sie können auch ruhig etwas nachgeben. Irgendwann wird er das Apportl leid und nach dem Fleisch Verlangen haben. Jetzt sagen Sie, während er zu Ihnen bzw. zu Ihrem Fleischbröckchen eilt, mehrmals und freundlich »Komm, na komm, so recht!« (zweite Grundregel).

Motivieren: Das lustigste Tauschgeschäft der Welt

Anfangs bekommt er sein Bröckchen auch dann, wenn er das Bringholz nicht abliefert, sondern auf halbem Wege fallen läßt. Später, wenn das Nachhetzen, das Aufnehmen und das Zutragen schon leidlich klappen, gibt es das Bröckchen nur im Tausch gegen das Apportl, das der Hund Ihnen in die Hand geben muß. Öffnet er hierzu den Fang, sagen Sie freundlich: »Aus, so recht« –

Die linke Hand stützt das Apportl. Mit der rechten Hand und mit »Aus!« nehmen Sie es ihm ab.

und schwups, hat er sein Häppchen (dritte Grundregel). Bitte schauen Sie sich an, wie unser Abrichter unter den Fang des Hundes greift, um ein vorzeitiges Fallenlassen des Apportls zu vermeiden.

Die Bewegungsfolge dabei geht so: Die Linke greift unter den Fang, die Rechte nimmt mit Daumen und Zeigefinger das Apportl, dreht sich blitzschnell und schiebt das Bröckchen in den offenen Fang.

Läßt er das Apportl zu früh fallen, dann wählen Sie anstelle der Hantel einen Gegenstand, den er von Haus aus nicht gerne abgibt, z. B. einen Beinknochen. Auch wenn der Hund diesen Knochen sehr liebt und behalten möchte, merkt er bald, daß der Tausch gegen ein saftiges Bröckchen auch für ihn ein gutes Geschäft ist.

Nun wiederholen wir

Der gesamte Ablauf gelingt natürlich erst nach vielen Wiederholungen. Bitte achten Sie dabei besonders sorgfältig darauf, daß Sie Ihre »Kommandos« (es sind natürlich noch keine!) genau im richtigen Zeitpunkt abgeben, also während des jeweils zugehörigen Verhaltens, nicht davor und nicht danach:

Während der Hund das Apportl verfolgt, sagen Sie: »Such voran.«

Während der Hund das Apportl schnappt, sagen Sie: »Apport.«

Während der Hund zu Ihnen zurückläuft, sagen Sie: »Komm.«

Während der Hund das Apportl abgibt, sagen Sie: »Aus.«

Denken Sie daran, daß Ihre Kommandos immer freundlich und liebevoll, niemals böse und drohend klingen, wenn Sie ein Tun des Hundes herbeiführen wollen.

Das Prinzip der kleinen Schritte

Wenn dieses lustigste Tauschgeschäft der Welt genau wie beschrieben klappt und Sie den Eindruck haben, daß es nicht nur Ihnen, sondern auch und vor allem Ihrem Hund richtig Spaß macht, dann vergrößern Sie den Schwierigkeitsgrad dieser Übung langsam nach dem berühmten Lehrprinzip der kleinen Schritte: Zuerst verlängern Sie die Apportierstrecke mit der Schnur. Dann probieren Sie es einmal ohne Schnur auf kurze Entfernung. Klappt alles, dann werfen Sie das Apportl nach und nach immer weiter weg. Dabei nehmen Sie den Hund an die kurze Leine. Er soll dazu gebracht werden, daß er nicht hinter dem noch fliegenden Apportl herrast. Er wird erst geschnallt und losgeschickt, wenn es irgendwo liegt, und zwar durch Ihr Kommando »Such voran!«. Klappt es nicht, fangen Sie wieder ganz von vorne an.

Passionieren

Es geht jetzt darum, durch Belohnen und Liebeln den Hund für das Bringen regelrecht zu begeistern. Die sich so bildende Passion ermöglicht es Ihnen, die mit dem Bringen verbundene Leistung des Hundes immer schwieriger zu gestalten.

Erste Arbeit mit der Nase

Lassen Sie die Hantel daher auch einmal in hohes Gras fallen. Sie werden zu Ihrer Freude beobachten, wie der kleine Kerl schon mit 12–14 Wochen anfängt, mit der Nase zu suchen.

Bringen auf Führerfährte (ab 11. Lebenswoche)

Noch interessanter als der Wurfapport ist das Bringen auf der Führerfährte, weil der Abrichter die Spannung hat, ob sein Hund das Apportl findet und bringt, und weil der Hund bei dieser Übung Gelegenheit hat, alle seine Sinne einsetzen zu können. Gerade das ist es, was er liebt und worauf es Ihnen, seinem Freund und »Meuteführer«, ankommen sollte.

Beherrscht der Hund das lustige Spiel des Wurfapports und befolgen Sie das Prinzip der kleinen Schritte, dann lernt der Hund das Bringen auf der Führerfährte im Handumdrehen.

Sie leinen ihn irgendwo an oder legen ihn neben sich ab (Kommando: »Ablegen, Bleib!«). Dann werfen Sie das Apportierholz zuerst einmal einige Meter weit fort. Das holt der Hund.

Dann leinen Sie ihn wieder an und bringen nun das Holz genau dorthin, wo es zuerst hingefallen war; Sie lassen den Apportierbock also zur Abwechslung in Ihrer Hand durch die Luft fliegen. Selbstverständlich kann der Hund diesen Vorgang mitverfolgen und auch das abgelegte Holz sehen. Die Fährte treten Sie recht deutlich aus.

Sie gehen zum Hund zurück, warten einige Sekunden und kommandieren: »Apport!« Dabei schnallen Sie den Hund, der mit Sicherheit ebenso bringen wird wie zuvor.

Wenn das klappt – und es gibt keinen Grund, warum es nicht klappen sollte –, wird Ihr Hund in kurzer Zeit ein sicherer Apporteur. In jeder neuen Übungsstunde bringen Sie das Holz ein Stück weiter weg. Bringt der Hund zuverlässig auf 50 m, fangen Sie an, Haken zu schlagen. Sie müssen dabei allerdings auf dem gleichen, ungefähr dem gleichen, Weg zurückgehen, den Sie auf dem Hinweg gegangen sind. Das Fährtenende, die Stelle, an der sie das Apportl ablegen, sollten Sie deutlich durch Trittspuren markieren.

Natürlich ändern Sie auch die Apportierstrecke, bringen das Holz mal hierhin, mal dorthin. Dann verlängern Sie langsam die Standzeit der Fährte bis zu einer Viertelstunde. Sie können das Holz auch am Fährtenende verstecken, indem Sie es unter einen Busch legen, ein Stück seitwärts werfen, unter Gras verbergen oder schließlich sogar mit Erde abdecken und vergraben. Legen Sie die Fährte wenn möglich mit dem Wind, denn nur so bringen Sie den Hund dazu, mit tiefer Nase die Fährtenabdrücke zu suchen und zu verfolgen. Und beginnen Sie jede

Übungsstunde mit einer Bringübung. Das erste Häppchen bekommt der hungrige Hund für das Bringen. Sie passionieren ihn auf diese Weise so für diese Arbeit, daß er es kaum erwarten kann, bis er wieder bringen darf.

Den großen Ball heranbringen (ab 12. Lebenswoche)

Sehr lustig ist auch zuzusehen, wenn der Hund, vor allem der kleinere Hund (Teckel usw.), den großen Ball »apportiert«, d. h. auf seine Weise dem Abrichter zubringt. Handelt es sich dabei um einen leicht hüpfenden Gummiball, vollführt der Hund Sprünge und Figuren, wie sie sonst nur im Zirkus zu sehen sind.

Den großen Ball kann der Hund natürlich nicht in den Fang nehmen.

Beim Heranbringen des großen Balles macht der Hund Figuren, die sonst nur im Zirkus zu sehen sind.

Trotzdem möchte er, wenn er für das Bringen genügend passioniert ist, auch dieses Bringobjekt seinem Herrn zutragen, denn er kann auf diese Weise Bröckchen kassieren.

Anstelle des Bringholzes lassen Sie ihn als Vorübung eine Zeitlang einen Tennisball apportieren. Dann wechseln Sie auf einen etwas größeren Gummiball über, den der Hund gerade noch in den Fang bekommt. Auch jetzt gibt es einige Tage die ganze Abendmahlzeit als Belobigungshappen für das Bringen des Balles.

Dann erst gehen Sie über auf den großen Gummiball. Damit beginnen Sie aber nicht im Freien, sondern in einem schmalen Flur. Hier sind die Chancen für den Hund am größten, die richtige Bringtechnik, das Schieben des Balles mit dem Nasenrücken, herauszufinden. Denn, wohin der Hund auch immer den Ball schiebt – und er »schiebt« schon bei dem ersten Versuch, den Ball wie üblich in den Fang zu nehmen – immer landet der Ball beim Abrichter, und jedesmal gibt es ein Bröckchen. Irgendwelche Kommandos sind hierbei nicht erforderlich.

Hat der Hund erst kapiert, daß sich der Ball zwecks Eintausch gegen ein Bröckchen auch zum Abrichter schieben läßt, haben Sie gewonnenes Spiel. Gehen Sie aber nicht gleich ins Freie, sondern (nach dem Prinzip der kleinen Schritte) zuerst in einen größeren Raum. Bleiben Sie stur in einer Ecke stehen, besser sitzen, und gewähren Sie das Bröckchen erst, wenn der Ball bei Ihnen ist.

»Voran!«
(ab 13. Lebenswoche)

Herbeiführen

Schön ist es, wenn der Hund nicht nur auf Ihr Kommando kommt, sondern ebenso auf Ihr Kommando geht. Auch das »Voran!« üben Sie zusammen mit dem Bringen. Hat der Hund gelernt, das weggeworfene oder weggebrachte Apportl zu holen, können Sie das Voranlaufen jederzeit leicht herbeiführen (erste Grundregel).

Während der Hund von sich aus losstiebt, rufen Sie »Voran!«.

Verknüpfen

Während der Hund von sich aus losstürmt, rufen Sie hinter ihm her: »So recht, such voran, voran!« Bei dem Kommando »Voran!« zeigen Sie mit dem Arm in die gewünschte Richtung.

Am besten machen Sie es so: Sie halten ihn zunächst, wenn Sie das Apportl wegwerfen, an der Leine oder an einer hinter dem Halsband durchgezogenen Kunststoffschnur

fest. (Später legen Sie ihn frei neben sich ab.) Dann warten Sie einige Sekunden. Erst bei »Voran!« schnallen Sie den Hund, oder Sie geben von der Schnur ein Ende frei. Jetzt darf er losstürmen. Vergessen Sie bitte nicht, das »Voran!« mehrmals hinter ihm herzurufen.

Bei »Voran!« lassen Sie ein Ende der Schnur los, die durch das Hundehalsband gleitet.

Motivieren

Normalerweise brauchen Sie den Hund für das »Voran!« nicht begeistern. Wenn er weiß, daß er losstieben darf, macht er es begeistert von sich aus. Trotzdem ermuntern Sie ihn: »So recht, mein Hund!«

*Der Köder macht Fluchtbewegungen.
Damit mobilisieren Sie den Hetztrieb
des Hundes.*

Spiel mit der Angel
(ab 14. Lebenswoche)

Besonders für die beengten räumlichen Verhältnisse des Großstadthundes ist die Angel ein wunderbares Mittel der Beschäftigungstherapie. Mit ihrer Hilfe kann der Hund auf einem kleinen Hof in wenigen Minuten Kilometer zurücklegen und Erfolgserlebnisse »en gros« verbuchen.

An eine 1,30–2 m lange Rute befestigen Sie eine ebenso lange, feste Schnur und daran einen Köder: Ein zu einer Wurst gerolltes Leder oder Kaninchenfell, einen Gummiknochen oder sonst ein weiches, aber nicht zu leichtes Fangobjekt. Vor dem neugierigen Hund macht der Köder zuerst einige kleine Sprünge und Fluchtbewegungen. So wecken Sie die Hetzlust des Hundes.

Es dauert nicht lange, und er verfolgt den Köder mit wachsender Passion, hin und her und rundherum im Kreis, wie immer Sie ihn fliegen lassen – ein wahres Gaudium für Beteiligte und Zuschauer. Jedesmal, wenn der Hund zu einem neuen Spurt ansetzt, rufen Sie »Voran!«.

Für die meisten Hunde gibt es kein größeres Vergnügen als das Spiel mit der Angel. Hier zeigt sich deutlich die Urnatur des Lauftieres. Laufen ist ihm Notwendigkeit; wenn wir die Fliege »Fliege« nennen, müßten wir ihn eigentlich »Laufe« nennen. Daran sollte vor allem der Haushundhalter denken: Ihr Hund braucht Bewegung!

»Gib Laut!«
(ab 15. Lebenswoche)

Selbstverständlich können Sie Ihren Hund auch lehren, auf Kommando oder auf ein sonstiges Zeichen hin, z. B. das Klingeln des Telefons oder

Von früher Jugend an muß der Hund lernen, auf Ihren Befehl hin Laut zu geben.

die Ankunft von Fremden, zu bellen, Laut zu geben. Für den Schutz- und Jagdhund ist das Lautgeben auf bestimmte Zeichen oder Vorkommnisse eine wichtige Leistungsforderung, die möglichst von früher Jugend an geübt werden muß. Aber auch zu Hause kann der prompt verbellende Hund eine große Hilfe sein. Ich denke z. B. an Menschen, die schwerhörig sind und die Klingel oder das Telefon leicht überhören.

Herbeiführen

Auch das »Gib Laut« wird nach dem Muster des Pfötchengebens in drei Schritten gelehrt. Wie zuvor wird der Hund am Dressurplatz angeleint. Wieder halten Sie ihm das Bröckchen vor die Nase; der Hund bekommt es, sobald er den ersten Ton von sich gibt. Das braucht kein richtiges Bellen sein. Vielmehr genügt das leiseste Wimmern. Sie werden sehen, wie dieses Wimmern durch prompte Belobigung mittels Bröckchen im doppelten Wortsinne verstärkt wird. Schon nach wenigen Übungsstunden haben Sie Ihren Schüler so weit, daß er kräftig Hals gibt, wenn Sie ihm das Bröckchen vorhalten.

Verknüpfen

Haben Sie dies erreicht, begleiten Sie sein Geläut mit den Worten »Gib Laut, so recht, gib Laut, gib Laut!«. Dabei zögern Sie die Belobigung durch das Futter immer mehr hinaus,

damit Sie während des Bellens (zweite Grundregel) möglichst oft Gelegenheit haben, das Kommando auszusprechen.

Motivieren

Wieder vollzieht sich jetzt die von mir prophezeite Wandlung. Hat der Hund erst das Kommando »Gib Laut!« erlernt, indem er es oft genug während des Bellens hörte (hierdurch also Verhalten und Befehl miteinander verknüpfen konnte), dann können Sie bald das Wort »Gib Laut!« als Befehl betrachten: Er wird bellen, wenn, weil und sobald Sie »Gib Laut!« befehlen.

Nun können Sie auch vorsichtig und langsam (nach dem Prinzip der kleinen Schritte) damit beginnen, die Umgebung zu verändern, indem Sie das Verbellen unangeleint und an anderen Stellen üben. Aber denken Sie immer daran: Nur die ge-

Bald lernt er zu bellen, wenn Sie »Gib Laut!« sagen. Dafür wird er belohnt.

wünschte Reaktion auf Ihren Befehl »Gib Laut!« wird belohnt. Bellt der Hund von sich aus, sagen Sie »Sei ruhig! Pfui! Was soll das?«, warten einen Moment, sagen »Nun gib Laut!« und geben ihm das Bröckchen, sobald er sich vernehmen läßt.

Fährten am langen Riemen (ab 16. Lebenswoche)

Wie aufgereiht auf einer Perlenkette liegen die Bröckchen hintereinander. Der Hund »kassiert« eines nach dem anderen.

Wenn Sie einen Gebrauchshund haben, müssen Sie ihm beibringen, am langen Riemen einer Fährte zu folgen. Hierbei ist – im Gegensatz zum Bringen auf der Führerfährte – wichtig, daß der Hund die Fährte langsam und ruhig arbeitet, damit der Führer ihm folgen kann, und daß er sie sicher arbeitet, ohne ständig abzukommen. Beim freien Folgen der Fährte kann er sich, wenn er abkommt, wieder »einbögeln«. Bei der Riemenarbeit würde das für Sie eine unerträgliche Zahl von Umwegen bedeuten.

Auch das Fährten am langen Riemen stellt für den Hund ein eigenes, ganz spezielles Verhaltensmuster dar, das folglich möglichst früh angelegt werden muß. Das Steigern der Schwierigkeitsgrade hat dann Zeit, bis der Hund ein Jahr alt oder älter ist. Beim Fährtenhund fange ich mit dieser Übung daher schon früher, nämlich in der 8.–10. Lebenswoche an.

Herbeiführen

Die Riemenarbeit lernt der junge Fährtenhund mit Hilfe der »Perlenkette«: Ich gebe ihm nicht einfach sein Futter in einer Schüssel; er muß es sich selbst suchen! Dabei liegen die Bröckchen hintereinander, eines nach dem anderen, zu Anfang in einem Abstand von nur 10–15 cm, die ersten sogar direkt beieinander. Sie werden zugeben, daß es dem hungrigen Welpen keine besondere Hochleistung abverlangt, diese Bröckchen nacheinander »einzukassieren«.

Verknüpfen

Wieder ist jedoch damit der Grundstein für eine schwierige Leistungsforderung gelegt. Hat der Hund erst einmal kapiert, daß seine Futterschüssel sich ihm als langgezogene Linie darbietet, der er folgen muß, dann können Sie die »Perlenkette«

wie ein Gummiband immer weiter auseinanderziehen. Die Verbindung zwischen den einzelnen »Perlen« wird dabei durch Ihre Fährte gebildet. Sie führt den Hund zum nächsten Häppchen. Ihr folgt er zuverlässig, denn sonst könnte er ein Bröckchen verpassen, und langsam, denn er braucht und hat Zeit zum Kauen. Als Kommando sagen Sie jetzt während der ganzen Fährtenarbeit »Such die Fährte!« oder – falls Sie einen Jagdhund abrichten – »Such verwundt!«.

Motivieren

Wie gesagt, es hat Zeit mit der Steigerung der Schwierigkeiten. Sie bestehen in wachsenden Abständen, schließlich im Ausbleiben der Bröckchen, in der Verlängerung der Standzeiten, im Wechsel des Geländes und der Bodenverhältnisse. Wichtig ist, daß Sie später die Fährte von einem Helfer, möglichst einem Fremden, legen lassen.

Auch wenn die Bröckchen auf der Fährte immer seltener werden und schließlich ausbleiben, muß jede Fährtenarbeit für den Hund ein Erfolgserlebnis bleiben. Am Fährtenende soll der Hund daher etwas finden, was ihm als Lohn der Suche erscheint, sei es die Futterschüssel, sei es eine Katze in einem Käfig, die er als krönenden Abschluß nach Herzenslust verbellen kann. Oder Sie veranstalten ein Freudenfest, bei dem Sie sich mit ihm auf den Boden werfen, ihn durchkneten und beklopfen, daß er zum Schluß vor Be-

geisterung nicht weiß, wohin er in rasender Fahrt laufen soll. Für die wild fauchende Katze ist die Abwehr des Hundes ein Erfolg.

Der junge Schutzhund (ab 17. Lebenswoche)

Warum ein Schutzhund?

Wer die einleitend gebrachte Darstellung der wichtigsten Hunderassen gelesen hat, wird bemerkt haben, daß sich eine große Zahl von ihnen zum Wach- und Schutzhund eignet – ein Sachverhalt, der heutzutage leider an Bedeutung gewinnt. Früher waren nur Förster, Zöllner und Kriminalisten auf die Begleitung eines mannscharf abgerichteten Hundes angewiesen. In den heutigen Zeiten allgemein zunehmender Kriminalität kann jeder von uns ruhiger schlafen, wenn er einen aufmerksamen, jedes fremde Geräusch meldenden Wachhund im Hause oder gar einen mutig zufassenden Schutzhund an seiner Seite weiß.

Wo immer die Frage ansteht, wie man sich wirkungsvoll vor Raub und Überfall schützen kann, wird von seiten der Polizei darauf hingewiesen, daß die Gegenwart eines Hundes als ein einfacher und billiger, möglicherweise aber sehr wirksamer Sicherheitsfaktor anzusehen ist.

Das ist einleuchtend. Aus den sich bietenden Möglichkeiten wählen die Verbrecher diejenigen mit dem geringsten Risiko. Ein Hund im Hause ist für sie in jedem Fall ein Risiko, das nur schwer kalkulierbar ist. Da der abgerichtete Schutzhund darüber hinaus gelernt hat, blitzschnell an den Arm des Täters zu fassen und ohne Kommando nicht loszulassen, kann er im Ernstfall tatsächlich verhindern, daß der Verbrecher überhaupt dazu kommt, seine Waffe gezielt zu benutzen. Er kommt nicht einmal dazu, den Hund zu töten.

Besitzen Sie also zufällig einen vierläufigen Hausgenossen von einer Schutzhunderasse, so sind Sie sicherlich gut beraten, wenn Sie das bereits vorhandene Kapital nutzen und mit Ihrem Hund an einem Schutzhundlehrgang teilnehmen. In jeder Stadt gibt es Hundeclubs und -vereine, die diese Aufgabe auch für einzelne Interessenten gern übernehmen und sich über jedes Mitglied freuen.

»Faß!«

Auch die grundlegenden Verhaltensmuster des Schutzhundes sollen schon frühzeitig gelegt werden. Besorgen Sie sich einen Sack oder Lappen von 60–80 cm Länge. Leinen Sie den Hund an einen Wandhaken oder Baum an. Nehmen Sie den Sack in die rechte Hand, ein Bröckchen in die linke. Reizen Sie den Hund mit dem Sack durch Hin- und Herbewegen. Jedesmal wenn er nach ihm schnappt, sagen Sie »Faß! So recht! Faß! Faß!«. Zerren Sie jetzt eine Weile an beiden Enden des Sackes – das macht dem Hund ebensoviel Spaß wie Ihnen – und dann heißt es

»Aus!«. Der Hund soll dieses Kommando von der Bringdressur her kennen. Läßt er los, gibt es sofort ein Bröckchen. – Und dann beginnt das Spiel von neuem.

Bei »Aus!« soll der Hund den Sack sofort loslassen.

Es kommt in dieser frühen Phase der Schutzhundabrichtung darauf an, daß der Hund die Kommandos »Faß!« und »Aus!« gründlich kennenlernt. Außerdem stellen Sie fest, wie stark der angewölfte Kampftrieb Ihres Hundes ausgeprägt ist. Zeigt er schon bei dieser Übung viel Passion und Kampfgeist, können Sie die Übungen einschränken und auf später verschieben, damit sich nicht eine übertriebene Schärfe bildet. Umgekehrt verfahren Sie, wenn der Eifer zu wünschen übrig läßt.

Der Überfall

Hat der Hund die Kommandos »Faß!« und »Aus!« erlernt, beginnen Sie mit der eigentlichen Mannarbeit. Jetzt dürfen Sie nicht mehr selbst den Sack halten, sondern brauchen einen »Täter«, der Sie angreift.

*Ein Sack oder Lappen dient als verlängerter Arm.
Mit ihm reizt der »Täter« den Hund zum Fassen.*

Sie nehmen dazu den Hund aus Sicherheitsgründen an die Leine. Der »Scheintäter« hält den Sack und eine Rute. Hiermit reizt er den Hund zum Zufassen, indem er Angriffshandlungen auf Sie imitiert. Unterstützen Sie seine Verteidigungshandlung zunächst durch »Faß!«. Der Hund wird aber auch ohne den Befehl den hin- und hergeschlagenen Sack fassen. Ein kurzer Hieb mit der Rute und entsprechende Kampflaute erhöhen seine Wut. Sollte er bei »Aus!« nicht auf der Stelle loslassen, gibt der Angreifer den Sack frei, der nun uninteressant wird. Trotzdem gibt es bei »Aus!« sofort ein Bröckchen.

Der im Anfang verwendete Sack wird übrigens vom Hund als verlängerter Arm angesehen. Im Verlauf der späteren Abrichtung wechselt er sofort auf den geschützten Beißarm über, schont aber die anderen Körperteile des Scheintäters. Sie sollten es jedoch bei der hier beschriebenen Übung zunächst belassen, bis der Hund etwa ein Jahr alt geworden ist.

Übungen zur Beherrschung des Hundes
(3.–10. Lebensmonat)

Während der Hund in den ersten Lebenswochen die grundlegenden Verhaltensmuster für spätere Leistungen (Bringen, Suchen, Verbellen) erlernen soll, geht es in den sich daran anschließenden Monaten mehr um seine Disziplin, um Verhaltensformen, mit denen Sie ihn führen und lenken können, mit denen Sie ihn »in der Hand« haben. Hierzu gehört das Herankommen, das Stehen, das Sitz, das Gehen, bei Fuß, das Ablegen, das Down, das Bleib-wo-du-Bist und schließlich das Schwimmen und Springen. Dazu gehört aber auch, daß Sie die natürliche Rangordnung herstellen und den Hund frühzeitig wissen lassen, wer der Herr im Hause ist.

Herankommen
(ab 3. Lebensmonat)

Herbeiführen: Wecken des Meutetriebs

Nach der Bringdressur können Sie zum systematischen Üben des Herankommens übergehen. 20 Fleischbröckchen sind zurechtgelegt. Sie nehmen das erste und halten es Ihrem Hund vor die Nase. Dabei gehen Sie rückwärts von ihm fort und veranlassen ihn so, Ihnen nachzulaufen.

Während er kommt, rufen Sie: »Komm, so recht, komm!«; ist er bei Ihnen, gibt es jedesmal ein Bröckchen. Sie können auch vom Hund weglaufen und durch Wecken des Meutetriebes oder des Verfolgungstriebes das Herankommen auslösen.

Wenn Sie in die Hocke gehen, steigern Sie die Schnelligkeit des Herbeilaufens.

Diese Methode hat noch einen Vorteil. Es wäre nämlich ein grober Fehler, wenn Sie hinter dem Hund herliefen, um seiner habhaft zu werden. Durch das Füttern im Rückwärtsgehen oder beim Weglauf spielt sich dagegen die richtige Routine ein: Er kommt zu Ihnen, wenn Sie fortgehen, nicht, wenn Sie ihm nachlaufen. Kommt er nicht, laufen Sie noch weiter fort und verstecken sich oder gehen in die Hocke. Dadurch verstärken Sie den Meutetrieb und steigern die Schnelligkeit des Herbeilaufens.

Auch mit Lieblingsgegenständen können Sie das Herankommen auslösen. Hinten im Garten habe ich eine Voliere mit Kaninchen, Hühnern und Fasanen. Natürlich zieht es meine Hunde dorthin. Oft haben sie auch anderweitig am anderen Ende des Gartens »zu tun«. Dann hole ich die Angel heraus, ihr absolutes Lieblingsspielzeug, lasse kurz den Achtungspfiff erklingen, damit sie auf die Angel aufmerksam werden, und im gleichen Augenblick pfeife ich sie heran.

Kombiniert mit Bringen

Wie beim Bringen bereits erwähnt, üben Sie das »Komm« kombiniert mit dem Bringen. Sobald der Hund das Apportl in den Fang genommen hat, vernimmt er Ihren Heranpfiff. Damit erreichen sie zweierlei: Sie konditionieren das Herankommen und Sie beschleunigen das Aufnehmen und Bringen des Apportls. Kommt der Hund mit dem Bringobjekt auf Sie zu, heißt es freundlich: »So recht, na komm!« Der Hund verknüpft so das Wortzeichen »Komm« mit seinem Verhalten; denn es macht für ihn keinen Unterschied, ob er mit oder ohne Apportl im Fang zu Ihnen herankommt.

Kombiniert mit »Voran!«

Die Herandressur können Sie weiter intensivieren, wenn Sie einen Gehilfen zur Verfügung haben. Beide, Abrichter und Gehilfe, haben einige Fleischbrocken zur Hand und stehen sich wenige Meter entfernt gegenüber. Abwechselnd halten beide dem Hund ein Bröckchen hin und rufen »Na komm!«. Ist das Bröckchen verschlungen, beordern Sie den Hund durch Armzeichen und »Voran!« zu Ihrem Partner, der jetzt mit seinem Futterhäppchen winkt und lockt. Damit gesellt sich zum Herankommen das »Voran!«. Nacheinander kassiert der Hund so seine ganze Mahlzeit. Aber der Abstand wird immer größer. Gleichzeitig wechseln auch die Kommandos. Mal ruft ihn der Pfiff, mal das »Komm!«, das »Hier!«, mal sein Name.

Kombiniert mit Ablegen

Als letzte Form der Herandressur sei das gemeinsame Üben mit dem Ablegen genannt. Ablegen und Herankommen sind alternative Leistungen und eignen sich daher vorzüglich für ein gemeinsames Training.

Auch hierbei nutzen Sie den Meutetrieb des Tieres. Abgelegt fühlt er sich vereinsamt und kennt, je größer der Abstand zum Herrn wird, keinen größeren Wunsch, als zu ihm zu eilen. Den endlich wahrgenommenen Heranpfiff betrachtet er daher als Erlösung und kommt auf dem schnellsten Wege heran. Falsch wäre es, das durch Pfiff ausgelöste Herankommen durch Down-Übungen zu unterbrechen. Das schnelle Herankommen soll durch nichts beeinträchtigt werden.

Das korrekte Herankommen

Wenn der Hund den Ruf oder Pfiff wahrnimmt, soll er alles stehen- und liegenlassen und in möglichst schneller Gangart zu Ihnen kommen. Dort, und zwar unmittelbar vor Ihnen, soll er sich setzen. Für eine saubere Abrichtung ist es wichtig, diesen Ablauf genau einzuhalten.

Es ist nicht erforderlich, daß der Hund das »Sitz!« schon beherrscht, wenn Sie mit dem Üben des korrekten Kommens beginnen. Jetzt müssen Sie nur darauf bestehen, daß er bis dicht zu Ihnen herankommt, um geliebelt zu werden. Sie gewöhnen ihn später nach der Sitzdressur daran, daß er sich beim korrekten Herankommen vor Sie hinsetzt.

Verknüpfen: Herankommen auf Name, Ruf und Pfiff

Mit welchem Kommando sollen Sie das Herankommen auslösen? Am Anfang, glaube ich, sollte der Name des Tieres stehen, den er frühzeitig kennenlernen muß. Wenn Sie Ihren Hund mit seinem Namen rufen, wollen Sie normalerweise, daß er zu Ihnen kommt, zum mindesten aber, daß er sich Ihnen zuwendet. Es ist daher richtig, am Anfang immer Name und »Komm« zu sagen, um später zu »komm« und Pfiff überzugehen. »Komm« und Name dürfen allerdings nur in den süßesten Tönen erklingen, aber niemals in barscher Befehlsform.

Motivieren

Natürlich müssen Sie den Hund dazu bringen, daß er in allen Lebenslagen zu Ihnen kommt, nicht nur zum Füttern. Der Hund soll ja sofort und schnell kommen, wenn er gerade in anderer, höchst dringlicher Weise beschäftigt ist: Hier amüsiert er sich mit Nachbars Waldine; dort rauft er mit dem Lumpenkerl von gegenüber; heute hat er im Müll einen stinkenden Knochen entdeckt; morgen kommt er auf eine Rehfährte und ist drauf und dran, im tiefen Wald zu verschwinden. Was es auch sei, wenn Ihr Heranpfiff ertönt, muß er kommen.

Das ist für den Hund eine schwierige Leistung. Es gehört dazu eine positive Motivierung des Herankommens, die stärker ist als die Motivation aller Verleitungshandlungen. Dies zu erreichen ist das Ziel der dritten Abrichtungsstufe. Vorher hiermit zu beginnen, wäre sinnlos. Denn der Hund muß zuerst die Bedeutung des Heranbefehls kennengelernt haben; das geschieht in der zweiten Abrichtungsstufe.

Gegenstand der dritten Abrichtungsstufe ist damit zweierlei: Sie müssen das Herankommen so stark positiv verstärken, daß der Hund für dieses Verhalten stärker passioniert ist als für jedes denkbare Verleitungsverhalten; und Sie müssen auf letzteres so stark negativ einwirken, daß alle Verleitungsreize Hemmungsreaktionen auslösen (Einzelheiten s. Seite 93).

Abrufen von der Futterschüssel

Zunächst müssen Sie das Herankommen von der Primärmotivation des Hunger- oder Meutetriebes unabhängig machen. Dazu legen Sie den Hund irgendwo ab, stellen die gefüllte Futterschüssel in den Zwinger, verschließen die Tür und schikken aus zunächst 10 oder 20 m Entfernung den Hund mit »Geh rein!« zum Zwinger. Wenn er dort angekommen ist und vor der duftenden Schüssel steht, pfeifen Sie ihn heran. Anfangs belohnen Sie das Herankommen mit Fleischbröckchen, die aber immer rarer werden. Wenn der Hund sich etliche Male von seinem Futter abrufen ließ, bekommt er das Futter als Belohnung. Natürlich wird ihm bei jedem Kommen Freudenempfang zuteil.

Zunächst stand die Futterschüssel für den Hund nicht erreichbar im verschlossenen Zwinger. Läßt er sich so abrufen, können Sie es wagen, ihn auch während des Fressens zu rufen.

Ablenkungen

Ebenso wie Sie hierbei das erwünschte Verhalten verstärken, können Sie bei fortschreitender Abrichtung dazu übergehen, das unerwünschte Verhalten zu verleiden. Es ist aber für den Erfolg der Abrichtung entscheidend, daß Sie diese beiden Vorgänge genau unterscheiden. Indem Sie das unerwünschte Verhalten verleiden, bestrafen Sie den Hund nicht. Sie erzwingen auch nicht das erwünschte Verhalten. Wenn der Hund am Zwinger erregt auf- und abläuft und auf Ihren Heranpfiff nicht reagiert, interessiert ihn das Futter offensichtlich mehr als das Kommen. Folglich müssen Sie ihm dieses Interesse verleiden. Ich benutze dazu mit Erfolg die Schreckbüchse (s. Seite 199).

Das gleiche können Sie üben, wenn Sie eine Katze oder ein Kaninchen in einen stabilen Käfig setzen. Jetzt können Sie, gegebenenfalls mit Anwendung des Teletaktgerätes, die Abrufentfernung beliebig steigern und das Verleitungsverhalten negativieren. Nach dem Impuls soll der Hund »Down« machen und nach dem erneuten Heranpfiff kommen. Vor allem dann, wenn Sie zuvor auf das Verleitungsverhalten negativ eingewirkt haben, muß der Empfang dafür um so freudiger sein. Das Herankommen muß der Hund, auch wenn er unfolgsam war, immer und immer wieder als das größte Vergnügen seines Hundedaseins erfahren.

Ob bei der Herandressur stärkere negative Einwirkungen auf das Verleitungsverhalten erforderlich sind, hängt vom Hundetyp ab. Bei der Mehrzahl meiner Hunde ist es mir gelungen, das Herankommen von früher Jugend an so zu verstärken, daß außer einem gelegentlichen »Pfui!« oder einem Donner mit der Schreckbüchse keine Schmerzeinwirkungen nötig waren. Bei den Kopfhundtypen aber reicht die positive Tätigkeitsabrichtung allein nicht aus. Doch sollte ein starkes Geschütz wie das Teletaktgerät bei

der Herandressur erst dann aufge-
fahren werden, wenn der Hund wenigstens 1½ Jahre alt ist und wenn
feststeht, daß alle anderen Methoden das sichere Herankommen nicht
herbeiführen können (s. Seite 200 f.).

**Bei jedem Herankommen
Freudenempfang**

Das allerwichtigste zum Thema
Motivation des Herankommens ist
jedoch in diesem Zusammenhang
noch nicht erwähnt: Sie müssen eine
Fehlmotivation vermeiden, die dadurch entsteht, daß Sie durch Kurz-
sichtigkeit und Unverstand das Herankommen negativieren. Das ist der
häufigste Fehler in der Hundeerziehung überhaupt: Der von einem unerlaubten Ausflug heimkehrende
Hund wird bestraft! Mit solchen
Maßnahmen verstoßen Sie gegen
den Grundsatz der Unmittelbarkeit
von Einwirkung und Verhalten. Damit wird jegliche Herandressur
zwecklos. Sie können nicht zugleich
bremsen und Gas geben. Dabei
macht es keinen Unterschied, ob der
Hund von einer Liebesparty heimkehrt oder ob er von einer unerlaubten Hasenhetze zurückkommt. Jede
Bestrafung des herankommenden
Hundes ist Unsinn! Jedem herankommenden Hund, gleichgültig woher er kommt, wird Freudenempfang zuteil.

»Bleib!« (ab 4. Lebensmonat)

Eines der wichtigsten Kommandos
zur Führung des Hundes ist das
»Bleib!«. Es bedeutet: »Du bleibst,
wo und wie du gerade bist!«, z. B. im
Wagen: Der Hund soll erst dann aussteigen, wenn Sie es ihm befehlen.
Wie schnell wird der wild heraus-
stürzende Hund ein Opfer des Ver-
kehrs. Oder er wird sogar Urheber
eines Unfalls. Er soll auch erst dann
einsteigen, wenn Sie es befehlen.
Sonst zwängen Sie sich im Streit mit
ihm in den Wagen! Auch hier heißt
es deshalb: »Bleib!« – und zwar
draußen.

Oder er soll auf »Bleib!« im Hause
»bleiben«, wenn Sie essen, sitzen-
»bleiben«, bis Sie ihn in Ruhe an der
Leine befestigt haben, bei Fuß »bleiben«, wenn Sie mit ihm spazierengehen.

*Das »Bleib!« ist ein Kommando, das Sie
neben dem »Komm!« im Alltag am häufigsten brauchen.*

Unerläßlich ist jedoch das »Bleib!« als Hilfskommando für die sogenannten Leistungen des Verharrens (s. Seite 194). »Ablegen!« z. B. heißt zunächst nicht mehr, als daß der Hund sich hinlegen soll. Soll er darüber hinaus liegen bleiben, empfehle ich unbedingt, das »Bleib!« anzuhängen, sobald er sich gelegt hat, also zu sagen: »Ablegen! – Bleib!«, »Sitz! – Bleib!« oder »Steh! – Bleib!«. Auf diese Weise wird das »Bleib!« immer mehr zu einem allgemeinen Kommando, die derzeitige Position nicht zu verändern.

Schließlich ist das »Bleib!« auch für die Abrichtung des Gebrauchshundes von Nutzen: Mit ihm bringen Sie z. B. den Vorstehhund zum Durchstehen. Sie können hierbei sogar die erregt wedelnde Rute mit »Bleib!« zum Erstarren bringen, denn »Bleib!« heißt für den Hund: »Keine Bewegung!«.

Während »Voran!« und »Heran!« Kommandos sind, die den Hund in Bewegung setzen, ihn mobilisieren sollen, ist das »Bleib!« das genaue Gegenteil. Wenn Sie seine Abrichtung verstehen wollen, bitte ich Sie nachzulesen, was ich über die Gefühlswelt des Hundes geschrieben habe (s. Seite 66ff.). Seine Gefühle schwanken zwischen den Polen Lust und Betroffenheit. Ausdruck der Lust ist Mobilität, Ausdruck der Betroffenheit ist Bewegungslosigkeit, Erstarrung, Verharren. Genau das wollen wir mit dem Kommando »Bleib!« erreichen. Wir müssen mit »Bleib!« ein Gefühl der Betroffenheit auslösen und aufrechterhalten.

Das »Bleib!« ist leicht abzurichten.

Sie verlangen vom Hund eine bestimmte Leistung – er soll einmal liegen, einmal sitzen, einmal stehen – und halten ein duftendes Bröckchen 20 cm vor seine Nase. Bei der kleinsten Bewegung in Richtung Bröckchen sagen Sie scharf, drohend und gedehnt: »Bleib!« Das halten Sie mit mehrfach wiederholtem Kommando gut eine Minute durch; dann geben Sie ihm das Bröckchen.

Das »Bleib!« üben Sie aber vor allem im Alltag, wann immer Sie die Möglichkeit haben, Ihren Hund in seine derzeitige Lage zu bannen. Der Hund will z. B., wenn Sie seine Zwingertür öffnen, ungestüm herausstürzen. In diesem Augenblick befehlen Sie energisch: »Bleib!« Versucht er, sich dennoch durch den geöffneten Türspalt hindurchzuzwängen, können Sie ihm dieses unerwünschte Verhalten leicht verleiden, indem Sie ihm, natürlich nur im Ansatz, die Nase einklemmen. Dabei rufen Sie: »Pfui! Was soll das? Bleib! Bleib!«

»Sitz!« (ab 5. Lebensmonat)

Der Hund soll lernen, sich auf »Sitz!« oder auf das Zeichen mit erhobenem Zeigefinger zu setzen. Ruhig sitzen soll er z. B., wenn Sie ihn anleinen; dabei wollen wir keinen Zappelphilipp. Auch soll er sitzen, bevor Sie ihn losschicken zum Apport, vor allem aber, wenn er das Apportl abliefert.

Herbeiführen

Das »Sitz!« üben Sie wie folgt: Der hungrige Hund wird am Dressurplatz an einen Haken angeleint. Ein Bröckchen Fleisch nehmen Sie in die Linke und zeigen es ihm. Er wird alles mögliche versuchen, um das Fleisch zu bekommen. Sie bleiben jedoch stumm und geben es ihm nicht.

Der angeleinte Hund versucht alles, um das Bröckchen zu bekommen.

Helfen Sie ihm bitte nicht, indem Sie ihn hinten herunterdrücken. Zu einem schnellen und nachhaltigen Lernprozeß des Hundes gehört, daß er selbst auf das richtige Verhalten kommt (erste Grundregel). Was Sie hier an Geduld aufbringen, holen Sie später sehr bald wieder ein. Irgendwann wird er bei seinen Versuchen, das Fleisch zu bekommen, resignieren und sich enttäuscht hinsetzen. In diesem Augenblick geben Sie ihm schnell das Fleisch.

Bald werden Sie merken, daß der Groschen immer schneller fällt; die Zahl der Fehlversuche wird geringer. Der Hund hat gelernt, daß es zwecklos ist, wild und wütend vor dem Fleisch hochzusteigen, daß er

sich hingegen nur hinsetzen muß, um schnell an sein Bröckchen heranzukommen.

Nach vielen vergeblichen Bemühungen setzt er sich schließlich resigniert hin. Jetzt geben Sie ihm das Bröckchen.

Verknüpfen

Jetzt sagen Sie, sobald er sich setzt, das Kommando und heben den rechten Zeigefinger. Das »Sitz!« wiederholen Sie mehrmals so lange, wie er sitzt. Auch halten Sie hierbei ständig den Zeigefinger achtunggebietend erhoben. Dabei können Sie, wenn der Hund tatsächlich eine kurze Zeit

Bald lernt er, daß er sich nur zu setzen braucht, um das Fleisch zu bekommen. Während er sich setzt, sagen Sie mehrmals »Sitz!« und »Bleib!«. So erlernt er diese Befehle.

sitzen bleibt, als weiteres Kommando das »Bleib!« ins Spiel bringen: »Sitz! So recht, bleib, sitz, bleib!« Möglichst bevor er schließlich aufsteht, wird er gelobt und geliebelt.

Jetzt geht die Abrichtung schnell voran. Innerhalb von wenigen Minuten können Sie 20- bis 30mal das erwünschte Verhalten durch ein Fleischbröckchen hervorlocken und jedesmal mehrmals mit Ihrem Laut- und Sichtzeichen (»Sitz!«... »Bleib!« und dem erhobenen Zeigefinger) verbinden. Dabei verknüpft der Hund in seinem Gedächtnis die wahrgenommenen Zeichen (Ihre Kommandos) mit dem von Ihnen gewünschten Verhalten (dem Sichsetzen). Diese für die Abrichtung notwendige Verknüpfung ist vollzogen, wenn der Hund sich setzt, sobald Sie «Sitz!« kommandiert oder den Zeigefinger erhoben haben.

Beim Beginn der Abrichtung folgte Ihr Kommando dem erwünschten Verhalten des Hundes, nachdem Sie es durch das Vorhalten eines Fleischbröckchens hervorgelockt hatten. Jetzt ist es umgekehrt: Das erwünschte Verhalten folgt Ihrem Kommando. Der Hund hat gelernt, auf Ihr Kommando richtig zu reagieren.

Motivieren

Wenn Sie feststellen, daß der Lernprozeß des Hundes so weit fortgeschritten ist, müssen Sie die Abrichtetechnik ändern: Jetzt bekommt der Hund erst dann und nur dann sein Bröckchen, wenn er auf Ihren Befehl hin in der gewünschten Weise reagiert, d. h., er muß auf »Sitz!« oder auf den erhobenen Zeigefinger hin brav und prompt in Sitzstellung gehen und hinreichend lange verharren, bis Sie ihn durch »Komm!« oder »Voran!« hieraus entlassen.

»Bei Fuß!«
(ab 6. Lebensmonat)

Sowohl an der Leine wie auch unangeleint, also frei bei Fuß, soll der korrekt abgerichtete Hund ruhig an der linken Seite seines Herrn gehen.

Er soll dabei mit den Vorderläufen auf gleicher Höhe bleiben wie sein Herr und Hindernisse, Bäume, Sträucher an der gleichen Seite umgehen.

Beim Üben des Bei-Fuß-Gehens nehmen Sie die Leine in die rechte

Zum Üben kommt die Leine in die rechte Hand, ein Bröckchen, um den Hund bei Fuß zu halten, in die linke.

Hand. Sie soll dem Hund viel Spielraum geben. Denn der Hund soll von sich aus bei Fuß gehen und nicht durch die kurzgehaltene Leine dazu gezwungen werden. In der linken Hand halten Sie ein Bröckchen. Wenn Sie losgehen, soll der Hund das Bröckchen sehen oder riechen. Aber er bekommt es erst, wenn er die vorgeschriebene Position eingenommen hat. In diesem Moment sagen Sie mehrmals freundlich »Bei Fuß, so recht, bei Fuß, bei Fuß!« und geben ihm das Bröckchen.

Nun dürfen Sie aber nicht stur geradeaus gehen. Sie müssen sich vielmehr ständig nach links oder rechts drehen. Vor allem, wenn Ihr Schüler zum Vorpreschen neigt, gehen Sie bevorzugt links herum. Dabei können Sie ihm ruhig einmal sanft auf die Pfoten treten; er unterläßt dann das zügellose Vorlaufen und Zerren.

Neigt er hingegen zum Zurückbleiben, gehen Sie häufiger rechts

Prescht er vor, drehen Sie nach links und treten ihm auf die Pfoten.

herum. Dabei locken Sie ihn mit dem Futter immer wieder heran. Sobald er ruhig neben Ihnen geht, vergessen Sie bitte nicht das wiederholte »Bei Fuß!« und das obligatorische Bröckchen.

Bleibt er zurück, drehen Sie nach rechts und locken mit Futter.

Wenn das Gehen an der Leine klappt, versuchen Sie es einmal unangeleint. Dabei zeigen Sie sich mit den Belobigungshäppchen etwas spendabler. Vielleicht tragen Sie – und das ist ein sehr wirksamer Trick – einige Minuten lang, bevor Sie ihn füttern, die ganze Futterschüssel vor ihm spazieren. Er darf mal schnuppern, vielleicht auch mal ein Häppchen probieren; aber dann geht es weiter. Und dabei wiederholen Sie ununterbrochen im freundlichsten Ton: »So recht, bei Fuß, Fuß, Fuß, Fuß, so recht, bleib, bei Fuß, Fuß!« usw.

Bleibt der Hund brav neben Ihnen, ohne vorzupreschen, zu zerren oder

Hinter der gefüllten Futterschüssel bleibt er brav bei Fuß – auch ohne Leine.

zurückzubleiben, üben Sie das Umgehen von Hindernissen.

Der ungeübte Hund weiß natürlich nicht, wie er das Hindernis umgehen muß; er läuft geradeaus.

Lassen Sie ihn ruhig sich festlaufen. Sie können dabei auch einmal etwas unsanft seinen Kopf gegen das Hindernis ziehen. Er soll merken, daß es für ihn unangenehm ist, Bäume etc. an der falschen Seite zu umgehen. Dann locken Sie ihn mit einem Fleischbröckchen in die korrekte Richtung. Kommt er herum, geben Sie ihm das Fleisch und loben ihn.

Gewöhnlich begreift der Hund nach 5–10 Übungen, was er zu tun hat. Auch wenn Sie ihn verführen, links vorbeizugehen: Sobald er das Hindernis sieht, saust er flugs an Ihre Seite.

Zum Schluß noch ein Trick für »professionals«: Immer, wenn Sie stehenbleiben, sagen Sie »Sitz!«. Sobald der Hund sich setzt, gibt es ein Extrabröckchen. So verknüpft er: »Bleibt mein Herr stehen, setze ich mich und bekomme ein Bröckchen.« Nach einer gewissen Zeit können Sie sich das Kommando »Sitz!« sparen: Der Hund setzt sich immer dann automatisch hin, sobald Sie stehenbleiben.

So ist es richtig: Ein Hindernis muß der Hund an Ihrer Seite passieren ...

... sonst wird es problematisch.

»Ablegen!«
(ab 7. Lebensmonat)

Sie haben Ihrem Hund immer, wenn Sie ihn an seinen Platz brachten oder wenn er sich von selbst irgendwo hinlegte, »Ablegen!« zugerufen. So hat er dieses Kommando erlernt. Das üben Sie jetzt systematisch, wenn Sie das »Bei Fuß!« abrichten. Wenn der Hund hierbei korrekt neben Ihnen geht und hierfür sein Bröckchen bekommen hat, bleiben Sie stehen und sagen: »Sitz!« Das bringt ihm ein zweites Häppchen ein. Jetzt befehlen Sie: »Ablegen!« Der Hund legt sich hin und bekommt wieder ein Bröckchen. So lange war alles tiefer Frieden! Jetzt aber werden Sie energisch und kommandieren barsch: »Bleib!«

Beim Ablegenüben wird die Stimmung betont frostig.

Die Strenge Ihrer Stimme und Ihre zornige Gebärde bewirken, daß der Hund liegen bleibt. Sein Gemütszustand schlägt von freudig-heiter auf betroffen-angstvoll um. Die Rute verklemmt sich. Er wagt nicht, sich zu rühren. Sie müssen daher Ihre drohende Haltung aufrechterhalten und dürfen ihn nicht etwa für das folgsame Liegenbleiben loben (Prinzip der Aufrechterhaltung der Drohung). Dabei entfernen Sie sich mit Blick zum Hund unter ständigem »Bleib, pfui, bleib!« langsam von ihm.

Dann erst, nachdem Sie langsam und unbemerkt ein Bröckchen aus der Tasche geholt haben, lösen Sie mit einem freundlichen »Na komm!« die Spannung. Und dann: Freudenempfang.

Es wäre bei einem so jungen Hund wirklich verfehlt, jetzt schon das Ablegen über Gebühr auszudehnen. Bitte, steigern Sie daher die Zeitdauer des Liegenlassens nur langsam. Aber Sie können den Schwierigkeitsgrad erhöhen, indem Sie sich

Auch wenn Sie sich langsam entfernen, verharren Sie in drohender Haltung.

für kurze Zeit unsichtbar machen. Sie müssen dabei aber sein Hinterteil im Auge behalten. Sobald er sich rührt, um aufzustehen, treten Sie drohend mit »Pfui, bleib!« in Erscheinung, so daß er erschreckt wieder zu Boden geht.

Wenn sich Schwierigkeiten ergeben, üben Sie mit dem angeleinten Hund. Das Ablegen kommandieren Sie an einer Stelle, an der sich zum Festmachen der Leine ein Haken, Pfahl oder Ast befindet. So verhindern Sie, daß der aufgestandene Hund sich Ihrer Einwirkung entzieht.

Seine Platzfestigkeit testen Sie, indem Sie mehrmals um ihn herum gehen und über ihn hinwegsteigen, ihn vielleicht auch ab und zu von hinten schubsen.

Sollte er sich bei einer solchen Gelegenheit erheben, reißen Sie den Arm hoch und zwingen ihn mit einem lauten »Pfui!« wieder zu Boden.

»Down!«, »Halt!«, »Platz!« (ab 8. Lebensmonat)

Im Gegensatz zum Ablegen, das ein gemächliches Sichhinlegen ist (»Ja, ja, ich leg' mich ja schon hin!!«) ist das »Down« (manche sagen lieber »Halt« oder »Platz«) eine Flucht- oder Schutzreaktion, die sehr schnell erfolgen muß. Auf Kommando »Down!«, auf Trillerpfiff und auf Hochheben des Armes muß sich der Hund wie vom Blitz getroffen platt auf den Boden werfen, wo immer er gerade geht und steht. Diese Übung ist, vor allem bei größeren Hunden, sehr wichtig: Denn mit dem »Down« haben Sie Ihren Hund immer in der Hand. Ich nenne das »Down« daher auch die »akustische lange Leine«.

Zum Üben des »Down« gehen Sie am besten wie folgt vor: Sie verstecken eine fest zu einer Wurst aufgerollte und mit einem Gummi gehaltene Zeitung unter Ihrer Jacke. Mit dem angeleinten Hund machen Sie zuerst einige Schritte. Dann bleiben Sie stehen und befehlen: »Ablegen!«. Der Hund hat dieses Kommando inzwischen erlernt und wird wie üblich langsam anfangen, sich hinzulegen. Dem helfen Sie nun plötzlich und unerwartet nach, indem Sie schnell die Zeitung herausholen und ihm mit einem herben »Down!« einen laut klatschenden Hieb auf den Rücken versetzen.

Da er angeleint ist, wird er sich daraufhin erschreckt auf den Boden werfen. Nun darf ihm, obwohl die Stimmung frostig bleiben muß (Prinzip der Aufrechterhaltung der Drohung), keine Unbill mehr widerfahren: Platt mit dem Körper und dem Kopf auf dem Boden liegen, bedeutet absolute Sicherheit auch gegen den Zorn des Herrn!

Manche sagen, der Kopf brauche nicht auf den Boden. Nun gut, der Hund kann durchaus auch erhobenen Hauptes platt auf dem Boden liegen. Mir geht es hier nicht um Unterwürfigkeit. Mir geht es darum, daß der Hund bestimmte Verhaltensformen in Abhängigkeit von bestimmten Kommandos erlernt. Für mich bedeutet dabei »Ablegen« das gemächliche Sichhinlegen mit erhobenem Kopf, »Down« hingegen das blitzartige und absolute Sich-auf-den-Boden-Werfen einschließlich Kopf. Kommando und erwünschtes Verhalten muß jeder Abrichter jedoch selbst bestimmen.

Üben Sie bei »Down« immer die drei Kommandos gleichzeitig. Das barsche Wort »Down!«, dazu (am besten gleich danach) den Trillerpfiff, den Sie später unbedingt brauchen, um den Hund auf weite Entfernung zu beherrschen, und das Hochheben des Armes – je höher, desto besser. Mit der Zeit erlernt der Hund das »Down« auf jeden dieser Laute und auf jedes dieser Zeichen für sich allein. Das »Down« ist übrigens die

einzige Übung (!), die sie bei einem schwer erziehbaren Hund, z. B. einem allzu passionierten Hetzer, mit dem Teletaktgerät durchsetzen können. Der Hund muß aber mindestens ein Jahr alt sein.

Stehen (ab 9. Lebensmonat)

Herbeiführen

Nicht nur das »Voran« üben Sie mit der Angel, sondern auch dessen Gegenteil, das Vorstehen. Liegt nämlich der Köder einmal still, vielleicht etwas verdeckt, wird der Hund an ihn heranschleichen wie eine Katze. Der Jagdhund »steht vor«.

Mit dem Kommando »Down« (Trillerpfiff) beherrschen Sie den Hund auch auf weite Entfernung.

Verknüpfen

Wenn Sie das beobachten, haben Sie die Möglichkeit, das Spiel mit der Angel zu weiteren Übungen zu nutzen: Sie rufen, sobald er zögernd stehenbleibt, energisch »Steh!« und »Bleib!«.

Dabei heben Sie den rechten Arm und machen sich auf diese Weise so groß wie möglich. Verwundert über Ihr Verhalten wird der Hund wie angewurzelt stehenbleiben.

Motivieren

Nun gehen Sie mit erhobenem Arm langsam auf den erstaunten Schüler zu, indem Sie ständig wiederholen:

»Steh! So recht, bleib, steh!« Bei ihm angekommen, warten Sie noch einige Sekunden. Bleibt er weiterhin ruhig stehen, geben Sie ihm schnell ein Bröckchen und befehlen: »Voran!«.

Schwimmen
(ab 10. Lebensmonat)

Schwimmen ist für den Hund nicht nur sehr gesund und erfrischend, sondern auch eines der herrlichsten Vergnügen. Auch als Besitzer eines Haushundes erweisen Sie daher ihrem Hund einen Dienst, wenn Sie ihn an das Wasser gewöhnen und häufig schwimmen lassen.

Der Hund erlernt das Schwimmen entweder mit dem Bringen oder mit der Angel. In beiden Fällen brau-

Daneben ist die Angel ein bewährtes Mittel, um ihm das feuchte Element vertraut zu machen.

chen Sie ein Wasser, das langsam tiefer wird und möglichst klar ist. Ist Ihr Hund ein freudiger Apporteur, und das sollte eigentlich jeder 10 Monate alte Hund sein, dann macht es ihm gar nichts aus, das Apportl auch dann zu holen, wenn es zufällig einmal in seichtes Wasser gefallen ist.

Das gibt dann ein Sonderhäppchen. Zweimal fällt das Apportierholz nun ins Grüne, dann aber wieder ins Wasser, ein bißchen weiter natürlich. Ich glaube, lieber Leser, ich kann mir weitere Ausführungen ersparen. Sie wissen selbst schon, was nun folgt:

Nach dem Prinzip der kleinen Schritte fällt das Holz zufällig in immer tieferes Wasser, bis der Hund es nur schwimmend erreichen kann. In der Tat: Ich habe noch keinen Hund erlebt, der so nicht das Schwimmen »erlernt« hätte.

Oder Sie binden sein Lieblingsapportl oder eine Kunststoffente als Köder an die Angel, ziehen sich Gummistiefel an oder benutzen einen Steg, der langsam ins tiefe Wasser führt. Die Jagd nach dem Köder beginnt natürlich wie gewohnt auf dem Land, streift aber wie zufällig den Rand des Wassers. Natürlich geschieht das an einem warmen Sommertag. Der hetzende Hund merkt gar nichts von dem Wechsel der Elemente.

Ganz langsam geht es so immer mehr ins Tiefe. Vor allem, wenn der Hund den Boden unter den Füßen verliert, dürfen Sie nur behutsam weitergehen. Lieber kehren Sie wieder mit ihm zurück an Land.

Am besten gehen Sie selbst mit ihm hinein.

Es gibt noch einen dritten Weg: Sie gehen selbst mit ihm ins Wasser! Auch hierbei müssen Sie jedoch in gleicher Weise vorgehen: Sie müssen mit ihrem Hund zuerst im seichten Wasser bleiben. Halten Sie ihm ein Bröckchen oder die ganze Futterschüssel voller Leckerbissen vor die Nase. Erst nach und nach wird das Wasser tiefer. Ihr Hund wird Ihnen ganz bestimmt folgen.

Beim gemeinsamen Schwimmen bitte Vorsicht: Die munter paddelnden Pfoten haben scharfe Krallen. Halten Sie sich den Hund vom Leibe.

Springen
(ab 11. Lebensmonat)

Viel Spaß macht Ihnen und Ihrem Hund die Abrichtung des Springens, da diese Übung dem Bewegungsdrang des Tieres besonders gerecht wird.

Am besten können Sie das Springen üben, wenn Sie ein Gartentörchen haben. Sie besorgen sich einige billige Bretter, die 20 cm länger sein müssen als die Toröffnung, öffnen das Tor und schlagen auf der gegenüberliegenden Seite der Pfosten zwei ca. 1,50 m lange Dachlatten in den Boden. Deren Abstand von den beiden Pfosten muß etwas größer sein als die Bretter stark sind.

Für das Üben des Springens gibt es drei Methoden: Die einfachste ist, selbst mit dem angeleinten Hund über das Hindernis zu steigen. Auf keinen Fall dürfen Sie Zwang ausüben, indem Sie an der Leine ziehen. Der Hund muß ganz von selbst springen. Nehmen Sie anfangs nur ein Brett, dann eine ganze Zeitlang zwei. Immer, wenn der Hund gerade abspringt, sagen Sie »hopphopp!«. Drüben gibt es sofort ein Bröckchen.

Wenn Ihr Hund sicher ist im Bringen, können Sie das Springen kom-

Auch das Springen lernt der Hund im Zusammenhang mit Bringübungen.

biniert mit dem Bringen üben. Der Hund wird angeleint vor das Hindernis geführt. Vor seinen Augen werfen Sie das Lieblingsapportl hinüber, schnallen den Hund und rufen: »Voraus, Apport!« und im Augenblick des Abspringens wieder: »Hopphopp!« Auch wenn der Hund mit dem Apportl im Fang zum Sprung ansetzt, geben Sie das gleiche Kommando. Mit dieser Übung wird das »Bringen über Hindernis« vorbereitet.

Letzthin können Sie jedoch nicht auf das selbständige Üben des Springens verzichten. Dazu bewaffnen Sie sich mit einem Eimerchen voll Bröckchen, halten den Hund am Halsband fest und werfen ein Bröckchen vor den Augen des Schülers über das zunächst niedrige Hindernis. Dann lassen Sie ihn los. Beim Absprung heißt es wieder: »Hopphopp!«. Ebenso, wenn er zum Rücksprung ansetzt. Dafür gibt es auch hier ein Bröckchen.

Nur langsam erhöhen Sie das Hindernis. Brechen Sie aber sofort die Übung ab, wenn Sie feststellen, daß der Hund sich nicht mehr freudig zum Springen bereitfindet. Auch absolute Höchstleistungen bis hin zum Klettersprung über die hohe Wand können Sie nur erreichen, wenn Sie den Hund für diese Übung immer mehr begeistern (passionieren). Der Aufbau dieser Motivation kann empfindlich gestört werden, wenn Sie Ihre Anforderungen vorschnell zu hoch schrauben.

Unterlassungsabrichtung

Rückblick auf die Tätigkeitsabrichtung

Im Vordergrund der Dressur des Hundes stehen die sogenannten Tätigkeitsleistungen. Bei ihnen geht es darum, dem Hund etwas beizubringen, Tätigkeiten also wie Pfötchengeben, Männchenmachen bis hin zum Apportieren, Totverbellen oder zur Mann- und Rettungsarbeit des Schutzhundes. Mit Tätigkeitsdressuren haben wir uns bisher ausschließlich beschäftigt. Sie werden alle, ausnahmslos, nach dem gleichen Schema eingeübt, nämlich durch systematische Dreistufenabrichtung. Herbeiführen der Leistungshandlung durch Triebnutzung, Verknüpfung der Leistungshandlung mit dem Befehl und Passionierung der korrekten Ausführung des Befehls durch Verstärken der Leistungshandlung – das ist die Schrittfolge, in der sich, dem Erzieher bewußt oder unbewußt, jede Art der Tätigkeitssabrichtung vollzieht.

Tun und Unterlassen

Nun aber verlangen wir von unserem Hund auch Leistungen, die das Gegenteil einer Tätigkeit darstellen, nämlich ein Unterlassen. Er soll etwas nicht tun, was er zwar tun möchte, was von uns aber nicht ge-wünscht wird. Der Hund soll nicht beißen, stubenrein sein, Hasen nicht hetzen, von Fremden kein Futter nehmen u. v. m. Da er hierbei von ihm vielleicht sehr geschätzte Tätigkeiten nur deshalb unterlassen muß, weil wir es wünschen, können wir ohne Zweifel von »Unterlassungsleistungen«, Verhaltensformen im Dienste oder im Sinne des Menschen, sprechen und diese den Tätigkeitsleistungen, erwünschten Handlungen auf Befehl, gegenüberstellen.

Vorzeichengerecht einwirken

Grundsätzlich führt der Hund ein bestimmtes Verhalten nur aus, wenn es ihm Spaß macht, wenn es in seinem Gedächtnis mit guten Erinnerungen verknüpft ist. Niemals, auch wenn es uns manchmal so scheinen mag, tut er etwas aus Angst vor Strafe.

Umgekehrt unterläßt der Hund ein bestimmtes Verhalten, wenn es in seiner Erinnerung mit Unannehmlichkeiten, Schrecken, Schmerz, Zeter und Mordio und sonstigem Hundedonner verknüpft wurde.

Daraus folgt: Wollen Sie, daß der Hund ein bestimmtes Verhalten erlernt, dann müssen Sie ihm dieses Verhalten so erfolgreich und lustvoll wie möglich machen. Sie müssen alles vermeiden, was ihn erschrekken könnte. Sie dürfen auf ein Tun, ein erwünschtes positives Verhalten, nur positiv einwirken. Wollen Sie hingegen, daß der Hund ein bestimmtes Verhalten in Zukunft unterläßt, so müssen Sie ihm dieses Verhalten verleiden. Sie müssen es in seinem Gedächtnis mit Unannehmlichkeiten aller Art, Schrecken, Schmerz, Angst usw. verknüpfen. Auf ein unerwünschtes Tun müssen Sie negativ einwirken.

Wollen Sie, daß der Hund etwas nicht tut (das ist eine Unterlassung, ein bestimmtes unterlassenes Tun), müssen Sie negativ auf ihn einwirken.

Tätigkeits- und Unterlassungsleistungen sind also Gegensätze wie Wasser und Feuer und haben auch genau entgegengesetzte Abrichtemethoden. Wer sie nicht genau unterscheidet (und das passiert leicht!), läuft Gefahr, daß die Erziehung das genaue Gegenteil von dem bewirkt, was sie bewirken soll. Ich behaupte, daß dies z. B. bei der Herandressur 9 von 10 Hunden so widerfährt. Wenn Sie den in wohlberechneter Distanz der Dinge harrenden, in Ihren Augen jedenfalls unfolgsamen und starrköpfigen Schüler anbrüllen, wenn Sie ihn durch laute Drohungen erschrecken und einschüchtern, wird er so leicht nicht zu bewegen sein, freudig und schnell zu Ihnen zu kommen.

Was sind Unterlassungsleistungen?

Das bedeutet: Sie müssen genau unterscheiden, ob das jeweilige Ziel Ihrer Dressur ein Tun oder ein Unterlassen ist. Das klingt einfacher als es ist. Wenn der Hund z. B. kein Futter aufnimmt, »tut« er ja etwas; er lehnt die Futteraufnahme ab. Und dieses Tun erfordert gewiß eine Menge Disziplin.

Eine Tätigkeitsleistung des Hundes liegt jedoch nur dann vor, wenn der Hund sich zuverlässig aus vielen möglichen Verhaltensformen für eine bestimmte, von uns befohlene entscheidet, die ein aktives Tun betrifft. Beim Herbeiruf z. B. hat der Hund viele Handlungsmöglichkeiten. Eine aber erwarten wir von ihm, und diese betrifft ein Tun. Das Herankommen ist folglich eine Tätigkeitsleistung.

Eine Unterlassungsleistung hingegen liegt vor, wenn der Hund trotz möglicherweise starker Verleitung sich zuverlässig dafür entscheidet, ein uns unerwünschtes Verhalten nicht zu tun. Einfacher ausgedrückt: Alles darf er tun, aber etwas Bestimmtes darf er nicht tun. Im genannten Beispiel darf er sich hinlegen, sich abwenden, er darf bellen, knurren, scharren und Männchen machen, aber er darf nicht das Futter nehmen. Das Ablehnen der Futteraufnahme ist folglich eine Unterlassungsleistung.

Die Theorie der Unterlassungsleistungen

Wie der Hund, auf sich allein gestellt, Unterlassungsleistungen erlernt, demonstriert auf eindringliche Art das Ofenplattenbeispiel: Ein wissenshungriger junger Hund versucht, den auf dem Ofen schmorenden Braten einer Inspektion zu unterziehen! Dieses Unterfangen endet für ihn höchst unangenehm. Obwohl wir ein praktisches Experiment dieser Art unserem Liebling ersparen, dürfen wir für unsere weiteren Überlegungen von der Gewißheit ausgehen, daß dieser Hund auf dem Herd nicht ein zweites Mal nach einem Braten sucht.

Warum nicht? Weil schon sein erster Versuch ihm drastisch verleidet

Das Opfenplattenbeispiel: Gebranntes Kind scheut Feuer!

wurde. Mag auch fernerhin der duftende Braten noch so anregende Impulse aussenden – mit dem Verhalten »Ich steige auf den Ofen« bleiben derart negative Erfahrungen verbunden, daß der Hund es für immer unterläßt, dieses Tun zu wiederholen. Man könnte auch sagen, daß sich durch den erlittenen Schmerz ein Angstkomplex gebildet hat, der fortan sowohl mit dem duftenden Braten als Auslöser als auch mit dem »diebischen« Verhalten selbst verknüpft bleibt.

Auch wenn wir grundsätzlich auf Schmerzeinwirkung verzichten und diese durch schreckhafte Einwirkung ersetzen, folgt jede Art von Unterlassungsabrichtung diesem Beispiel.

Müssen wir überhaupt negativ einwirken?

Warum geht es nicht anders? Wie wir den folgsamen Hund für ein erwünschtes Tun begeistern, indem wir es durch Lob und Futter verstärken, könnten wir doch genauso ein erwünschtes Unterlassen durch Belobigung statt durch Schreck oder Schmerz erreichen?

Wäre dies möglich, so könnten wir in der Tat unsere Hunde ausschließlich durch positive Beeinflussung abrichten. Wir könnten, wie bei der Tätigkeitsabrichtung, immer nur das erwünschte Verhalten, also auch das erwünschte Unterlassen belohnen. Für das unter Peitsche und Koralle Jahrtausende hindurch geplagte Hundegeschlecht könnte ein Zeitalter völlig ungetrübter Daseinsfreude beginnen.

Leider kann auch die positive Abrichtelehre ihm hierzu nicht verhelfen. Der Hund hat nur positive Handlungseinfälle, solche also, die ein Tun betreffen, z. B. »zum Herrn laufen«. Er kann nicht in der Negation denken, da er nur selbst erlebtes Verhalten behalten und verknüpfen kann.

Sieht er z. B. einen flüchtenden Hasen, hat er den positiven, ein Tun betreffenden Handlungseinfall »Den Hasen hetze ich!«. Diesen Einfall kann er ausführen oder unterlassen. Negative Handlungseinfälle von der Art »Den Hasen hetze ich nicht« sind für ihn »undenkbar«.

Ob der stets positive Handlungseinfall ausgeführt wird, entscheidet eine andere Instanz: Das mit ihm verknüpfte Gefühlspotential. Ist dieses positiv, wird der Handlungseinfall ausgeführt. Ist es dagegen negativ, unterbleibt das dem Hund eingefallene Verhalten. Das negative Gefühlspotential hemmt das als Möglichkeit bewußt gewordene Verhalten; es kann nicht ausgeführt werden. Unterlassen ist für den Hund ein nicht verwirklichtes Tun. Das Gute ist für ihn also wirklich »das Böse, das man läßt«.

Weil der Hund keine negativen Handlungseinfälle hat, können wir ein erwünschtes Unterlassen nicht positiv bestärken. Wir können nur eines: Das unerwünschte Tun verleiden. Wir können ihm nicht sagen: »Das sollst du tun und das nicht!« Wir müssen ihn das eine wie das andere tun lassen, ihn beim einen Tun ermuntern, ihm das andere Tun verleiden. Wir können deshalb bei der Unterlassungsabrichtung auf negative Einwirkungen (Erschrecken, ggf. Schmerz) bedauerlicherweise auch beim besten Willen nicht verzichten.

Ein Unterlassen kann man nicht belobigen!

Das wird auch durch folgende Story deutlich, die bestimmt schon viele Leser in ähnlicher Form erlebt haben: Sie und Ihr Hund sehen im Gelände einen Hasen. Es gelingt Ihnen, den Hund durch »Down!« und »Bleib!« zu halten. Zitternd und bebend folgen seine Blicke dem herrlichen Hetzobjekt. Sie denken: »Da schau, ein guter Hund! Er gehorcht! Er folgt meinem Befehl, nicht zu hetzen, obwohl er zu gerne hetzen möchte. Für dieses Nichttun muß ich ihn loben!« Sie loben ihn, und was geschieht? – Im gleichen Moment rast er los und ist durch nichts zu halten. Erklärung: Zunächst hetzt er nicht, weil Sie durch Unterlassungsabrichtung für das Hetzen ein negatives Gefühlspotential aufgebaut haben, das dieses Verhalten hemmt und verhindert. Durch das drohende »Down!« und »Bleib!« hielten Sie diese Hemmung aufrecht. Im Augenblick des Lobes aber hoben Sie selbst sie auf. Die Hetze war die notwendige Folge (Grundsatz der Aufrechterhaltung der Drohung s. Seite 194). Sie dürfen bei einem erwünschten Unterlassen nie positiv einwirken.

Der Hund ist weder gut noch böse

Bitte bedenken Sie bei der Erziehung Ihres Lieblings ein Weiteres: Für den Hund selbst, d. h. aus seiner Sicht, gibt es kein gutes oder böses Verhalten. Er hat weder Moral noch Gewissen, weder Gehorsam noch Flegelhaftigkeit, weder Verantwortung noch Pflichtgefühl. Hätte er die Fähigkeit, ungehorsam zu sein, wäre er kein Hund, sondern ein Mensch. Es ist zwar häufig so, daß er Ihren Befehlen nicht folgt. Dann haben Sie ihn nicht richtig oder nicht vollständig abgerichtet. Für ihn gibt es Verhaltensformen, die er liebt und daher gerne wiederholt, und andere, die er nicht liebt oder gar fürchtet, weil er sie mehrmals als unerfreulich

Der Hund ist weder gut noch böse. Selbst wenn es einmal unvermeidlich ist, ihn hart anzufassen, z. B. weil er Sie anknurrt oder gar bissig wird, ist dies keine Strafe; es geht nur darum, ihm ein solches Verhalten zu verleiden.

erlebt hat, und die er daher tunlichst unterläßt. Mehr ist beim Hund nicht drin. Lust auf der einen und Furcht auf der anderen Seite sind die gegensätzlichen und einzigen Motive seines Handelns. Es kann nun sein, daß diejenigen Verhaltensformen, die der Hund liebt, zugleich (und vielleicht zufällig) in Ihrem Sinne die erwünschten Verhaltensformen sind. Dann haben Sie einen wohlerzogenen Hund. Aber das muß nicht so sein. Es können gerade – in Ihrem Sinne – die schlimmsten Unarten sein, die ihm in seiner animalischen Naivität besonders Spaß machen, weil er sie wiederholt als schön und kurzweilig erlebt hat. Wenn es Ihnen also nicht gelungen ist zu verhindern, daß Ihr Hund an Handlungen Gefallen findet, die Ihnen mißfallen, so ist zwar nicht alles verloren, und Ihr Hund ist deshalb noch lange kein notorischer Bösewicht. Aber Sie müssen ihm eine Abgewöhnungskur verschreiben, und zwar je eher und je gründlicher, desto besser. Jetzt müssen Sie systematische Unterlassungsabrichtung betreiben.

Unterlassungsabrichtung ist einstufig

Verglichen mit der Tätigkeitsabrichtung ist die Unterlassungsabrichtung wesentlich einfacher: Das unerwünschte Verhalten brauchen Sie nicht erst herbeizuführen; der Hund macht es von sich aus, leider! Und Sie brauchen es auch nicht mit einem Befehl zu verknüpfen; er stiehlt die Wurst auch, wenn Sie es nicht befehlen. Es entfallen also die beiden ersten Abrichtestufen; die Unterlassungsdressur ist einstufig.

Und zwar bleibt nur die dritte Stufe, der systematische Aufbau einer Hemmungsreaktion, die der Motivierung bei der Tätigkeitsabrichtung entspricht. So wird das unerwünschte Verhalten verleidet. Wir wissen, daß zum Zustandekommen einer Handlung, z. B. einer unerwünschten Hetze, drei Faktoren erforderlich sind: der Auslöser (der flüchtende Hase), der Handlungseinfall (»den fange ich«) und das Motiv (»Hetzen macht Spaß«). Wenn das Motiv fehlt, fehlt der Antrieb zum Handeln; der Handlungseinfall kommt nicht zur Ausführung. Sind aber durch unerfreuliche Erlebnisse in der Vergangenheit darüber hinaus mit dem Handlungseinfall (»den fange ich«) negative Gefühle verknüpft (»Hetzen tut weh«), fehlt es nicht nur am Antrieb zum Handeln, das mögliche Tun wird jetzt sogar blockiert. Auf den Handlungsimpuls hin bilden Handlungseinfall und Angstkomplex zusammen eine Hemmungsreaktion. Statt auslösender Anweisungen gehen jetzt hemmende Impulse vom Gehirn an die Muskulatur.

Arten von Unterlassungsleistungen

Das Kapitel »Unterlassungsabrichtung« steht hier für einen Abschnitt der Hundeerziehung, der in vielen kynologischen Lehrbüchern unter der Rubrik »Korrektur von Untugenden« zu finden ist. Solche Worte vermeide ich; es gibt aus der Sicht des Hundes weder Tugenden noch Untugenden, weder Gutes noch Böses. Es kann für ihn z. B. keine Untugend sein, wenn er einen Hasen hetzt. Unter Umständen verlangen wir es ja von ihm. Ein und dasselbe Verhalten kann nicht einmal eine Tugend, ein andermal eine Untugend sein. Es kommt nicht auf moralische Werte an, sondern auf die Frage, ob das jeweilige Verhalten des Tieres uns erwünscht oder unerwünscht ist.

Unterlassungsabrichtung ist das Verleiden uns unerwünschter Verhaltensformen des Hundes. Diese können angewölft sein; meistens aber sind sie angewöhnt oder anerzogen.

Vier Arten von Unterlassungsleistungen sind zu unterscheiden:

Erstens: Die Benimmleistungen

Ohne Benimmleistungen wäre das Zusammenleben des Hundes mit dem Menschen, also dessen Domestikation, undenkbar. Der Hund ist unser Haus-, Jagd- und Wehrgenosse. Häufig gilt er geradezu als Familienmitglied. Es genügt nicht, daß er aktiv für uns tätig wird. Voraussetzung hierzu ist, daß er sich einfügt, sich in der vornehmen Menschengesellschaft »benehmen« kann. Er muß lernen, nicht alles auszuführen, was ihm einfällt. Ihm ergeht es damit

nicht besser als uns. Auch wir müssen nicht nur lernen, wie man liest, schreibt und Geld verdient. Wir müssen uns zuallererst einfügen können in Familie, Gruppe und Gesellschaft, ein Vorgang, der auch im menschlichen Leben bisweilen mit harten und recht unerfreulichen Erfahrungen verbunden ist. Leider können wir sie auch unserem geliebten Hund nicht ersparen.

Zweitens: Unterlassungen bei Tätigkeitsleistungen

Die zweite Gruppe von Unterlassungsleistungen, die wir dem Hund abfordern, betrifft die Formen des Fehlverhaltens bei der Ausführung von Tätigkeitsleistungen: Beim ·Apportieren z. B. darf der Hund mit dem Apportl nicht auf und davon gehen. Das Apportierholz darf er, ebenso wie später das erlegte Wild, seinem Herrn nicht einfach vor die Füße werfen; das letztere könnte noch nicht verendet sein und sich davonmachen! Mit der Ente aus dem

Wasser kommend, darf er diese aus dem gleichen Grund nicht ablegen, um sich zu schütteln: Ente erst abgeben, dann schütteln! Das Huhn oder Kaninchen darf er nicht knautschen. Schon gar nicht, und damit wird es »kriminell«, darf er den zur Strecke gebrachten Hasen, statt ihn brav zu apportieren, »auf die hohe Kante legen« und vergraben. Gefundenes Schalenwild darf er nicht anschneiden usw. usw. Es ist schon ein beachtliches Sündenregister, dem der Jagdgebrauchshund erliegen kann.

Viele Unterlassungsleistungen dieser Art ergeben sich aus Verleitungen, denen der Hund ausgesetzt ist. Er sieht z. B. beim Herankommen eine Katze und folgt dieser Verleitung. Ziel der Unterlassungsabrichtung ist hier, dem Hund beizubringen, daß er bei Ausführung irgendeines Befehls jegliche Reaktionen auf Verleitungsimpulse unterlassen muß. Dazu muß einmal die befohlene Leistung für ihn reizvoller sein als die Verleitungshandlung. Zum anderen muß er erfahren, daß das Folgen einer Verleitung bei der Ausführung eines Befehls unerfreulich ist. Ein Hund, der das gelernt hat, ist ein gehorsamer Hund.

Natürlich gilt dies in erster Linie für die Profis unter den Hunden, also für Gebrauchshunde. Die Abrichtung geschieht durch schreckhafte Einwirkung, die im gleichen Augenblick erfolgen muß, in dem der Hund sich anschickt, der Verleitung zu folgen. Je nach der Aufgabenstellung kann der Einsatz eines Teletaktgerätes (s. Seite 200) hierbei unumgänglich, häufig eine Erleichterung sein.

Drittens: Unterlassungen bei den Leistungen des Verharrens

Verwandt mit der zweiten Gruppe, aber nicht mit ihr identisch, ist das nicht erlaubte Ausbrechen aus einer befohlenen Ruhestellung: Der abgelegte Hund darf nicht aufstehen. Auf »Bleib!« hat er dort zu verbleiben, wo er gerade ist. An der Leine darf er nicht aus der Position »Bei Fuß« voraneilen oder zurückbleiben. Der vorstehende Hund darf ohne Befehl nicht einspringen, der verbellende das Stück nicht verlassen.

Bei den Leistungen des Verharrens ist das Gehen in die gewünschte (Ruhe-)Stellung eine Tätigkeitsleistung, das In-dieser-Stellung-Bleiben, das Nichtausbrechen also, eine Unterlassungsleistung. Dies zu unterscheiden ist keine Haarspalterei, sondern für den Erfolg der Abrichtung entscheidend: Tätigkeits- und Unterlassungsabrichtung verlangen genau entgegengesetzte Einwirkungen. Wenn Sie nicht klar unterscheiden, wo die Tätigkeitsleistung aufhört und die Unterlassungsleistung beginnt, sind Sie schnell in Gefahr, genau das Gegenteil dessen zu tun, was richtig wäre.

Richtig ist, auf die Tätigkeitselemente der Leistung, also das Bei-Fuß-Gehen, das Sichhinlegen usw. lobend (positiv), auf die Unterlassungselemente, das Vorpreschen, Aufstehen usw. jedoch schreckhaft (negativ) einzuwirken. Genau in dem Augenblick, in dem der Hund sich anschickt, die befohlene Ruhestellung aufzugeben, muß die Einwirkung kommen.

Sie kann allerdings auch schon vorher, während der Ruhestellung, als Warnung (»Paß auf, Freundchen!«) in der Luft hängen. Ich nenne diese Regel den Grundsatz der Aufrechterhaltung der Drohung. Den abgelegten Hund dürfen Sie, weil er liegt und solange er liegt, nicht loben; er würde dies als Aufmunterung zum Aufstehen begreifen. Vielmehr muß die Drohung kommender Schrecken über ihm schweben, solange er liegen soll.

Viertens: Er darf auf Befehl

Die letzte Gruppe sind die befehlsabhängigen Unterlassungsleistungen, Tätigkeiten, die der Hund grundsätzlich unterlassen muß, die er aber auf Befehl seines Führers ausführen darf oder muß. Friedliche Mitmenschen muß der Schutzhund in Ruhe lassen, den Täter aber soll er auf Befehl verfolgen und stellen. Der Jagdhund muß reh- und hasenrein sein; die Wahrnehmung eines aus der Sasse fahrenden Hasen oder eines flüchtigen Rehs sollte für ihn geradezu ein Down-Kommando sein, genau wie der Schuß. Kommt aber nach angemessener Pause der Such-voran-Befehl des Jägers, so muß der Hund suchen, hetzen und bringen.

Die Beherrschung des Hundes in diesen Situationen gehört zu den schwierigsten Aufgaben der Abrichtung von Gebrauchshunden. Die angeborenen Triebkräfte sind oft sehr stark; es muß also je nach Veranlagung des Tieres ein beachtliches

Hemmungspotential aufgebaut werden. Dabei besteht bei hochpassionierten Hunden ebenso die Gefahr, daß nicht ausreichend und nicht konsequent genug durchdressiert wird, wie bei sensiblen Hunden, daß des Guten zuviel getan wird. Die nachfolgenden Grundregeln gelten für alle Arten von Unterlassungsleistungen.

Grundregeln der Unterlassungsabrichtung

Für die Unterlassungsabrichtung gilt folgende Grundregel: Wenn Sie Ihren Hund wiederholt durch Drohlaute oder andere Einwirkungen erschrecken, während er gerade etwas Unerlaubtes tut (noch besser: während er sich gerade anschickt, es zu tun), unterläßt er auf die Dauer dieses Ihnen unerwünschte Verhalten.

Das gilt uneingeschränkt. Will er in die Küche, in der Hunde grundsätzlich nichts zu suchen haben, brüllen Sie ihn an: »Pfui, was soll das?« und treiben ihn laut schimpfend hinaus. Er soll sich dabei gründlich erschrecken. Kläfft er beharrlich Fremde an, bitten Sie energisch um Ruhe. Klettert er auf Ihre Polstermöbel oder auf Ihr Bett, heißt es wieder »Pfui!«. Dabei werfen Sie ihn unsanft herunter. Nehmen Sie ruhig mal eine aufgerollte Zeitung zur Hilfe, die auf seinem Rücken laut knallt. Oder greifen Sie ihn wie einen Lausejungen in die Nackengegend und schütteln ihn, ebenfalls begleitet von einem barschen »Pfui!«.

»Das Bäumchen biegt sich...«

Für die Erziehung des Hundes sind die ersten 3–5 Monate entscheidend. In dieser Zeit zeigt der junge Hund die größte Lernbereitschaft (s. Seite 150). Was man in dieser Zeit dem »ach so niedlichen Kerlchen« nachsieht oder durchgehen läßt, ist später nur mit großen Mühen und oft nur mit unerfreulicher Härte wieder auszutreiben. Was der alte Hund nicht darf, darf der junge erst recht nicht!

Grundsatz des positiven Beginnens

Alle Dinge im Leben haben zwei Seiten, können daher auch von zwei Seiten her angegangen werden. Sie gehen z. B. mit dem angeleinten Hund auf eine Laterne zu, der Hund will links vorbei, Sie rechts, so gibt es zwei Möglichkeiten der Erziehung: Sie können das Linksvorbei verleiden und Sie können das Rechtsvorbei verschönern.

Bei der Unterlassungsabrichtung gilt der Grundsatz des positiven Beginnens: Sie müssen zuerst das Rechtsvorbei üben und verstärken, das Linksvorbei hingegen einfach verhindern. Das erwünschte Verhalten wird auf diese Weise vertraut, während das unerwünschte gefühlsneutral bleibt. Dann erst wird das unerwünschte Verhalten (u. U. mit Absicht) herbeigeführt und sofort durch ein Schreckerlebnis verleidet.

Durch Beachtung dieses Grundsatzes erreichen Sie nicht nur einen schnellen Erziehungserfolg; Sie vermeiden auch ein Gefühl der Frustration, das entsteht, wenn das Tier (menschlich ausgedrückt) »überhaupt nicht mehr weiß, was es soll«. Der Grundsatz des positiven Beginnens stellt sicher, daß der Hund immer weiß, wie er sich richtig, d. h. für ihn erfolgreich zu verhalten hat. Neues lernt sich immer leichter, wenn es sich in das Gefüge vorhandener Kenntnisse sinnvoll einfügt.

Wenn er Sie also anspringt, verhindern Sie das ohne Groll und loben und streicheln ihn, solange er alle Pfoten auf dem Boden hat. Kläfft er im Zwinger, weil er heraus will, gehen Sie hin und beruhigen ihn: schweigt er dann einige Zeit, loben Sie ihn und lassen ihn heraus. Will er in die Küche, verhindern Sie dies und geben ihm vor der Küchentür sein Bröckchen. Bettelt er bei Tisch, beachten Sie es nicht, geben ihm aber dafür nach Tisch sein Häppchen. Üben Sie sich in all diesen Fällen selbst in Geduld: Häufig kann es bei dem positiven Beginnen bleiben; Unterlassungsabrichtung wird nicht erforderlich.

Schreckeinwirkung ist nicht Strafe

Für das Bewußtsein des Abrichters ist es wichtig, daß er nicht in den Fehler verfällt, Schreckeinwirkung gleich Strafe zu setzen. Bestrafung setzt Verantwortlichkeit und Schuldbewußtsein auf seiten des Täters voraus. Von beidem kann beim Hund keine Rede sein. Wo es aber keine »böse Tat« geben kann, da kann auch nicht von Strafe gesprochen werden. Die heiße Ofenplatte straft den Hund ebensowenig wie der Elektrozaun das friedlich grasende Rindvieh.

Das ist nicht bloße Wortklauberei. Der strafende Abrichter unterlegt seinem Tun eine andere Qualität als sein Kollege, der ein unerwünschtes Verhalten negativ verstärkt. Bei ersterem ist etwas vom »Zorn der Götter« im Spiele, die, herausgefordert durch Niedertracht und Bosheit, mit Sturmesgewalt herniederfahren. Strafe hat Emotion. Die Schreckeinwirkung hingegen hat den Sinn, bestimmte uns unerwünschte Verhaltensformen zu verleiden. Das hat nichts mit Strafe zu tun.

Nur auf frischer Tat einwirken

Noch wichtiger aber ist: Einwirken dürfen Sie nur in flagranti, auf frischer Tat. Wie in der Kindererziehung können wir auch beim Hund ein Verhalten nur belohnen und damit verstärken oder verleiden und damit unterdrücken, solange es bewußt, d. h. im Gedächtnis gewärtig ist. Beim Menschen ist diese Zeitspanne sehr lang; durch sein Vorstellungsvermögen kann er sich auf seine Taten zurückbesinnen. Beim Hund ist die Spanne dagegen kurz: Sie bleibt auf die kurze Zeit nach dem Handlungseinfall, allenfalls auf die Dauer der Handlung selbst beschränkt. Nur in dieser Zeit können wir ein Verhalten des Tieres verstärken oder verleiden (Grundsatz der Unmittelbarkeit der Einwirkung).

An dem duftenden Braten versucht er sich nur einmal, weil hier die Einwirkung tatsächlich genau im Augenblick der Tat erfolgt. Verprügeln Sie ihn aber, wenn Sie die vom Tisch gestohlene Wurst Minuten später vermissen, wird er sich mit der gleichen Selbstverständlichkeit die nächste holen. Der Hund kann Ihre Prügel nicht mit seinem vorherigen, längst vergessenen Verhalten in Beziehung bringen. Ja er kann Ihre Prügel mit überhaupt keinem Verhalten in Beziehung bringen, sondern letztlich nur mit Ihrer Person. Folglich wird er beginnen, Sie selbst zu meiden; er wird handscheu. Handscheue ist niemals das Produkt negativer Einwirkungen an sich, sondern zeitlich falscher negativer Einwirkungen.

Viele Unarten sind anerzogen!

Viele Unarten werden dem jungen Hund jedoch leider auch systematisch anerzogen. Wenn Sie erst einmal damit angefangen haben, Ihrem Hund bei Tisch dieses oder jenes Häppchen zuzuwerfen, wundern Sie sich bitte nicht, wenn Sie den Quälgeist bei Ihren Mahlzeiten nicht mehr loswerden. Hunde gehören nicht zur Tischrunde! Sie bleiben während des Essens völlig unbeteiligt an Ihrem Platz. Zu kurieren ist natürlich auch diese (selbstverschuldete) Unart nach dem gleichen einfachen Verfahren wie alle anderen.

Hunde gehören nicht zur Tischrunde.

Sie müssen sich einig sein

Das heißt auch: Sie müssen klarstellen, welches Verhalten in Ihrem Hause grundsätzlich unerwünscht ist. Es geht nicht an, daß Bello bei Frauchen nicht darf, aber bei Herrschen darf. Hunde haben das schnell heraus und sind dann tatsächlich »unerziehbar«.

Entscheidend ist, was der Hund verknüpft

Wichtig ist ferner, daß Sie bei Ihrer Erziehungsarbeit versuchen, sich in den Hund zu versetzen und sich bemühen, die Dinge aus seiner Sicht zu sehen. Sie müssen sich fragen, wie der Hund seine Wahrnehmungen und sein Verhalten mit Ihren Einwirkungen verknüpft. Ein Beispiel: Sie wollen erreichen, daß der Hund nicht auf Ihre Polstermöbel klettert, sondern sich zum Ablegen auf seinen Platz begibt. Er findet die Sessel aber offenbar bequemer; jedesmal, wenn Sie ins Wohnzimmer kommen, finden Sie ihn dort in seligem Schlummer. Treu den Anweisungen dieses Buches werfen Sie ihn also ebenso regelmäßig mit Schimpf und Schande hinunter, um ihn in Bälde wieder zu erwischen. Doch siehe da, sobald Sie auftauchen, springt er mit einem strafenden, alles sagenden Blick von selbst hinunter und begibt sich an seinen Platz. »So ein Flegel«, werden Sie sagen, »er weiß genau, daß er's nicht darf, probiert es aber immer wieder. Er ist einfach ungezogen!« – In Wahrheit hat der Hund aus seiner Sicht sein Pensum ausgesprochen gut gelernt; er verknüpfte seine Erfahrungen: »Sessel sind himmlisch. Aber sobald Frauchen aufkreuzt, sind sie unmöglich!« Die richtige Abrichtemethode muß daher dafür sorgen, daß die Sessel an sich »unschön« werden. Altmeister *Granderath* hat diese Methode an vielen Beispielen erläutert. Auf die Möbel legte er in diesem Fall einige Tage lang gespannte Mausefallen; Struppi fand bald seine Decke am Kamin wesentlich gemütlicher.

Unterlassungsabrichtung soll schreckhaft, nicht schmerzhaft sein!

Muß eine Unterlassungsabrichtung schmerzhaft sein? Die Antwort heißt: im Prinzip nein!

Die Unterlassungsabrichtung erfordert ebenso wie die Tätigkeitsabrichtung im Normalfall keinerlei Schmerzeinwirkung. Zum Abge-wöhnen oder zur Vermeidung des Sichangewöhnens von unerwünschten Verhaltensformen genügen schreckhafte Einwirkungen.

Die Begründung hierfür ist einfach: Der Hund, unser Schüler, ist von Ausnahmen abgesehen aufgrund seiner artspezifischen Gefühlsstruktur wesentlich stärker schreck- als schmerzempfindlich. Seine Seele ist feinfühlig und zu starken Gefühlsausschlägen in beiden Richtungen fähig. Seine soziale Abhängigkeit vom Wohlwollen seines (Meute-) Führers ist sehr groß. Seine Schmerzempfindlichkeit ist dagegen im allgemeinen gering. Der Hund reagiert daher auf Einwirkungen, die sein Gefühlsleben ansprechen, außerordentlich sensibel, während er Schmerz gegenüber häufig unglaublich unempfindlich ist: Eine laute Fliegenklatsche kann mehr bewirken als eine leise Peitsche.

Die Ausnahmen

Leider gibt es keine Regel ohne Ausnahme. In drei Fällen ist es unumgänglich, mit schmerzhaften Mitteln auf den Hund einzuwirken:

Erstens. Wenn sich zwischen Herr und Hund Rangordnungsstreitigkeiten ergeben, ist aus Gründen der persönlichen Sicherheit des Hundebesitzers und seiner Mitmenschen eine harte Auseinandersetzung notwendig. Für diese hochnotpeinliche Prozedur gibt es feste »Spielregeln«, die ich ausführlich darstellen werde (s. Seite 206ff.).

Zweitens: Schmerzhafte Einwirkungen können erforderlich sein, wenn es bei einem an sich guten Gebrauchshund darum geht, stark passionierte Angewohnheiten zu verleiden, die seinen Wert, womöglich seine Existenz gefährden. Ich denke dabei u. a. an den Einsatz des Teletaktgerätes zur Korrektur des notorischen Hetzers.

Drittens räume ich ein, habe aber darin keine Erfahrung, daß bei einem großen, schwer beherrschbaren Hund schmerzhafte Einwirkungen mit der Stachel- oder Würgehalsung möglicherweise zum Schutze der Mitmenschen unverzichtbar sind.

Diese Beschränkung schmerzhafter Einwirkungen auf den Hund im Rahmen seiner Erziehung auf drei Ausnahmefälle ist keine Gefühlsduselei. Es ist menschenunwürdig und außerdem völlig unklug, einem Tier Schmerz zuzufügen, wenn das damit bezweckte Ziel auf anderem Wege wirkungsvoller zu erreichen ist, abgesehen davon, daß noch kein Hieb der gefühlsmäßigen Bindung des Hundes an seinen Herrn dienlich gewesen ist. »Niemand darf einem Tier ohne vernünftigen Grund Schmerzen, Leiden oder Schäden zufügen« – das ist der Wortlaut des Paragraphen 1 des Tierschutzgesetzes, an das in diesem Zusammenhang nur erinnert werden soll.

Auf der anderen Seite ist bei der Hundeerziehung, und auch das muß gesagt werden, keine übertriebene Zimperlichkeit am Platze. Die von mir als Argument gegen die Schmerzeinwirkungen herangezogene geringe Empfindlichkeit des Hundes gegen Schmerz könnte nämlich gleichwohl als Argument für die Zulässigkeit von Schmerzeinwirkungen dienen. Gegen den kurzen, mehr schreckhaften Hieb auf die Kruppe ist bei größeren, robusten Hunden nichts einzuwenden, wenn er die Ausnahme bleibt und nicht in Schlagen ausartet.

In allen anderen Fällen erfolgt die Unterlassungsabrichtung ausschließlich durch Schreckeinwirkung.

Der Schrecklaut »Pfui!«

Möglichst früh, vom Welpenalter an, sollten Sie den Schrecklaut »Pfui!« als solchen aufbauen. Wenn irgend etwas passiert und Sie ihn erschrecken oder ihm etwas untersagen, verbinden Sie das immer mit einem peitschenden »Pfui!«. Dieser Laut wird damit zum Schrecklaut, geeignet, ein unerwünschtes Verhalten zu verleiden, wann immer der Hund es zeigt. Das ist das Ziel der Unterlassungsabrichtung. Es bewirkt jedoch darüber hinaus auf die Dauer eine Soforthemmungsreaktion, wird also zu einer Art Kommando, das gerade in Ausführung befindliche Verhalten auf der Stelle zu beenden. Gewöhnlich dreht der Hund ab, merklich eingeschüchtert, mit bösem Blick und eingekniffenem Schwanz.

Auf weitere Distanz verwenden Sie die von mir erfundene Schreckbüchse, ein handliches, verschraubbares Blechgefäß, das mit Nägeln und kleinen Steinen gefüllt ist. Natürlich darf der Hund Sie nicht sehen, wenn Sie werfen; der Schreck muß aus heiterem Himmel kommen. Die Schreckbüchse bewährt sich z. B., wenn der Hund hinter einer Ecke abgelegt ist, so daß nur Sie ihn sehen können. Macht er Anstalten, sich zu erheben, kracht neben ihm mit einem lauten »Pfui! Bleib!« die Büchse auf den Boden. Auch wenn er sich zu sehr für Verleitungsdüfte interessiert und Ihren Heranruf beharrlich überhört, erinnert ihn die Schreckbüchse daran, wieviel angenehmer es ist, Ihrem Befehl zu folgen. Auf kürzere Entfernung soll die Büchse auch einmal gezielt das Hinterteil treffen, damit sie fortan ihre Schreckwirkung besser entfaltet.

Statt der Büchse können Sie auch die Wurfkette verwenden, wie sie früher von den Schäfern bei der Abrichtung der Hütehunde eingesetzt wurde. Dazu werden einige etwa 25–35 cm lange Kettenstücke durch zwei Schlüsselbundringe an beiden Enden verbunden.

Neue Geräte zur Ferneinwirkung

Ohne Zweifel ist die Einwirkung auf den in größerer Entfernung operierenden Hund eines der schwierigsten Probleme der Abrichtung. Man konnte es früher eigentlich nur lösen durch intensive Dressur des Down-Kommandos, das ich deshalb ja auch die »akustische lange Leine« genannt habe. In umgrenzten Räumen und an der Perlonschnur muß das Down auf Trillerpfiff so lange und häufig geübt werden, und zwar unter Einbau immer neuer Verleitungen, bis der Hund es auch draußen in jeder Lage, also auch hinter Hase oder Reh, sicher befolgt. Aber das ist nicht leicht.

Die Technik macht's möglich. Tatsächlich steht uns heute mit dem Teletakt ein Gerät zur Verfügung, mit dem man bis zu 500 m Entfernung sehr wirkungsvoll und sicher auf den Hund einwirken kann.

Allerdings widerspreche ich auf das entschiedenste, wenn von unkundiger Seite behauptet wird, man könne mit diesem Gerät »die Ausführung eines (jeden) Befehls durchsetzen«. Das kann man nicht! Wenn der Hund vor dem erlegten Hasen steht und nicht zu bewegen ist, ihn zu fassen und zu bringen, so wird er sich, sollten Sie ihn jetzt mit einem Strafimpuls zwingen wollen, in Zukunft nicht einmal mehr in die Nähe eines erlegten Hasen begeben. Man kann mit dem Teletaktgerät nur zurechtkommen, wenn man sich über die Grenzen seiner Einsatzmöglichkeiten genau im klaren ist.

Und diese entsprechen in etwa den Grenzen, die auch dem »akustischen Tele-Impuls«, nämlich dem Down-Pfiff, gesetzt sind: Sie können mittels Teletakt den Hund auch auf weite Entfernung in die Down-Lage bringen – mehr nicht. Allerdings haben Sie den zusätzlichen Vorteil, daß Sie dies auf unangenehme Weise erreichen und damit zugleich negativ auf das unerlaubte Verhalten (z. B. Hetzen) einwirken.

Daraus ergeben sich folgende Regeln für den Einsatz des Teletaktgerätes:

1. Das Gerät soll nur bei einem wertvollen und gutveranlagten Gebrauchshund zur Korrektur eines Fehlverhaltens eingesetzt werden. Der Hund soll mindestens 2 Jahre alt sein.
2. Die Leistungen, die auf Entfernung geübt werden sollen, muß der Hund in der Nähe seines Herrn sicher beherrschen und gehorsam ausführen.
3. Eine intensive und erfolgreiche Abrichtung des Down auf Trillerpfiff muß vorausgegangen sein.
4. Jetzt überträgt man auf dem Wege des Impulswechsels die Kommandofunktion für das Down durch Gleichzeitigkeit auf den zunächst ganz schwach eingestellten Stromimpuls:
Der in der Nähe suchende Hund hört den Triller und verspürt nahezu gleichzeitig einen leichten, kaum schmerzhaften Stromimpuls. Es wird so lange geübt, bis der Hund auch ohne Triller auf den schwachen Stromimpuls hin sofort in die Down-Lage geht. Das gelingt meistens sehr schnell, weil das Sichhinwerfen eine irgendwie natürliche Reaktion auf den unbekannten Stromreiz ist. Diese Übung wird zugleich das Down auf Triller weiter vertiefen; das ist auf jeden Fall nützlich, da der Hund ja nicht immer mit dem Teletakt herumlaufen soll.
5. Wenn dies erreicht ist, gehen Sie mit dem auf andere Weise nicht zu kurierenden Hasenhetzer ins Revier. Sobald der Hund sich anschickt zu hetzen, folgen unmittelbar Triller und Stromimpuls, der jetzt auch stärker sein kann – aber nicht muß! Das Gerät wird damit zum reinen Fernbefehlsinstrument. So oder so geht der Hund hinter dem Hasen sofort down und bleibt down, bis Sie bei ihm sind und ihn beruhigen.
6. Es ist nicht möglich, eine dem Hund befohlene Tätigkeitsleistung (Herankommen, Bringen, Verbellen) mit dem Teletaktgerät zu erzwingen. Es ist aber möglich, ebenso wie auf das unerlaubte Hetzen auch auf das unerlaubte Verleitungsverhalten negativ einzuwirken. Bleibt der Hund also bei der intensiven Erforschung seines Mauselochs, anstatt, wie auf kurze Entfernung selbstverständlich, beim leisesten Pfiff heranzukommen, können Sie ihm die Buddelei durchaus durch einen Teletaktimpuls verleiden. Der Hund geht down. Nach kurzem Warten pfeifen Sie ihn heran. Dazu können Sie auf größere Entfernung auch den bei neuen Geräten zusätzlich eingebauten Telepfiff verwenden. Da dieser aber im Normalfall nicht verfügbar ist, hat dies nur Sinn, wenn der Hund auch den Pfiff Ihrer Pfeife noch wahrnimmt. Ich würde daher zuerst selbst pfeifen und den Telepfiff ggf. folgen lassen.
Oder der Hund weigert sich, in der Ferne zu apportieren, während er aus der Nähe zuverlässig bringt – ein allerdings seltener Fall. Hier dürfen Sie den Stromimpuls nicht abgeben, solange der Hund bei dem Apportl ist. Er erfolgt vielmehr in dem Augenblick, in dem der Hund sich

von diesem abwendet. Wieder geht der Hund down. In diesem Fall gehen Sie zu ihm und veranlassen ihn, aus der Nähe zu apportieren.

Sie erzwingen damit also weder das »Heran« noch das »Apport«, sondern verleiden das unerwünschte Verleitungsverhalten. Damit fördern Sie natürlich bei einem an sich gehorsamen Hund die Neigung zum schnellen Ausführen eines Befehls, weil der vor der Entscheidung stehende Hund mit dem befohlenen Verhalten mehr und mehr angenehme, mit dem Verleitungsverhalten hingegen mehr und mehr unangenehme Erinnerungen verknüpft.

Wedeln Sie mit einem Zweig vor seiner Nase, wenn er vorpreschen will.

Beispiele

Sie werden einiges in diesen ersten Monaten an Ihrem Liebling auszusetzen haben: Er buddelt Löcher in den Rasen, er hetzt Radfahrer, Autos oder Hühner, er zerrt an Ihren Vorhängen – unmöglich, die ganze Reihe der Untaten hier aufzuzählen. Junge Hunde sind im Erfinden von Ärgernissen geradezu Experten. Die Unterlassungsabrichtung kann daher nur an einigen Beispielen dargestellt werden.

Er zerrt an der Leine

Eigentlich sollte es nicht dazu kommen: Wenn Sie den Welpen die erste Zeit an der Leine führen, halten Sie seitlich in Körperhöhe ein Bröckchen in der linken Hand. So lernt er durch »positives Benehmen«, daß es sich lohnt, »bei Fuß« zu bleiben. Ist dennoch das Vorpreschen eingerissen, brechen Sie beim Spaziergang einen etwa 1,5 m langen Zweig ab, belassen an der Spitze einige Zweige und Blätter und lassen diesen vor Ihren Füßen hin- und herpendeln, sobald links vor Ihnen der Kopf des Tieres erscheint. Das mag er nicht und bleibt zurück. Spannt sich einmal die Leine, schlagen Sie den Zweig klatschend vor ihm auf den Boden, begleitet von einem barschen »Pfui!«. Geht er danach einige 10 m brav bei Fuß, gibt es beim Gehen ein Bröckchen. Trockenfutter, das der Hund täglich bekommt und liebt, muß ein Hundeerzieher immer in der Tasche haben.

Er buddelt Löcher

Das ist eine für den Gartenbesitzer wie für den Jäger unerfreuliche Angewohnheit. Besorgen Sie sich eine Mausefalle und Mäusewitterung aus einem Zoogeschäft, präparieren Sie beides in einem geeigneten Mauseloch und führen Sie Ihren Hund ein paarmal wie zufällig dorthin. Wenn die Falle zuschlägt, erschrecken Sie ihn zusätzlich durch ein scharfes »Pfui!«. Dann trösten Sie ihn. Er läßt das buddeln.

Er kommt in die Küche

Hunde, die in der Wohnung leben, dürfen bestimmte Räume nicht betreten, u. a. die Küche. Sie lernen das schnell, wenn alle Familienmitglieder es konsequent verhindern.

Legen Sie gleich an der Küchentür eine aufgerollte Zeitung griffbereit hin. Folgt er Ihnen in die Küche, schlagen Sie diese kräftig vor ihm auf den Boden; ab und zu bekommt er hiermit auch einmal einen klatschenden Hieb auf die Kruppe. Gleichzeitig erschrecken Sie ihn durch ein wütendes »Hinaus!«. Er wird sich nach kurzer Zeit regelmäßig vor der Küche niedertun und von Frauchen, das hier ihr eigenes Essen und sein Futter bereitet, kein Auge lassen.

Er nimmt von jedem Futter

Sie brauchen nacheinander einige geschickte Helfer. Diese reichen ihm ein Bröckchen, das sie in der Hand mit Ringfinger und kleinem Finger halten. Will der Hund es nehmen, schnippt der am Daumen gespannte Mittelfinger kräftig gegen die Nase. Dann geben Sie ihm ein Bröckchen. Der Helfer kann ihm auch zur Abwechslung ein mit Pfeffer gefülltes Fleischbröckchen reichen.

Er frißt herumliegendes Futter

Legen Sie im Garten an bestimmten Stellen Fleischbröckchen aus. Dann leinen Sie ihn an und begeben sich mit ihm in den Garten. Will er das Futter nehmen, versetzen Sie ihm einen Hieb mit einer aufgerollten Zeitung und erschrecken ihn durch »Pfui!«. Wenig später reichen Sie ihm ein Bröckchen.

Er springt auf die Polstermöbel

Sie präparieren seinen jeweiligen Lieblingsplatz mit einigen Mausefallen.

Er springt beim Fahren auf den Autositz

Sie biegen in einen Feldweg ein, vergewissern sich, daß Ihnen niemand folgt, und treten, sobald der Hund auf den Sitz klettert, kurz und hinreichend fest auf die Bremse, so daß er herunter fliegt. Das wiederholen Sie einige Male.

Falsch! – Solche »Unarten« werden nicht bestraft.

Richtig! – Lenken Sie ihn besser irgendwie ab, z. B. durch Pfötchengeben oder Männchenmachen.

Er bettelt bei Tisch

Wenn der Hund bei Tisch bettelt, bedarf es einer Umerziehung – aber nicht nach den Lehren dieses Buches: Frauchen und Herrchen müssen umgezogen werden! Denn es genügt, ihm bei Tisch nichts mehr zu geben. Bald hat er verstanden, daß hier für ihn nichts abfällt.

Bleibt dennoch etwas für ihn übrig, eine Pelle, ein Rest Käse oder Fisch, ein weicher Knochen, so nutzen Sie die Gelegenheit zur Abrichtung: Wenn Sie nach Tisch aufgestanden sind, pfeifen Sie ganz leise den Heranpfiff. Jetzt bekommt er die Pelle zur Belobigung.

Er springt Sie an

Manches uns unerwünschte Verhalten ist für den Hund ein Ritus, eine Liebesbezeugung, eine Demutsgebärde oder sonst eine freundliche, dem Meuteführer zugedachte Geste. Das gilt für das Anspringen, das als Liebesbeweis oder als Spielaufforderung zu verstehen ist. Das gilt auch für das uns so lästige Lecken im Gesicht.

Auch hier darf ich auf *Trumler* verweisen: »Nasenstupsen« und »Schnauzenzärtlichkeit« sind natürliche Verhaltensweisen, die Anhänglichkeit und Respekt ausdrükken. Selbstverständlich dürfen Sie den Hund für solche »Unarten« nicht strafen, auch nicht, indem Sie ihm auf die Füße treten; man muß sie einfach verhindern. *Trumler* empfiehlt, eine Ersatzhandlung auszulösen, z. B. das Pfötchengeben oder Männchenmachen, und diese zu belobigen.

Er hetzt Hasen und Rehe

Zu den schwierigsten Aufgaben der Abrichtung gehört die Erziehung zum hasen- und rehreinen Hund. Für den Schäferhund, für jeden Nichtjagdhund, ist dies noch relativ leicht, weil die Hetzlust total unterdrückt werden kann. Anders beim Jagdhund; bei ihm geht es darum, die Passion zu beherrschen: Nur auf Befehl darf er hetzen! Neben den besonders schwierigen Tätigkeitsleistungen gibt es hier die meisten Versager.

Ursache ist fast immer, daß Sie in den ersten Lebensmonaten der Hetzlust zu großzügig Raum gegeben haben. Gewöhnlich geschieht dies in der falschen Annahme, damit könne die jagdliche Passion des Tieres gefördert werden. Tatsächlich liegt der Trieb, ein flüchtendes Beutetier hartnäckig zu verfolgen, unseren Hunden so tief im Blut, daß sich eine frühe Förderung erübrigt; die Gefahr ist eher die, daß sie bei anhaltendem Mißerfolg zu früh verpufft.

Es ist grundsätzlich falsch, den Junghund in Wald oder Feld unangeleint auf die Hasenspur zu bringen. Im Nu ist es passiert. Der Hase geht hoch, und ab geht die Jagd. Hat der Jagdhund in der Nähe des Hauses Gelegenheit zur Hetze, ganz gleich, ob Hase oder Kaninchen, darf er nur an der Leine ins Freie; oder er gehört in den Zwinger. Nur mit größter Mühe und Härte ist die einmal geweckte, ungezügelte Hetzlust je wieder zu beseitigen.

Absoluten Vorrang haben in der frühen Jugend die Grundübungen und der Appell. Statt ihn frei suchen zu lassen, kommt er ab dem 4.–5. Lebensmonat an eine leichte Feldleine von 10–20 m Länge. Es gibt heute sehr leichte synthetische Schnüre, deren Handhabung problemlos ist. Sobald er einen Hasen sieht oder auf seine Spur kommt, folgt der Trillerpfiff, auch wenn der Hund das »Down« zu dieser Zeit noch nicht kennt. Dann heißt es unter Zuhilfenahme der Leine: »Steh!« und »Bleib!«. Das »Bleib!« kann nicht lange genug gehalten werden, bis sich der Hund beruhigt hat. Dann erst kann er langsam mit »Such-Voran!« anziehen, mehrmals von Triller und »Bleib!« unterbrochen, sobald er Witterung oder Ansicht verrät. Wenn er wirklich vorsteht, sollten Sie langsam und immer wieder beruhigend und drohend zu ihm hingehen und ihn schließlich loben. Dies ist der einzige Weg, den hasen- und rehreinen Jagdhund zu dressieren.

Aber die Rückfallgefahr ist groß: Einige wenige unkontrollierte Hetzjagden genügen, um alles Erlernte vergessen zu machen. Es gilt daher auch später und immer: Nie darf der Hund geschnallt werden, solange der Hase ansichtig ist, auch wenn der Hase krank ist. Der Hetzer ist immer ein Augenarbeiter, den wir nicht wollen. Wir wollen den Nasenarbeiter.

Eine erst einmal ausgeprägte Hetzlust sitzt zumeist tief und kann nur durch harte Mittel unterdrückt werden. Der Hetzer ist jedoch auf der Jagd unbrauchbar; er kann schwere Jagdunfälle auslösen. Das für diese Art von Unterlassungsabrichtung am besten geeignete Instrument ist das Teletaktgerät. Wenn Sie schon gezwungen sind, Ihrem Liebling eine Abgewöhnungskur gegen das Hetzen zu verschreiben, ist diese Einwirkungsform die »animalste«, d. h. die tierfreundlichste. Viele Jagdgeschäfte verleihen solche Geräte. Sie finden Anzeigen in den Jagdzeitschriften. Am besten ziehen Sie beim Einsatz einen Fachmann hinzu (Grundsatz des zweckmäßigen Einsatzes des Teletaktgerätes).

Er knautscht

Diese Unart ist leicht zu kurieren. Sie wickeln ein Stück Hasenbalg so, daß die »Wurst« den Durchmesser X hat. Mit dem gleichen Durchmesser X drehen Sie eine Stacheldrahtspirale. Nun lassen Sie an mehreren Tagen hintereinander den Balg apportieren. Dann schieben Sie den Balg in die Stacheldrahtspirale und lassen ihn so mehrmals apportieren. Jetzt lassen Sie echtes Wild, ein Kaninchen oder ein Huhn, bringen, aber zuerst ein solches, das ebenfalls mit Stacheldraht umwickelt ist. Der Hund faßt diese Objekte wie einen Igel, mit erstaunlichem Geschick, ohne sich zu verletzen.

Anschneider und Totengräber

Solche »Verbrecher« können Sie nur mit dem Teletaktgerät kurieren. Sie brauchen dazu einen Fachmann, der von einem Hochsitz aus das Geschehen genau verfolgen kann. Vielleicht haben Sie Erfolg.

Wer ist der Herr im Haus?

Der Hund ist ein Meutetier. Das ist die Grundlage jeder Abrichtung, bedeutet aber zugleich eine Gefahr. Denn jede Meute hat ihren Führer, und jedes Mitglied der Meute hat die Chance, Meuteführer zu werden. Es muß sich dazu nur bis zur Spitze durchbeißen. Das gilt für die Wildhundmeute. Es gilt aber ebenso für die Kleinmeute von Mensch und Hund.

Hereinwachsen in die natürliche Rangordnung

Wenn Sie den Anleitungen dieses Buches gefolgt sind, haben Sie Ihrem Hund von frühester Jugend an Gelegenheit gegeben, Ihre Überlegenheit zu respektieren und in die natürliche Rangordnung von Mensch und Hund hineinzuwachsen, nach der er der niedrigere ist.

Darf Ihr Hund Sie anknurren?

Haben Sie jedoch den Hund weitgehend sich selbst überlassen und nicht abgerichtet, müssen Sie mit etwa einem Jahr damit rechnen, daß er das Recht für sich beansprucht, Herr im Hause zu sein. Das merken Sie sehr schnell! Er knurrt Sie an, wenn Sie ihn beim Essen oder anderen Lieblingsbeschäftigungen stören oder wenn Sie ihn anleinen wollen.

Jetzt wird es höchste Zeit für Sie, die Hosen anzuziehen. Überlassen Sie ihm die Führerschaft, müssen Sie mit bösen Folgen rechnen. Ihr Hund wird zu einer Gefahr für Sie, Ihre Familie und Ihre Umgebung. Bei aller Liebe dürfen Sie auf keinen Fall dulden, daß der Hund Sie selbst anknurrt oder anbellt. Sie müssen handeln, und zwar rasch und – in diesem Fall – energisch. Den Halbstarken können Sie noch zur Raison bringen, den ausgewachsenen Zerberus nimmermehr.

Herstellen der Rangordnung

Sie gehen wie folgt vor: Wenn der Hund Sie anknurrt, unternehmen Sie zunächst gar nichts; aber Sie bereiten sich auf das nächste Knurren vor, das Sie bewußt provozieren. Sie lassen ihn mit Absicht etwas hungern, leinen ihn zur Fütterung an, am besten mit Stachelhalsband, und ziehen die Leine hinter einem Zwinger- oder Zaunpfahl durch, vor dem die Futterschüssel steht. Eine ausreichend kräftige Gerte liegt bereit.

Wenn der hungrige Revoluzzer sich begierig auf das Futter stürzt, nehmen Sie es ihm weg, wobei Sie mit Hilfe der Leine ein Zuschnappen verhindern.

Sollte er dies wagen oder auch nur knurren, beginnt die peinliche, aber leider unumgängliche Prozedur, für deren Verlauf Sie 5 Punkte beachten müssen:

1. Der Hund muß Ihnen völlig ausgeliefert sein. Er darf nicht die geringste Möglichkeit zur Gegenwehr haben. Empfinden Sie das bitte nicht als unfair. Was sich hier abspielt, ist ein echter Machtkampf, bei dem der Hund seine Waffen einzusetzen bereit ist – und das sind vier nicht gerade harmlose Fangzähne. Auch der Mensch muß seine Überlegenheit voll ausspielen – und das ist sein Verstand.

2. Der Hund muß dabei die ganze Überlegenheit des Menschen drastisch spüren. Bauen Sie sich daher in Ihrer vollen Größe vor ihm auf. Solange er sich nicht unterwirft, geben Sie die Leine abwechselnd locker und fest, jeweils verbunden mit einem harten »Pfui! Was soll das?« und einem gezielten kräftigen Hieb. Geben Sie sich Mühe, dabei (wenigstens äußerlich) völlig kühl zu bleiben.

3. Die Auflehnung wider seinen Herrn muß für den Hund im wahren Sinne »peinlich« sein. Es geht hierbei nicht ohne Schmerz. Ihre Hiebe sind nichts gegen die erbarmungslosen Auseinandersetzungen, wie sie unter Meutegenossen üblich sind. Sie müssen daher der Größe des Tieres entsprechend zuschlagen.

4. Die Unterwerfung des Hundes muß sichtbar werden, indem er sich von sich aus auf den Rücken wirft. Solange das nicht geschieht, müssen Sie mit Ihrem rohem Werk fortfahren.

5. Seine Unterwerfung müssen Sie aber sofort akzeptieren. Es ist mit einem Schlage (dem letzten) alles vergessen und vergeben. Ihr Hund ist jetzt wie von Zauberhand verwandelt und plötzlich das bravste Tier, das es je gab. Und es ist Ihre Sache, es ihm deutlich zu machen. Sie befreien ihn von der Leine, knien sich zu dem hart Getroffenen nieder und trösten und liebeln ihn mit aller Aufmerksamkeit und Zärtlichkeit, zu denen Sie fähig sind.

Das Versäumte jetzt nachholen

Und holen Sie von jetzt ab das Versäumte nach! Von Ausnahmen abgesehen liegt die eigentliche Ursache der Auflehnung des Hundes nämlich darin, daß er zuwenig Gelegenheit hatte, die natürliche Rangordnung bei seiner Erziehung im Alltag zu erleben. Dazu ist es nie zu spät. Was Sie von der 7. Lebenswoche an hätten üben können, können Sie auch jetzt noch, nach einem Jahr üben.

Meisterleistungen

Wenn Sie die gruundlegenden Verhaltensmuster für die Leistungen des Hundes (Bringen, Herankommen, Voran, Fährten, Verbellen und Vorstehen) von früher Jugend an gelegt und dann nach ca. 4–6 Monaten mit den Übungen zu seiner Beherrschung begonnen haben, konnten Sie Ihrem Hund in etwa einem Jahr das nötige Rüstzeug vermitteln, mit dem Sie ihn jetzt zu Höchstleistungen führen können. Da es sich hierbei überwiegend um komplizierte Leistungen des Hundes handelt, möchte ich zuvor die Theorie der Leistungsabläufe behandeln.

Positive Leistungsabläufe

Nicht alle Leistungen des Hundes sind einfache Leistungen. So besteht das Bringen aus einer Vielzahl hintereinander ablaufender Leistungen. Schon wenn der Hund nur ein totes Objekt apportieren soll, muß er es suchen, in den Fang nehmen, heranbringen und abgeben. Soll der Hund einen kranken Hasen suchen, hetzen und bringen, kommt eine Reihe von Einzelleistungen hinzu. Auch das Stellen und Verbellen des Täters, die Aufgabe des Blinden- und Hütehundes und viele andere Aufgaben des Jagdhundes wie das Verbellen oder Verweisen von erlegtem Schalenwild, die Suche mit

Vorstehen, Nachziehen usw. bestehen aus mehreren aneinandergereihten Einzelleistungen. Erwünschte Verhaltensweisen des Hundes dieser Art bezeichne ich als Leistungsabläufe und die darin enthaltenen Einzelleistungen als Leistungselemente. Leistungen, die nur aus aufeinanderfolgenden Tätigkeitsleistungen bestehen, sind positive Abläufe. Enthalten sie auch Unterlassungsleistungen, spreche ich von gemischten Abläufen.

Ein typischer Leistungsablauf ist die Arbeit des Bringselverweisers.

Die Fährtengabel

Wenn Sie, lieber Hundefreund, einen zuverlässigen Apporteur besitzen, der zugleich Verbeller oder Verweiser ist, lade ich Sie zu einem kleinen Experiment ein, das das Wesen des Leistungsablaufs deutlich erkennen läßt. Sie legen dazu bei mäßigem Wind eine Fährtengabel, wie sie nachstehende Skizze angibt.

An einen der beiden Endpunkte (B) legen Sie ein dem Hund bekanntes Apportierobjekt, an den anderen Endpunkt (C) die ausgestopfte Rehdecke, oder, für den Schutzhund, verstecken Sie hier den Scheintäter. Nun schicken Sie den Hund bei Punkt A mit einem beliebigen Kommando (»Such voran!« oder »Such apport!« oder »Zum Bock!«) in die Fährtengabel. Was wird geschehen?

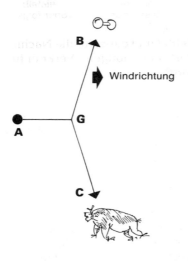

Je nachdem, ob der Hund zufällig auf der linken oder rechten Seite der Fährte an den Gabelpunkt kommt, wird er dem einen oder anderen Gabelast folgen. Kommt er auf diese Weise nach B, wird er den Apportierbock aufnehmen und bringen. Kommt er hingegen nach C, wird er an der Decke oder bei dem Scheintäter bleiben und verbellen. Was der Hund macht, ist auf jeden Fall völlig unabhängig von dem ihm zur Auslösung des Leistungsablaufs erteilten Befehl. Er erhält die Handlungsbefehle zum Bringen oder Verbellen vielmehr unterwegs je nachdem, wohin die Suche ihn führt und was er findet. Kommt er zufällig zur Rehdecke, ist diese es, die ihm sagt, wie er sich verhalten soll; sie ist mithin der »Befehl« für das erwünschte Verhalten. Kommt er dagegen zu dem Apportierbock, ist es dieser, der ihm sagt: »Mich bitte apportieren!« Der Leistungsablauf ist ein Fortsetzungsspiel: »Begebe dich in den Erker. Ein unter der Uhr liegender Zettel wird dir sagen, was du als nächstes tun mußt.«

Der Leistungsablauf ist ein Fortsetzungsspiel

Der Leistungsablauf ist also ein aus mehreren einfachen Leistungen (Leistungselemente) zusammengesetztes erwünschtes Verhalten des Hundes, bei dem die korrekte und vollständige Ausführung der vorangegangenen Leistungshandlung zu dem Handlungsbefehl für das nächstfolgende Leistungselement führt. Die Abbildung zeigt, wie die so entstehende Verkettung der Leistungselemente sich im kynologischen Dreieck darstellt.

Welchen Einfluß hat nun der Befehl des Abrichters auf die Ausführung des Leistungsablaufs, wenn der Hund die eigentlichen »Befehle«, z. B. für das Bringen, unterwegs findet, also nicht vom Abrichter erhält? Die Antwort ist klar: Direkten Einfluß hat der Abrichter nur auf das erste Leistungselement des Lei-

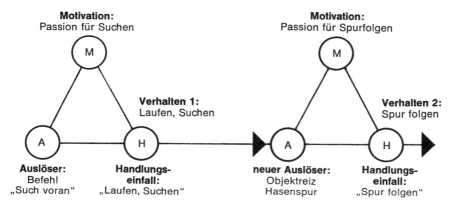

| **Motivation:** | | **Motivation:** | |
| Passion für Suchen | | Passion für Spurfolgen | |

M

M

Verhalten 1:
Laufen, Suchen

Verhalten 2:
Spur folgen

A   H   A   H

Auslöser:	**Handlungs-**	**neuer Auslöser:**	**Handlungs-**
Befehl	**einfall:**	Objektreiz	**einfall:**
„Such voran"	„Laufen, Suchen"	Hasenspur	„Spur folgen"

stungsablaufs. In den meisten Fällen ist das die Suche mit Ihrem Kommando »Such voran!«. Bei allen folgenden Leistungselementen handelt der Hund selbständig und völlig unabhängig von dem ihm eingangs erteilten Befehl. Auf ihre Ausführung hat der Abrichter also nur indirekten Einfluß dadurch, daß er sie vorher hinreichend gründlich abge-

Direkten Einfluß hat der Abrichter nur auf das erste Leistungselement eines Leistungsablaufs. Alles Weitere entscheidet sich unterwegs je nachdem, was der Hund findet.

richtet und dabei für die Nachhaltigkeit der nötigen Verknüpfungen sorgt.

Jede neue Einzelleistung eines Ablaufs braucht einen neuen Auslöser

Wichtig ist, daß wir den Begriff des Leistungselements wörtlich nehmen. Zu jedem einzelnen Glied eines Leistungsablaufs gehört immer ein neuer Auslöser (Befehl, Objekt- oder Schlüsselreiz), eine eigene Verhaltensform und eine ausreichende Motivation, und diese drei Faktoren müssen miteinander verknüpft sein. Wie das Schema zeigt, kann der Hund auf einen Auslöser (A) hin also immer nur eine Handlung (H) oder zwei Handlungen gleichzeitig ausführen.

$$A_1 \rightarrow H_1 \rightarrow A_2 \begin{smallmatrix} \nearrow H_2 \\ \searrow H_2 \end{smallmatrix} A_3 \rightarrow H_3 \cdots$$

Er ist nicht imstande, auf einen Auslöser hin zwei oder mehrere Handlungen zeitlich hintereinander auszuführen. Wenn uns ein Leistungsablauf so erscheint, als sei er durch ein einziges Kommando ausgelöst worden, so ist das eine Täuschung.

Die Handlungsfolge eines Leistungsablaufs ist beliebig

An dem vorhergehenden Verhalten (z. B. dem Suchen) ist also das nachfolgende Verhalten (z. B. das Finden und Apportieren) in keiner Weise, vor allem nicht als Zielvorstellung, beteiligt. Es wird erst in Szene gesetzt, wenn der neue Auslöser wahrgenommen ist. Das bedeutet nun, daß zwischen dem Verhalten 1 und dem anschließenden Verhalten 2 keinerlei Verbindung besteht. Diese wird erst zufällig hergestellt, je nachdem, welches Objekt sichtbar wird (Fährtengabel). Die Verbindung der Einzelelemente eines Leistungsablaufs untereinander ist folglich keine Gedächtnisleistung. Sie wird unterwegs von selbst hergestellt, on the way, en passant, indem der Hund auf seinem Wege einen »Befehl« nach dem anderen erhält.

Das bedeutet, daß es für den Leistungsablauf keine starre Folge der einzelnen Leistungselemente gibt. Es können sowohl am Anfang wie am Ende oder in der Mitte Einzelglieder fehlen, es können aber auch alle möglichen Leistungselemente zusätzlich eingeschoben werden. Auf das Funktionieren des Lei-

stungsablaufs hat das keinen Einfluß, solange die Einzelelemente dem Hund vertraute Verhaltensweisen sind. Deshalb können sich auch im Leistungsablauf erlernte und ererbte Verhaltenselemente in bunter Folge mischen. Es besteht für den Abrichter kein Anlaß, instinktbedingte Leistungselemente anders zu behandeln als erlernte. So wird sich z. B. beim Verbeller das plötzlich erforderliche Niederziehen von krankem Schalenwild, das nie geübt wurde, reibungslos in den systematisch geübten Leistungsablauf des Verbellens einfügen.

Der Leistungsablauf »Bringen«

Ich möchte nun das Wesen des Leistungsablaufs an einem Beispiel erläutern, dem Bringen. Wir nehmen an, daß der Jäger einen Hasen geschossen hat, der aber noch gut auf den Läufen ist und schnell das Weite sucht.

Nach dem Schuß schnallt der Jäger den Hund und kommandiert: »Such verloren, apport!« Daran schließt sich ein Leistungsablauf an, wie er in der Tabelle auf Seite 213 dargestellt ist.

Mit seinem Kommando »Such verloren, apport!« löst der Jäger also nur das erste Leistungselement aus. Von nun an erhält der Hund seine Befehle unterwegs. Jede neue Leistungshandlung führt zu einem neuen Auslöser für das nächstfolgende Leistungselement.

Leistungsablauf: »Bringen des kranken Hasen«

Leistungs-element	Auslöser	Leistungshandlung
1	Kommando: »Such verloren, apport!«	freies Suchen
2	Hasenspur	Hasenspur folgen
3	Fährtenende	Fortsetzung suchen
4	flüchtiger Hase	Hetzen
5	Hase greifbar	Fassen
6	lebender Hase im Fang	Beuteln
7	verendeter Hase	in den Fang nehmen, Aufnehmen
8	Nichtansichtigkeit des Herrn	Suchen
9	eigene Rückfährte	Rückfährte suchen
10	Nichtansichtigkeit des Herrn	Suchen
11	Führerfährte	Führerfährte folgen
12	Führer sichtbar	Herankommen
13	Führer	Setzen
14	erhobener Finger	Hase im Fang halten
15	ausgestreckter Arm und Kommando »Aus!«	Hase abgeben

Gemischte Leistungsabläufe

Der Leistungsablauf »Bringen«, wie ich ihn soeben dargestellt habe, ist ein positiver Leistungsablauf; er besteht nur aus Tätigkeitsleistungen. In der Praxis jedoch enthält ein Leistungsablauf immer auch Unterlassungsleistungen. Diese ergeben sich daraus, daß der Hund bei der Ausführung des Ablaufs Verleitungen ausgesetzt ist. Die Luft ist angefüllt mit verführerischen Gerüchen. Über ihm fliegen Vögel, denen er nachhetzen möchte. Und überall bieten sich Gegenstände oder huschende Bewegungen in reicher Fülle zur näheren Untersuchung an. Alldem muß der Hund widerstehen.

Kommt es zu einer Verleitung, steht der Hund also die geforderte Unterlassungsleistung nicht durch, dann bedeutet dies den Abbruch des Leistungsablaufs, es sei denn, der Hund findet durch Zufall wieder auf die Spur zurück. Die Verleitungshandlung unterbricht das »Fortsetzungsspiel«, da sie den Hund nicht zum nächsten »Befehl« und damit zu seiner neuen Aufgabe hinführt.

Zwar ist die Fiktion des positiven Leistungsablaufs wichtig, denn mit ihr muß die Abrichtung beginnen. Aber der Abrichter muß wissen, daß überall und immer Verleitungen auftreten und den Hund veranlassen können, von dem erwünschten Verhaltensablauf abzuweichen. Um dies zu verhindern, ist von einem bestimmten Punkt ab die Einbeziehung der Unterlassungsabrichtung unumgänglich. Sie erfordert, wie wir wissen, negative, d. h. schreck- oder schmerzhafte, auf jeden Fall aber unerfreuliche Einwirkungen.

Dabei kommt es entscheidend auf den Zeitpunkt der negativen Einwirkung an. Der Hund soll z. B. einen Gegenstand apportieren. Bei dem Apportl angekommen, kann er sich aber nicht entschließen, es aufzunehmen. Vielmehr wendet er sich nach einiger Zeit ab und schnüffelt herum, um schließlich einer Verleitungsfährte zu folgen. – Es wäre falsch, wenn Sie durch Drohung oder gar durch Teletakt negativ einwirkten, solange der Hund Kontakt mit dem Apportl hat, um auf diese Weise das Bringen zu erzwingen. Er würde hierdurch mit dem Apportl negative Gefühle verknüpfen und sich immer heftiger sträuben, es aufzunehmen. Vielmehr müssen Sie, wie unter »Bringen verschiedenartiger Gegenstände« (s. Seite 216) beschrieben, das Aufnehmen für sich üben und ausschließlich positiv verstärken. Die negative Einwirkung erfolgt in dem Augenblick, in dem sich der Hund deutlich erkennbar von dem Apportl abwendet und herumzuschnüffeln beginnt. Dann heißt es energisch: »Pfui, was soll das?!« Stärkere negative Einwirkungen, wie z. B. durch das Teletaktgerät, dürfen Sie aber erst anwenden, wenn der Hund versagt, obwohl er in 9 von 10 Fällen das Apportl korrekt aufnimmt und bringt (Grundsatz des positiven Beginnens).

Zu den schwierigsten Leistungsabläufen gehört das Bringen des Fuchses aus dichtem Bestand, wo mit vielen Verleitungen zu rechnen ist.

Der Gebrauchshund

Korrektes Bringen

Während es in den ersten Lebenswochen und -monaten allein darauf ankam, daß der Hund freudig, zuverlässig und schnell apportiert, können Sie nach erfolgreichem Abschluß der Disziplinfächer auf korrektem Bringen bestehen. Dazu gehört in erster Linie das vorschriftsmäßige Abgeben des Apportls. Sie üben es zunächst nur mit dem Lieblingsapportl.

»Halt schön fest! So recht!« Für das Abnehmen des Apportls lassen Sie sich Zeit.

Nähert sich Ihnen der Hund mit dem Apportl im Fang, ermuntern Sie ihn durch ein anfeuerndes »Ja, so recht, komm!« zu einem flotten Herankommen. Ist der Hund kurz vor Ihnen, heben Sie den rechten Zeigefinger als Sichtzeichen für das Sitz; und zusätzlich kommandieren Sie »Sitz!«. Hat der Hund sich korrekt vor Sie hingesetzt, greifen Sie schnell, bevor er das Apportl fallen läßt oder vor Sie hinwirft, mit der linken Hand unter den Fang und stützen so das Apportl, während der rechte Zeigefinger noch bleibt.

Dabei sagen Sie »Bleib!«, was hier so viel bedeutet wie »Nicht bewegen, Fang nicht öffnen!«. Sie können den Hund auch an den Befehl »Halt schön fest« gewöhnen. Dann erst nehmen Sie in aller Ruhe und mit »Aus!« das Apportl aus dem Fang. Vergessen Sie jetzt nicht das Bröckchen.

Gegen das vorzeitige Fallenlassen des Apportls bauen Sie nun noch eine Sicherheit in den Ablauf ein: Sie gewöhnen den Hund daran, den Fang erst zu öffnen, wenn zwei Bedingungen erfüllt sind, nämlich wenn Sie 1. das Apportl mit der Hand angefaßt und 2. den Befehl »Aus!« abgegeben haben. Fassen Sie dazu das Apportl ganz ruhig an, sagen Sie: »So recht, halt schön fest!« Dann lassen Sie das Apportl wieder los, fassen es mit der anderen Hand an, beruhigen den Hund wieder und fordern ihn auf, das Apportl festzuhalten usw. Erst wenn Sie »Aus!« sagen, nehmen Sie es ihm ab und belobigen ihn (Grundsatz der Befehlskontrolle durch Doppelkommandos).

Viele Hunde umkreisen gern mit dem Apportl im Fang ihren Herrn.

Auch dieses Verhalten widerspricht dem korrekten Bringen. Sie können es einfach abgewöhnen, indem Sie Start und Ziel der Apportierstrecke in einen relativ schmalen Gang verlegen. Hier ist der Hund gezwungen, gerade auf Sie zuzukommen. Sie können sich ihm leicht in den Weg stellen, wenn er Dummheiten macht.

Alle diese Regeln haben natürlich für den Jagdhund einen praktischen Sinn. Das vom Hund herangebrachte Wild kann noch leben; wirft der Hund es dem Jäger vor die Füße, anstatt es ihm in die Hand zu geben, kann das kranke Wild womöglich flüchten. Diese Gefahr ist besonders groß, wenn der Hund eine Ente aus dem Wasser holt. Er möchte sich dann erst das Wasser abschütteln und legt hierzu gern die Ente erst einmal am Ufer ab, um sie anschließend zu bringen. Sorgen Sie dafür, daß das nicht zur Gewohnheit wird. Stellen Sie sich direkt ans Ufer,

wenn der Hund schwimmend mit einer Ente oder dem Apportierbock herankommt.

Sobald er aus dem Wasser kommt, gehen Sie mit ausgestreckten Armen rückwärts. Sobald der Hund sich schütteln will, bleiben Sie stehen, befehlen »Sitz!« und nehmen ihm mit »Aus!« die Ente ab.

Bringen verschiedenartiger Gegenstände

Es soll nun im allgemeinen, besonders aber beim Gebrauchshund, nicht beim Lieblingsapportl bleiben; der Hund soll vielmehr lernen, eine ganze Reihe von Gegenständen zu apportieren, die er am Ende einer Fährte oder auf einer Fährte findet. Das sind zunächst einmal alle Gegenstände, die menschliche Witterung haben (Hut, Handschuh, Taschentuch, Portemonnaie, Schlüsselbund, Messer, Patronentasche usw.); für den Jagdhund ferner Flug- und Kleinwild, Raubzeug und Abwurfstangen.

Natürlich weiß kein Hund von sich aus, welche Gegenstände von den vielen, die er sieht oder findet, er Ihnen bringen soll. Das müssen Sie ihm beibringen. Es kann auch sein, daß er bestimmte Gegenstände (Katze, Krähe, Fuchs) nicht bringen will, weil er vielleicht irgendeine Abneigung gegen sie hat.

Beide Probleme lösen Sie am besten mit dem »Standard-Parcours«. Sie gewöhnen den Hund wochen-

Mit der Ente im Fang darf der Hund sich nicht schütteln. Wenn er aus dem Wasser kommt, gehen Sie kurz vor ihm rückwärts.

lang an eine feste Apportierstrecke von vielleicht 30 m Länge, an deren Ende er sein Lieblingsapportl findet und für das er sein Futter erhält. Wenn er dann einmal besonders guten Hunger hat (36 Stunden), findet er plötzlich an der gewohnten Stelle Ihren Handschuh oder Ihr Messer oder ein totes Kätzchen. In 99 von 100 Fällen wird er das Gefundene sofort bringen, obwohl es ihm ein fremder Gegenstand ist.

Sollte es so nicht klappen, dann müssen Sie die »Verwandlungsmethode« anwenden: Sie binden z. B. Handschuh oder Messer einfach an das Lieblingsapportl an. Erst nach einigen erfolgreichen Übungen verzichten Sie auf das gewohnte Lieblingsapportl und belassen es bei dem neuen Objekt. Oder Sie binden zunächst eins, und dann immer mehr Katzenpfötchen an das Lieblingsapportl. Dann umwickeln Sie es mit dem Katzenbalg. So verwandelt sich das gewohnte Apportl nach und nach in eine Katze. Alles das vollzieht sich natürlich zunächst auf dem Standardparcours, den Sie erst nach und nach schrittweise verlassen.

Suchen und Bringen von vergrabenen Münzen

Wenn Sie nach dem Grundsatz der kleinen Schritte den Schwierigkeitsgrad Ihrer Leistungsanforderungen langsam aber beständig erhöhen, können Sie Ihren Hund zu Leistungen führen, die Ihnen anfangs phantastisch vorkommen. Er apportiert Gegenstände über mehrere Kilometer, über extrem ungünstiges, steiniges Gelände. Er schleppt Hasen oder Füchse von 10 oder 15 Pfund über beachtliche Strecken heran. Im tiefen Gras oder Schnee findet und bringt er auch kleine Gegenstände wie Schlüssel, Tennisbälle oder Patronen.

Mit Ihrem Jagd- oder Polizeihund können Sie auf diese Weise leicht die Bewunderung der Kollegen oder Experten erregen. Aber auch Ihr Haushund und Spielgefährte kann zur Attraktion werden. Sie können ihm z. B. mit einem bißchen Geduld beibringen, daß er ein Fünfmarkstück, das Sie vor dem staunenden Publikum weit hinten im Garten 20 cm tief im Boden vergraben haben, im Handumdrehen findet, herausbuddelt und bringt.

Dazu verfahren Sie wie folgt: Sie nehmen ein Brettchen von 20 cm Länge und 4 cm Breite (alles sind ungefähre Maße) und ernennen dieses für einige Zeit zum Lieblingsapportl auf Ihrem Standard-Apportier-Parcours. Seine ganze Mahlzeit bekommt Struppi Tage hindurch bröckchenweise für das immer wiederholte Bringen des gleichen Hölzchens auf der gleichen Bringstrecke. Auch liegt es immer genau auf dem gleichen Platz.

Zwischendurch lassen Sie sich 2 oder 3 runde Eisenplättchen mit einem Durchmesser von etwa 4 cm und zwei Löchern von einem Schlosser stanzen. Die Plättchen binden Sie auf das Holz.

Der Hund wird das so präparierte Lieblingsapportl genauso bringen wie zuvor.

Dafür gibt es ein extra leckeres Häppchen. Dann graben Sie an der üblichen Fundstelle ein trichterförmiges Loch in der Länge und Breite des Hölzchens, zuerst 3–5 cm tief, später 10–15, schließlich 20 cm tief. Es bereitet dem Hund überhaupt keine Mühe, das Holz zu finden und herauszuholen. Im Gegenteil, durch die Erdbewegung hat er zusätzlich Bodenwitterung. Sie können daher auch schon bald beginnen, das Holz mit Gras oder Laub, später mit etwas Erde zu bedecken.

Und nun lassen Sie nach und nach das Hölzchen immer kleiner werden, bis es schließlich auf die Größe eines Fünfmarkstücks geschrumpft ist. Der Hund holt es aus dem Boden und bringt es wie zuvor das große Holz. Vielleicht sorgen Sie bei diesen Übungen dafür, daß der Hund einen 36-Stunden-Appetit hat, der sich für die Abrichtung schwieriger Leistungen besonders bewährt hat. Klappt alles, dann gibt es reichlich Futter – (natürlich auch dann, wenn nicht alles klappt; aber das sagen Sie ihm nicht!). Sie können dann auch bald auf das letzte Rudiment des Hölzchens verzichten und zu einem echten Fünfmarkstück übergehen. Wieder gibt es natürlich Sonderapplaus. Schließlich verschieben Sie vorsichtig den bisher unverändert gebliebenen Fundplatz, indem Sie die Suchstrecke um einige Meter, später entsprechend weiter, verlängern. Oder Sie lassen die Fundstelle, wo sie war, lassen aber die Suchstrecke von einem anderen Punkt aus beginnen. Dann gehen Sie auf beliebige Suchstrecken über; das Abrichteziel ist erreicht.

Schwerapport

Wenn Sie Ihren Hund im Schwerapport abrichten wollen, benötigen Sie auch heute noch einen Apportierbock von der Art, wie ihn *Oberländer* um die Jahrhundertwende entwickelt hat (s. Abb.). Dieser Bock hat die Besonderheit, daß sein Gewicht nach und nach erhöht werden kann.

Zur Stärkung der Halsmuskulatur dient der Apportierbock von Oberländer – ein echtes Trimmgerät für Hunde.

Sie müssen ihn unbedingt, zunächst ohne Zusatzgewicht, zum Lieblingsapportl machen.

Hat der Hund das nötige Alter von mindestens einem Jahr, können Sie mit der Steigerung des Gewichtes beginnen, selbstverständlich zunächst nur auf kurzen Entfernungen. Hier ist das Prinzip der kleinen Schritte besonders wichtig. Zur Stärkung der Halsmuskulatur können Sie den gewichtigen Bock auch beim Spaziergang tragen lassen. Dabei können Sie die Belastbarkeit des Hundes am besten kontrollieren.

Bringen über Hindernis

Ist der Hund im Springen und im Schwerapport ausgebildet, können Sie darangehen, das Bringen über Hindernis zu üben. Dazu brauchen Sie eine stabile Wand, auf die er beim Überspringen auftreten kann. Ideal ist die Wand im Gartentor, die ich zuvor beschrieben habe (s. Seite 85). Außerdem brauchen Sie außer dem Oberländer-Apportierbock einen Fuchsbalg, der um ein schlauchförmiges Säckchen (ca. 10×40 cm groß) gebunden werden kann. Das Säckchen muß aus einem sehr dichten Gewebe bestehen und soll zunächst mit Sägemehl, später mit Sand gefüllt werden.

Je nach dem Können des Hundes beginnen Sie mit einem leichten bis mittleren Gewicht und geringer Höhe. Sie legen den Hund 5 m vor dem Hindernis ab, steigen mit dem App-

ortl (Bock oder Fuchs) höchstpersönlich über das Hindernis, legen das Apportl etwa 3–4 m hinter dem Hindernis auf den Boden, gehen zum Hund zurück und befehlen: »Voran Apport, hopphopp!« Der Hund muß ohne Zögern das Hindernis überfliegen, das Apportl aufnehmen und über das Hindernis bringen, selbstverständlich mit »Sitz!« und »Aus!«. Sie können diesen Vorgang unter langsamer Steigerung der Schwierigkeiten nicht oft genug üben.

Quersuche oder Streife und Buschieren

Das Ziel dieser Leistungsforderung ist es, im Gelände versteckt liegende Gegenstände, Menschen oder jagdbares Niederwild lediglich durch deren Witterung zu finden. Zu diesem Zweck muß der Hund das Gelände unter Führung seines Herrn systematisch absuchen.

Bevor Sie mit dieser Dressur beginnen, sollte der Hund die Kommandos Voran, Komm (Pfiff) und Down (Trillerpfiff) beherrschen. Sie beginnen in möglichst wildfreiem Gelände. Durch seinen Bewegungsdrang wird sich der Hund schnell von Ihnen entfernen. Sie forcieren Start und Tempo durch den Zuruf: »So recht, voran!« Ist er von Hause aus nicht sehr flott, müssen Sie ihn vielleicht etwas auf Schwung bringen, indem Sie selbst einige Schritte laufen. Sehen Sie, daß der Hund die Suche wunschgemäß bis zum Rand des abzusuchenden Geländes, z. B. eines Feldes, ausdehnt, gehen Sie selbst in die entgegengesetzte Richtung, um den Abstand schneller zu vergrößern. Macht der Hund zu früh kehrt, laufen Sie in seine Richtung und veranlassen ihn, korrekt bis zum Feldrand zu suchen. Sobald er von sich aus wendet, geben Sie das Wendekommando ab (Gleichzeitigkeitsregel), und zwar abwechselnd den Ruf »Hier!« und einen kurzen, leisen Pfiff.

Am Anfang arbeiten Sie mit stärkeren Gesten. Später können Sie die Suche des Hundes mit kleinen Armbewegungen überallhin dirigieren.

Es ist wichtig, daß der Hund das Wendekommando gründlich lernt. Es gibt Ihnen die Möglichkeit, die Amplitude der Suche zu vergrößern oder zu verkleinern. Im Wald oder im buschigen Gelände gibt es ja keine natürlichen Begrenzungen wie draußen im Feld. Hier muß der Hund kurz vor Ihnen suchen (buschieren). Dazu brauchen Sie ein einfaches, gut sitzendes Wendekommando, und zwar als Pfiff und als Ruf; denn Sie haben nicht immer die Pfeife dabei.

Nur wenn der Hund auch auf »Komm« oder Heranpfiff nicht wendet, pfeifen Sie ihn zuerst down und dann sofort hinterher heran. Als angstauslösendes Kommando wird das »Down« eher befolgt als das »Komm«. Liegt aber der Hund, kommt er sofort.

Hat der Hund gewendet und nähert sich Ihnen, rufen Sie »Komm, so recht, komm!«, um die Rückbewegung zu beschleunigen. Aber schon wenn er auf 20 Schritte heran ist, leiten Sie die nächste Suche zur anderen Seite hin ein, indem Sie wie ein Verkehrspolizist mit dem Arm in die neue Richtung weisen und mit dem anderen »nachschieben«.

Das Ideal ist erreicht, wenn der Hund in flotter Gangart möglichst weit rechts und links bis zum Feldrand sucht, gegen den Wind wendet und 20–30 Schritt vor Ihnen vorbeikommt, während Sie an der Mittellinie des Feldes geradeaus gehen, ohne ein Kommando abgeben zu müssen.

Ablegen und Absitzen mit starken Verleitungen

Neben dem »Sitz!«, dem »Bleib!«, dem »Down!« und dem »Bei Fuß!« gehört das Ablegen zu den Übungen des Verharrens, die dadurch bestimmt sind, daß der Hund seine jeweilige Position für eine gewisse Zeit einhalten muß. Alle diese Übungen sind genau genommen kleine, aus zwei Leistungselementen bestehende Leistungsabläufe, dem Sichhinlegen (Sichsetzen usw.) und dem Liegenbleiben (Sitzenbleiben usw.).

Die Besonderheit der Abrichtung dieser Übungen besteht darin, daß am Beginn der Abrichtung das Schwergewicht auf dem ersten Leistungselement liegt. Wenn der Hund aber das Kommando »Ablegen!« (»Sitz!« usw.) beherrscht, verschiebt sich das Schwergewicht des Übens immer mehr auf das zweite Leistungselement. Das aber hat ein Nichttun, ein Unterlassen, zum Gegenstand, nämlich das Nichtaufstehen usw. Das heißt: Die Abrichtung der Übungen des Verharrens wird immer mehr zur Unterlassungsabrichtung. Das unerwünschte Aufstehen ohne Kommando muß durch negative Einwirkungen verleidet werden.

Wenn Sie Ihren Jagdhund grundsätzlich in der Wohnung an einer bestimmten Stelle anleinen – mit den nötigen Unterbrechungen natürlich –, werden Sie feststellen, daß er diesen Platz nach einer gewissen Zeit aufsucht und nicht verläßt, wenn Sie ihn eines Tages einmal nicht anleinen. Ziehen Sie aus dieser Erfahrung die Lehre und üben Sie das Ablegen mit starken Verleitungen wie auch das Ablegen auf längere Zeit grundsätzlich mit dem angeleinten Hund.

Hat der für sich allein abgelegte Hund erst einmal spitz, daß er sich nur davonzustehlen braucht, um die süßen Zerstreuungen in seiner Umwelt wieder genießen zu können, so wird die Abrichtung erheblich erschwert.

Sie bereiten sich daher in der Nähe Ihres Hauses eine Wegstrecke vor, auf der Sie das dauerhafte Able-gen üben wollen. Auf dieser Strecke müssen Sie im Abstand von 30–50 m eine ganze Reihe von Möglichkeiten haben (Wandhaken, abgeschnittene kurze Äste o. ä.), um den Hund unauffällig und im Vorübergehen anleinen zu können.

An jedem dieser Punkte können Sie so das Ablegen üben. Sie kommandieren »Ablegen, bleib!«, achten darauf, daß der Hund diesem Befehl schnell und prompt Folge leistet (ggf. nehmen Sie eine aufgerollte Zeitung zur Hilfe), werfen die Schleife der Leine unauffällig über den Haken und gehen gleichmütig weiter.

Zur Kontrolle des Ablegens können Sie sich ab und zu herumdrehen; besser aber ist es, wenn Sie einen kleinen Taschenspiegel mitnehmen. Sobald der Hund aufsteht oder sich setzt, drehen Sie sich ruckartig herum, pfeifen »Down!« und drohen mit »Pfui! Was soll das?«. Dann gehen Sie schnell und böse gestikulierend zu ihm zurück, erneuern Ihren Befehl, dem Sie jetzt mit einem leichten Gertenhieb Nachdruck verleihen, und entfernen sich im Rückwärtsgang unter mehrmals wiederholtem »Ablegen, bleib!« von dem Hund. Bleibt er brav liegen, gehen Sie nach einer gewissen Zeit langsam zu ihm zurück, gehen aber einige zehn Meter über seinen Ablegeplatz hinaus. Sie haben so Gelegenheit, seine Standhaftigkeit gegen Verleitungen zu testen.

Eine weitere Gelegenheit hierzu bietet sich Ihnen, wenn Sie den Hund an einem Gebüsch in dieser

Weise abgelegt haben. Sie gehen jetzt nämlich nicht auf dem Weg zu ihm zurück, sondern 5–10 m innerhalb des Gebüsches. Besonders in der Höhe seines Liegeplatzes machen Sie sich bemerkbar, so daß er Sie hört, aber nicht sieht. Das ist für den Hund eine starke Verleitung zum Aufstehen. Sie selbst sollten den Hund unter Kontrolle haben.

Das gleiche üben Sie, indem Sie einen Helfer durch den Wald schikken, selbst aber in der Nähe des Hundes bleiben.

Wenn der Hund auch bei dieser Übung eine Viertelstunde liegenbleibt, gehen Sie zu noch stärkeren Verleitungen über. Sie schicken z. B. einen anderen Hund zu ihm. Oder Sie ziehen 10 m von seinem Liegeplatz entfernt eine Hasenattrappe über die Straße. Oder Sie lassen in seiner unmittelbaren Nähe, aber für ihn unsichtbar, eine Katze schreien. Immer noch ist der Hund angeleint, u. U. an einem Stachelhalsband.

Sie können auch, um dessen Wirkung zu erhöhen, die Leine auf 3–5 m verlängern. Selbstverständlich muß sie stark genug sein. Oder Sie arbeiten mit dem Teletaktgerät. Beides hat jedoch nur Sinn, wenn Sie, wie vorhin beschrieben, schrittweise vorgehen, so daß der Hund genau weiß, daß er liegenbleiben muß. Sicher ist das Teletaktgerät empfehlenswert, wenn Sie zum ersten Mal mit starken Verleitungen die Übung mit dem unangeleinten Hund vornehmen.

Mit genau den gleichen Mitteln können Sie erreichen, daß der Hund nicht abliegt, sondern »absitzt«. Es heißt dann eben immer »Sitz! Bleib!« und nochmals energisch »Bleib!«.

Üben Sie auch diese Leistung mit dem angeleinten Hund und wechseln Sie häufig genug die Umgebung. Später lassen Sie die Leine lose auf dem Boden liegen; auch hier meint der Hund, er sei angeleint. Es macht schon einen hervorragenden Eindruck, wenn Ihr Hund vor Nachbars Gartentür, wo Sie einen kurzen Besuch machen, oder vor Ihrem Lebensmittelladen oder dem Bürgermeisteramt, wo Hunde nicht hineindürfen, geduldig sitzend auf Sie wartet und alles um ihn herum mit gespannter Aufmerksamkeit verfolgt.

Lauf zu Frauchen – lauf zu Herrchen

Ein köstlicher Spaß für Herr und Hund ist das Hin- und Herlaufen des Hundes zwischen Frauchen und Herrchen, das bei Spaziergängen oder im Garten geübt werden kann. Es läßt sich sogar nützlich verwenden, wenn der Hund es lernt, die Rolle des Boten (vielleicht des »Liebesboten«) zu übernehmen. Gleichzeitig ist diese Übung vorzüglich geeignet, das Herankommen, Voran, Sitz oder Gib Laut zu vertiefen.

Die Abrichtung ist denkbar einfach. Sie überlassen Ihrer Frau die Position am Dressurplatz (oder, wenn Sie es sind, liebe Leserin, die als Oberabrichterin des Hauses fungiert, lassen Sie Ihrem Gatten diesen

Wenn Sie ihm ein Briefchen an Ihre Braut mitgeben (am Halsband natürlich), kann er der Post Konkurrenz machen.

Standort) und entfernen sich, mit Bröckchen versehen, einige Schritte. Sie lassen den Hund sich setzen, zeigen in die Richtung Ihrer Frau und rufen: »Voran, lauf zu Frauchen!«

Frauchen winkt mit dem Fleisch und ruft in freundlichen Tönen: »Na komm, so recht, komm!« Ist der Hund bei ihr, sagt sie: »Schön sitz, so brav!« und gibt ihm, sobald er sitzt, das Bröckchen. Hat er es verschlungen, sagt sie wieder »Sitz!« und »Voran, lauf zum Herrchen!« und zeigt in dessen Richtung. Herrchen hat sich inzwischen etwas weiter entfernt. Er ruft »Komm!« und »Sitz!« und gibt ihm das Bröckchen. So geht das Spiel nach dem Prinzip der kleinen Schritte nach und nach über immer weitere Entfernungen und Hindernisse.

Die jeweilige Hergabe des Belobigungshäppchens am Ziel können Sie außer vom »Sitz« auch von anderen Leistungen abhängig machen, vom »Leg dich hin«, »Gib Laut« usw. Soll der Hund jedoch lernen, sich bei jeder Ankunft beim Frauchen vernehmen zu lassen, müssen Sie jedesmal das Bellen verlangen.

Lautgeben bei bestimmten Wahrnehmungen

Herbeiführen

Ihr Hund hat zuvor gelernt, auf das Kommando »Gib Laut!« hin kräftig zu bellen (s. Seite 165). Sie wollen aber jetzt erreichen, daß er auf ein bestimmtes Zeichen hin, z. B. das Klingeln des Telefons oder der Haustürglocke, das Nahen eines Fremden, das Fliehen des Täters oder das Auffinden riechender Stoffe, laut und anhaltend bellt. Nun, das schwerste Stück Arbeit ist bereits geschafft: Denn Sie wissen schon, wie Sie das erwünschte Verhalten herbeiführen können, um es nunmehr mit einem anderen Auslöser, nämlich einer bestimmten Wahrnehmung zu verknüpfen (Grundsatz des Impulswechsels). Die Grundabrichtung auf »Gib Laut!« war also der erste Schritt dieser Übung.

Verknüpfen

Wie bereits betont: Nach dem ersten Schritt ist alles Folgende nichts als

Routine. Sie beordern z. B. einen Helfer an die Haustür. Er hat die Weisung zu klingeln, während er drinnen das Bellen des Hundes hört (zweite Grundregel). Sie lassen im Haus den Hund sich in der Nähe der Glocke setzen und kommandieren »Gib Laut!«. Bellt der Hund, klingelt der Helfer, und zwar immer wieder neu mit jedem Bellen. Dann gibt es Bröckchen.

Entsprechend verfahren Sie, wenn Sie auf »Nahen eines Fremden« oder »Fluchtversuch des Täters« oder auf Witterung von Haschisch hin das Bellen auslösen wollen.

Motivieren

Wieder vollzieht sich mit tödlicher Sicherheit die bereits mehrfach prophezeite Wandlung: Während der Hund zuvor nur auf »Gib Laut!« anfing zu bellen, lernt er bald, auch auf das Klingelzeichen lautzugeben, ohne daß Sie ihm noch das Bellen ausdrücklich befehlen müßten. Auf den ursprünglichen Auslöser, das Kommando »Gib Laut!«, können Sie ebenso verzichten wie Sie beim Üben von »Gib Laut!« nach dem zweiten Schritt auf den ursprünglichen Auslöser »Fleischbrocken« verzichten konnten.

Durch Anwendung des Grundsatzes des Impulswechsels kann für besondere Spezialaufgaben des Hundes auch das Ablegen mit anderen Befehlsimpulsen verknüpft werden. Hunde riechen z. B. Sprengstoffe oder Drogen noch in winzigen Spuren. Jedesmal wenn der zukünftige »Schnüffler« im Rahmen seines Abrichteprogramms Sprengstoff in die Nase bekommt, befehlen Sie »Ablegen!«. Selbstverständlich kann ein erwünschtes Verhalten auch über den Geruchssinn ausgelöst werden.

Der Schutzhund

Mit einzelnen Ausnahmen, die ein bißchen als gehobene Kunststücke anzusehen sind (nämlich »Suchen vergrabener Münzen«, »Lauf zu Frauchen...«), sind alle beim Gebrauchshund aufgeführten Übungen sowohl als Leistungsforderungen des Schutzhundes wie des Jagdhundes anzusehen. Es erübrigt sich daher für den einen wie für den anderen, sie nochmals zu wiederholen. Jetzt möchte ich mich denjenigen Leistungsforderungen zuwenden, die nur für den Schutzhund in Betracht kommen.

Wächter in Haus und Hof

Fast alle Hunderassen eignen sich zum Wachhund. Es entspricht einem Urinstinkt des Hundes, verdächtige Wahrnehmungen seinen Meutegenossen zu melden.

Fast alle Hunderassen eignen sich für die Aufgabe des Wachhundes. Es entspricht einem Urinstinkt des Hundes, unbekannte, verdächtige Geräusche seinen Meutegenossen zu melden und allem Fremden mit Mißtrauen zu begegnen. Befähigt sind sie für diesen Dienst durch ihr feines Wahrnehmungsvermögen (Gehör, Geruchssinn).

Es kommt daher bei der Abrichtung des Wachhundes darauf an, veranlagungsmäßig bereits vorhandene Verhaltensformen zu fördern. Das eifrige Melden von »Verdächtigen« kann nämlich manchem ruhebedürftigen Hundebesitzer auch zur Plage werden. Er neigt deshalb mög-

licherweise eher dazu, es zu unterdrücken, statt es zu fördern.

Bei übertrieben wachsamen Hunden kann das auch nötig sein! Häufig handelt es sich hierbei um wesensschwache Hunde; denn Wachsamkeit ist eine Form der Ängstlichkeit. Bei ruhigen, wesensfesten Hunden jedoch läßt sich die Wachsamkeit durchaus in den gewünschten Grenzen halten. Sprechen Sie Ihren Hund an und loben Sie ihn, wenn er aufwirft, die Ohren spitzt, die Nase verdreht und schließlich Laut gibt, weil er etwas Verdächtiges wahrgenommen hat. Natürlich können Sie hier auch all das anwenden, was sie soeben unter »Lautgeben bei bestimmten Wahrnehmungen« gelernt haben. Aber das erübrigt sich meistens; es bedarf nur weniger Ermunterungen, um die Mehrzahl der Hunde zum Bellen zu bringen, wenn sie mißtrauisch geworden sind.

Achten Sie besonders auf die Reaktion Ihres Hundes, wenn Sie abends Besuch erwarten. Lassen Sie auch ab und zu einen bestellten »Einbrecher« das Haus umschleichen. Gleichzeitig verbieten Sie energisch, daß jeder Besuch, der ordnungsgemäß geklignelt hat, Gefahr läuft, aufgefressen zu werden – nach dem Gehabe Ihres Hundes zu urteilen.

Der Fährtenhund

Seine Aufgabe ist es, einer menschlichen Fährte am langen Riemen zuverlässig zu folgen. Diese Arbeit entspricht der Schweißarbeit des Jagdhundes. Sie ist jedoch insofern schwieriger, als ein stark riechendes Medium, wie der Schweiß es bietet, nicht gegeben ist. Der Hund kann sich also nur an Duftmarken orientieren, die Auf- und Eintritt des Fährtenlegers im Boden hinterlassen haben. In einem bewachsenen Gelände und kurzer Standzeit von einigen Stunden ist das für die Hundenase kein Problem, mit zunehmender Trockenheit und Festigkeit des Bodens und längeren Standzeiten wird es bald eine unlösbare Aufgabe.

Für die Abrichtung des Fährtenhundes gilt analog, was ich über den Schweißhund gesagt bzw. zu sagen habe (s. Seite 67 und 240ff.). Zur Vermeidung von Wiederholungen bitte ich den interessierten Leser, die von mir empfohlenen Abrichtemethoden dort zu entnehmen. Dabei ist das Fehlen von Schweiß für die Abrichtung von Vorteil: Es ist kein Problem, dem jungen Fährtenhund täglich zur Fütterung eine Fährte zu legen.

Grundfragen der Mannarbeit

Fassen oder nicht fassen?

Die hohe Schule der Abrichtung des Schutzhundes ist die Arbeit am Mann. Sie ist aus mehreren Gründen nicht einfach: Erstens muß sich der Hund, obwohl grundsätzlich dem Angreifer gegenüber feindlich eingestellt, je nach der Situation des Kampfes extrem unterschiedlich verhalten. Das zeigt folgende Zusammenstellung der Leistungsforderungen bei der Mannarbeit:
1. Die Abwehr eines Überfalls auf den Hundeführer – der Hund muß fassen.
2. Stellen und Verbellen des Täters – der Hund muß den Täter umkreisen und darf nicht fassen.
3. Flucht des Täters – der Hund muß den Täter verfolgen und fassen.

4. Abführen des Täters – der Hund muß ruhig bei Fuß gehen und darf nicht fassen.

Aus den theoretischen Erkenntnissen der positiven Abrichtelehre dieses Buches wissen Sie, daß jedes bestimmte Verhalten des Hundes eines bestimmten Auslösers bedarf, normalerweise eines bestimmten, vom Hund unterscheidbaren Außenreizes. Dieser Außenreiz muß bei der Mannarbeit in dem jeweiligen Verhalten des Täters zu suchen sein, das allein für die richtige Reaktion des Tieres bestimmend sein kann. Analysiert man danach die obigen Leistungsanforderungen, so ergibt sich:

a) eine Person, die sich seinem Herrn oder ihm gegenüber aggressiv verhält, muß der Hund fassen,

b) eine Person, die sich ruhig verhält, darf der Hund nicht fassen.

Alles kommt darauf an, daß der Hund lernt, nur auf einen Angriff hin mit einem Gegenangriff, dem Zufassen, zu reagieren.

Mannarbeit übt man im Club

Zweitens: Auch in ihrer einfachsten Form für den privaten Schutzhund ist die Abrichtung der Mannarbeit bei einem wirklich scharfen Hund nicht ungefährlich. Sie sollte daher grundsätzlich nur in Hundeclubs, z.B. in einem der vielen tausend Vereinigungen des Vereins für Deutsche Schäferhunde (SV), geübt werden. Hier gibt es genügend gute Abrichter, die Gefahren einzuschätzen wissen. In den Clubs gibt es auch genügend Scheintäter; es wäre falsch, den Hund nur auf einen Täter einzustellen. Und es gibt vor allem erfahrene Scheintäter, die mit abrichten und von deren Verhalten der Lernerfolg stark abhängt. Schließlich haben die Clubs auch die benötigte Schutzkleidung verfügbar.

Steigern und Dämpfen der Angriffslust

Drittens: Die Kampfbereitschaft des Hundes muß den Umständen angemessen sein. Niemand will eine aggressive Bestie großziehen, die nur mit Maulkorb unter Menschen darf. Im Ernstfall darf der Hund weder kneifen oder zu vorsichtig sein – dann erfüllt er nicht seinen Zweck –, noch darf er zu angriffslustig sein und ein harmloses Küßchen schon als Generalangriff ansehen.

Bei gegebener Veranlagung ist die richtige Entwicklung des Kampftriebes eine Frage der Abrichtung; durch sie kann jeder Hund – von extremen Weichlingen und Raufbolden mal abgesehen, die auszusondern sind – auf das gewünschte Maß an Mannschärfe eingestellt werden. Dies geschieht durch abwechselndes Steigern und Dämpfen der Angriffslust des Tieres. Läßt die Angriffslust des Tieres nach, muß sie neu entfacht oder gesteigert werden; ist sie übertrieben stark, muß sie gedämpft oder gar gebremst werden.

Die Angriffslust wird gesteigert

1. durch den Befehl »Faß!« oder »Voran!«,
2. durch aggressive Handlungen des Scheintäters, z. B. Schlagen mit dem Stock auf den Boden oder gegen die Stiefel, Stampfen mit dem Fuß, Erheben der Arme, Scheinangriff auf den Herrn, Angriffsschreie, drohende Ausfallbewegungen (= Wecken des Kampf- und Selbsterhaltungstriebes),
3. durch Zurückweichen oder fluchtartige Bewegungen des Scheintäters (= Wecken des Verfolgungstriebes),
4. durch unmittelbare Nähe oder Hinzueilen des Herrn (= Wecken des Meutetriebs),
5. durch positiv-lustvolle Erfahrungen des Hundes, der gegenüber dem Scheintäter Sieger bleibt,
6. durch Ermunterungslaute »So recht, brav!«, die die allgemeine Aktivität des Tieres erhöhen.

Umgekehrt wird die Angriffslust des Hundes gedämpft oder gebremst

1. durch den Befehl »Aus!«,
2. durch unbewegliches Stehenbleiben des Täters aus dem Angriff heraus in der sogenannten kampflosen Stellung (= Einschläfern des Kampfgeistes),
3. durch Stehenbleiben des fliehenden Täters (= Einschläfern des Verfolgungstriebes),
4. durch Sichentfernen des Herrn vom Kampfgeschehen (= Einschläfern des Meutetriebes),
5. durch negative Erfahrungen des Hundes. Der Scheintäter bleibt der Stärkere. Gegebenenfalls

muß der Hund hierzu geschlagen werden, aber nur auf Rücken, Kruppe und Keulen,
6. durch Droh- und Schrecklaute wie »Pfui!«, »Was soll das?« usw.

Bei allen Übungen der Mannarbeit wenden Hundeführer und Scheintäter diesen Einwirkungskatalog im Wechselspiel an, bis der Hund das erwünschte Ausmaß an Angriffslust gefunden hat.

Die Abwehr eines Überfalls

Der Gegenangriff des Hundes

Für die Abwehr eines Angriffs auf den Herrn durch den Gegenangriff des Hundes lautet die Leistungsforderung: Tätliche Angriffe auf seinen Herrn soll der frei bei Fuß neben ihm gehende Hund auf Kommando »Faß!« oder ohne Kommando mit blitzschnellem Zufassen am Arm des Angreifers beantworten. Auf »Aus!« soll er sofort von dem Täter ablassen.

Dieser Leistungsablauf ist dem jungen Schutzhund bereits vertraut, wenn er in früher Jugend die Kommandos »Faß!« und »Aus!« gründlich gelernt hat (s. Seite 168 ff.). Dies wird hier ebenso vorausgesetzt wie die erfolgreiche Abrichtung des Hundes in den wichtigsten Disziplinfächern, Bei-Fuß, Ablegen, Herankommen und Voran. Wenn dies nicht geschehen ist, sollte die Abrichtung des Gegenangriffs mit dem Fassen des Lappens beginnen (s. Seite 170).

Schritt 1: Blitzschneller Gegenangriff des angeleinten Hundes

Der Abrichter geht mit den angeleinten Hund bei Fuß auf den ruhig stehenden Scheintäter zu. Der Scheintäter trägt Schutzkleidung. Kommen Herr und Hund in die Nähe des Scheintäters, greift dieser unvermittelt den Hundeführer an. Sofort versuchen Führer und Scheintäter mit den soeben beschriebenen Mitteln, den Kampftrieb des Hundes zu wecken. Dabei macht der Scheintäter mit dem geschützten Beißarm Bewegungen hin und her, die ähnlich sind wie zuvor die Bewegungen mit dem Sack oder dem Lappen. So wie der Hund früher den Lappen sofort faßte, wird er sich nunmehr in den Beißarm verbeißen.

Es kommt bei diesem ersten Schritt darauf an, daß der Hund blitzschnell zufaßt und den Angriff sofort durch einen Gegenangriff erwidert. Es kommt nicht auf die Dauer des Kampfes an und auch nicht darauf, daß der Hund den Kampf gewinnt. Wichtig ist jedoch, daß häufig geübt wird und daß der Hund immer wieder Gelegenheit hat, die blitzschnelle Reaktion auf den Angriff zu erlernen. Dehnen Sie daher den anschließenden Kampf nicht lange aus. Hat der Hund gründlich zugefaßt, rufen Sie ihn mit dem Kommando »Aus!« wieder ab. Sie unterstützen das Loslassen durch einen leichten Zug an der Leine. Jetzt bekommt der Hund sein Bröckchen, und Sie entfernen sich mit ihm einige Schritte von dem Täter.

Es ist nicht nötig, daß Sie sich zu weit von diesem entfernen. Vielmehr kehren Sie bald wieder um. Der Täter wiederholt seinen Angriff.

Vor allem ist eines wichtig: Der Hund muß auf den Angriff hin reagieren, nicht etwa auf die Person des Täters hin. Friedliche Menschen, auch den ihm als »Verbrecher« inzwischen vertrauten Scheintäter, muß er in Ruhe lassen. Wechseln Sie daher zwischen Angriff und Nichtangriff ständig ab, und zwar in unregelmäßiger Folge. Einmal wenn Sie hinkommen, greift der Täter Sie an, das nächste oder übernächste Mal bleibt er stehen und unternimmt nichts. Der Scheintäter soll dabei am Anfang völlig regungslos und stumm stehenbleiben. Später soll er sich in neutraler Form bewegen und Sie ansprechen, vielleicht sollte er Ihnen auch einmal die Hand geben.

Schließlich soll der Scheintäter vom friedlichen Gespräch aus unvermittelt zum Angriff übergehen. Alles kommt darauf an, daß der Hund das aggressive Verhalten eines Dritten, und nur ein solches Verhalten, als Auslöser für seinen Gegenangriff erlernt. Sollte der Hund bei diesen Übungen nicht schnell genug zufassen, müssen der Scheintäter und Sie die oben beschriebenen Mittel zur Steigerung seines Kampftriebes anwenden. Achten Sie gleichzeitig streng darauf, daß der Hund den Beißarm faßt und andere Körperteile schont. Vor allem darf der Hund nicht in den Stock des Scheintäters beißen. Der Scheintäter sollte ihm hierzu grundsätzlich nie Gelegenheit geben.

Schritt 2: Den Kampf durchstehen – hart werden im Nehmen

Nach diesem Schritt, aber auch zwischendurch, üben Sie den Zweikampf Hund gegen Mann. Jetzt geht es darum zu erreichen, daß der Hund den Kampf durchsteht und gemeinsam mit seinem Herrn den Angriff vereitelt. Auch unangenehme Gegenmaßnahmen des Scheintäters, Schreie, Schläge, Tritte, dürfen den Hund nicht dazu bringen, den Kampf aufzugeben. Die Fähigkeit des Hundes, einen solchen Kampf durchzustehen, ist natürlich davon abhängig, wie weit Mut, Schneid und Tapferkeit anlagemäßig vorhanden sind.

Der Kampftrieb läßt sich aber auch erheblich steigern, besonders dadurch, daß der Hund bei der Abrichtung normalerweise Sieger bleibt. Dies gibt ihm Sicherheit und Selbstvertrauen. Kommt es also darauf an, den Kampftrieb zu steigern, muß der Scheintäter in seinen Gegenmaßnahmen nur so weit gehen, daß diese den Hund zur Erhitzung des Kampfes reizen, nicht aber sein Mütchen kühlen. Gerade hier zeigt sich, welche Bedeutung ein geschickter und erfahrener Scheintäter für den Lernerfolg der Abrichtung des Schutzhundes haben kann. Dies gilt auch für den umgekehrten Fall, wenn der Scheintäter den Kampftrieb dämpfen muß.

Schritt 3: Zuverlässigkeit bei Abbruch des Kampfes

Schließlich muß der Hund lernen, auch den hitzigsten Zweikampf sofort abzubrechen, wenn sein Herr es ihm befiehlt. Bei »Aus!« ist Schluß! Gerade dieses Kommando sollte der Hund von Jugend an gelernt haben. Bricht er den Kampf hierauf nicht ab, heißt es »Down!« bzw. »Platz!«.

Das Ablassen vom Täter bei »Aus!« muß sehr gründlich geübt werden und zuverlässig funktionieren. Gelingt es nicht, sind Schmerzeinwirkungen unvermeidbar. Hier stehen Menschenleben auf dem Spiel. Prompte Befolgung des Down- oder Platzkommandos muß daher gegebenenfalls durch ein scharfes Stachelhalsband, später beim unangeleinten Hund auch mit Teletakt erzwungen werden.

Um in der Abrichtung des Kampfabbruches möglichst viele Konsequenzen einzubringen, halte ich es für richtig, daß der Hund bei »Aus!« nicht nur losläßt, sondern grundsätzlich in die Platzlage geht.

Ist dies geschehen, fordern Sie nach einer Weile den Hund durch »Bei Fuß!« auf, Ihnen wieder zu folgen. Oder Sie lassen in unregelmäßiger Häufigkeit abwechselnd den Kampf plötzlich wieder durch einen neuen Angriff des Scheintäters aufleben. Jetzt muß der Hund sofort wieder fassen.

Schritt 4: Abbruch einer begonnenen Abwehr

Es ist, wie erwähnt, leicht möglich, daß der Hund die harmlose Umarmung eines Dritten als Angriff auffaßt ebenso wie das bereits erwähnte Küßchen. Oder es kommen Kinder stürmisch auf Sie zu.

Sie müssen versuchen, möglichst viele solcher Fälle, die der Hund als Angriff auf Sie betrachten könnte, in das Übungsprogramm einzubeziehen. Reagiert der Hund falsch und will er zufassen, stoppen Sie ihn durch »Aus!« und »Platz!«. Vollständig läßt sich das Problem solcher scheinbarer Angriffssituationen eben nur dadurch lösen, daß der Hund sich an Fälle dieser Art gewöhnt und lernt, jede eingeleitete Abwehrreaktion auf Kommando sofort abzubrechen.

Schritt 5: Wechsel von Scheintäter und Tatort

Bisher haben Sie immer mit dem gleichen Scheintäter und immer am gleichen Tatort geübt. Wechseln Sie jetzt zunächst den Scheintäter. Wenn der Hund auf einen anderen Scheintäter mit der gleichen Kampfbereitschaft reagiert, wechseln Sie mit dem alten Scheintäter auch den Tatort. Sie können dann in einem großen Kreis 5, 6 und mehr Scheintäter aufstellen. Nicht alle benötigen Schutzkleidung. Mit dem angeleinten Hund gehen Sie von einem zum anderen. Irgendwo kommt unvermittelt der Angriff. Dann wiederum soll einmal ein Angriff aus der Deckung heraus erfolgen.

Schritt 6: Übungen mit dem nicht angeleinten Hund

Wenn dieses ganze Übungsprogramm erfolgreich mit dem angeleinten Hund durchgespielt ist, beginnen Sie ganz von vorn mit dem nicht angeleinten Hund. Hierbei wird es zunächst keine Schwierigkeiten geben. Der Hund wird reagieren, als sei er angeleint, wenn der Angriff erfolgt, solange der Hund unmittelbar bei Ihnen ist. Sollten Sie dennoch die Erfahrung machen, daß der Kampftrieb des nicht angeleinten Hundes deutlich niedriger liegt als zuvor, müssen die dargestellten Maßnahmen zur Steigerung des Kampftriebes jetzt verstärkt werden.

Eine neue Schwierigkeit stellt sich allerdings dadurch ein, daß der Angriff des Scheintäters auf Sie in dem Augenblick erfolgt, in dem der Hund sich nicht in Ihrer unmittelbaren Nähe befindet. Jetzt ist auf keinen Fall mit einer schwächeren Kampfbereitschaft zu rechnen.

Selbstverständlich werden Sie nach dem Prinzip der kleinen Schritte vorgehen und den Abstand zwischen Ihnen und dem Hund im Augenblick des Angriffs nur langsam vergrößern. Der Hund muß Ihnen auch dann zu Hilfe kommen, wenn er aus großer Entfernung einen Angriff auf Sie beobachtet.

Schritt 7: Anpassung an den Ernstfall

Es erhebt sich die Frage, ob Sie anschließend in weitgehender Annäherung an den Ernstfall mit Scheintätern ohne Schutzanzug arbeiten müssen. Ich halte dies nicht für erforderlich. Ich glaube, daß sich die Aufmerksamkeit des Tieres auf den Menschen konzentriert und vor allem auf dessen Bewegungen, nicht aber auf dessen Kleidung. Ich möchte diese Frage sogar klar verneinen, vorausgesetzt, Sie haben im Verlauf der Abrichtung den Schutzanzug häufig durch einen Mantel, Kittel oder ein Hemd getarnt.

Dagegen müssen Sie zur Anpassung an den Ernstfall den Übungsplatz verlassen. Sie müssen den Ort des Angriffs in freies Gelände verlegen, dann in den Wald, in eine Straße, zwischen Häuser und schließlich auch in das Innere eines Gebäudes. Auch sollten Sie den Fall vorsehen, daß zwei oder mehrere Scheintäter angreifen.

Stellen und Verbellen des Täters

Diese Leistung hat folgendes Abrichteziel: Stößt der auf Befehl und unter Kontrolle des Hundeführers frei suchende Hund auf eine Person (Täter, Scheintäter), soll er sie stellen und verbellen.

Auch die Abrichtung dieser Leistungsforderung erfolgt in mehreren Schritten:

Durch Drohgebärden und Stockschläge bringt der geschickte Scheintäter den ihn stellenden Hund zum Verbellen.

Schritt 1: Angriff auf den angeleinten, abgelegten Hund

Hier nutzen Sie die Tatsache aus, daß der Kampftrieb des Hundes bedeutend geringer ist, wenn sein Herr sich nicht in seiner Nähe befindet. Sie leinen den Hund im Gelände an einem festen Haken oder Baum an; notwendig hierzu ist eine feste Leine oder Kette und ein breites Halsband, da der Hund sich möglicherweise arg ins Zeug legt. Bei einem sehr wilden Hund empfiehlt es sich darüber hinaus, die Kette mit einer starken Feder zu verbinden. Sie begeben sich nun außer Sichtweite. Jetzt nähert sich der mit einem Stock bewaffnete Scheintäter dem abgelegten Hund, den er unvermittelt angreift. Ein scharfer Hund wird sofort zum Gegenangriff übergehen. Er kann jedoch nicht zufassen, da er angeleint ist.

Der Scheintäter versucht nun, folgendes zu erreichen: Erstens, daß der Hund seinen Stockschlägen ausweicht. Dazu schlägt er recht wuchtig unmittelbar neben dem Hund auf den Boden. Manchmal trifft er auch leicht die Pfoten, die der Hund zurückziehen wird. Zweitens versucht er, den Hund zum Verbellen zu bringen. Das gelingt fast immer auf Anhieb; der angeleinte Hund hat ja keine andere Möglichkeit, sich gegen den ihn bedrohenden Fremdling zu wehren, als ihn kräftig anzubellen; ist doch das Bellen für ihn ein Imponiergehabe, das Furcht einflößen soll. Nur in dem Ausnahmefall, daß der Hund stumm bleibt, muß der Abrichter in Erscheinung treten und eine Verbelldressur einleiten, wie sie auf den Seiten 165 und 223 beschrieben wurde.

Drittens soll der Hund, obwohl er nicht zufaßt, scharf am Mann bleiben. Er darf nicht etwa bellend hin und her laufen oder gar zurückweichen und Ängstlichkeit verraten. Zeigt sich so eine mangelnde Kampfbereitschaft, muß der Scheintäter zurückweichen, während der Abrichter aus der Deckung hervorkommt und durch »Voran!« den Hund zum Herangehen ermuntert. Bei einem zu wenig zum Wütendwerden aufgelegten Hund muß der Abrichter zunächst ganz in dessen Nähe bleiben.

Wichtig ist, daß der auf sich selbst gestellte Hund unterscheiden lernt zwischen dem harmlosen Spaziergänger und dem ihn bedrohenden Täter. Letzterer muß daher in unregelmäßiger Folge statt den Hund anzugreifen an ihm vorbeigehen, ohne ihn zu beachten. In diesem Fall muß der Hund ruhig bleiben und darf nicht bellen. Der Abrichter muß daher aus der Deckung heraus auf den Hund einwirken und »Platz!« kommandieren, sobald er sich bei der Annäherung des Täters auch nur aufrichtet. Erst in dem Augenblick, wenn der Angriff erfolgt, darf der Hund hochgehen.

Schritt 2: Arbeit an der langen Leine

Das Stellen und Verbellen kann aus mehreren Gründen sehr gut am langen Lederriemen geübt werden: Erstens ist der mehrere Meter vor dem Hundeführer laufende Hund zuerst beim Täter. Dessen Angriff kann sich daher nicht gegen den Herrn richten, sondern muß gegen den Hund gerichtet sein. Zweitens kann der Hundeführer trotz der relativ großen Entfernung mit Hilfe der Leine verhindern, daß der Hund zufaßt. Drittens gibt die lange Leine auch dem angeleinten Hund die Möglichkeit, sich der Leistungsforderung entsprechend zu verhalten, d. h., er hat Freiheit genug, den Täter bellend zu umkreisen, wenn auch zunächst nur im Halbkreis. Viertens schließlich kann der Hundeführer leicht die Kampfbereitschaft beeinflussen, je nachdem, ob er durch mehr oder weniger Leine sich selbst dem Kampfgeschehen weniger oder mehr nähert.

Die Übung selbst geht wie folgt vonstatten: Der stockbewaffnete Täter steht ruhig im Gelände, 20–30 m vom Hundeführer entfernt. Der Hund sitzt bei Fuß. Nun kommandiert der Hundeführer »Voran!« und zeigt dabei auf den Scheintäter. Jetzt soll der Hund losstürmen. Der Hundeführer folgt am Ende der Leine. Hundeführer und Scheintäter korrigieren jetzt ständig das Verhalten des Tieres, zum einen im Hinblick auf dessen Kampfeifer nach den eingangs beschriebenen Regeln, zum anderen im Hinblick auf das angestrebte korrekte Stellen und Verbellen. Sollte der Hund hierbei, obwohl er gelegentlich einen Hieb einsteckt, nicht von Faßversuchen abzubringen sein, muß auf Schritt 1 zurückgegriffen werden.

Bitte beachten Sie: Der Hundeführer darf durch Straffhalten der Leine verhindern, daß der Hund zufaßt; hierdurch gibt er dem Hund Gelegenheit, innerhalb seines Handlungsspielraums das richtige Verhalten, Umkreisen und Verbellen, herauszufinden und zu verknüpfen. Er darf jedoch nicht durch Ziehen an der Leine das Loslassen erzwingen. Der Hund muß selbst dahinterkommen, daß er nicht fassen darf oder loslassen muß, sobald und solange der Täter sich ruhig verhält.

Hat der Hund dies verstanden, kommt eine Variante ins Spiel: Wenn der Hundeführer das Herangehen des Hundes durch »Voran!« befohlen hat, muß der Hund den Scheintäter auch dann stellen und verbellen, wenn dieser in kampfloser Stellung verbleibt. Sollte der Hund sich hierdurch veranlaßt fühlen, das feindselige Umkreisen und Verbellen zu beenden, muß der Scheintäter sofort aggressiv werden.

Schritt 3: Arbeit ohne Leine

Von der Abrichtetechnik her unterscheidet sich dieser letzte Schritt nicht von dem vorangegangenen. Nur kann der Abrichter nicht mehr direkten Einfluß nehmen, wenn der Hund zufaßt, anstatt zu verbellen.

Wenn Sie daher zum ersten Mal auf die lange Leine verzichten, sollten Sie die Umstände so wählen, daß der Kampfeseifer des Tieres eher etwas gedrückt wird. Sie wählen z. B. einen Platz außerhalb des Übungsgeländes; die fremde Umgebung wirkt hemmend auf den Angriffsgeist.

Außerdem postieren Sie den Scheintäter auf eine möglichst weite Entfernung. Sicherheitshalber trägt dieser jedoch Schutzkleidung. Jetzt machen Sie mit dem Hund einige scharfe Disziplinübungen, »Sitz!«, »Platz!«, »Ablegen!«, »Kommen!« usw., und schicken ihn dann mit »Voran!« zu dem Scheintäter.

Verbellt der Hund jedoch nicht oder zeigt er überhaupt zu wenig Kampfbereitschaft, bleiben Sie näher bei dem Scheintäter und wenden gemeinsam mit diesem die oben dargestellten Methoden an, um die Angriffslust des Hundes zu steigern. Sobald der Hund aber verbellt, stellt der Scheintäter alle den Hund reizenden Kampfhandlungen ein.

Den weiteren Verlauf der Abrichtung bestimmt der Hund. Sie werden schnell feststellen, woran es hapert und entsprechend auf Schritt 1 oder 2 zurückgreifen.

Schritt 4: Anpassung an den Ernstfall

Auch das Stellen und Verbellen muß, wie die Abwehr eines Angriffs, in allen denkbaren Variationen in und außerhalb des Übungsgeländes geübt werden. Auch müssen die Scheintäter nach Zahl und Art variiert werden. Hierbei ist auch die Schußfestigkeit zu prüfen.

Verfolgen des flüchtigen Täters

Die Leistungsforderung lautet: Wendet sich der Täter zur Flucht oder trifft der suchende Hund auf den flüchtigen Täter, so soll er ihn verfolgen und am Arm fassen. Bricht der Täter die Flucht ab, muß der Hund sofort loslassen und den Täter stellen und verbellen, bis der Hundeführer zur Stelle ist.

Von den Übungen der Mannarbeit ist dies die einfachste. Der sichtbar flüchtende Täter weckt, vor allem

Wendet sich der Täter zur Flucht, soll der Hund ihn fassen.

nach vorangegangenem Kampf, den Verfolgungstrieb des Tieres; in den weitaus meisten Fällen wird er daher ohne Aufforderung folgen. Aus der gleichen Trieblage heraus wird der Hund auch versuchen, den flüchtenden Täter zu fassen. Die Abrichtung wäre wesentlich schwieriger, wenn die Leistungsforderung das Fassen verböte. Sollte dennoch Ihr Hund nicht oder nur zögernd dem Täter folgen, müssen Sie gemeinsam die Verfolgung aufnehmen, bis der Hund das Lustvolle und Erfolgreiche dieses Verhaltens erfahren hat.

Gerät der Flüchtende außer Sicht oder befindet er sich von Anfang an außer Sicht, wird der in den Grundfächern (Bringen auf der Führerfährte) abgerichtete Hund ebenfalls keine Mühe haben, den Täter auf dessen Fährte schnell zu finden.

Abführen des Täters

Jede der vorangegangenen drei Leistungsforderungen der Mannarbeit endet, wenn sie erfolgreich verläuft, mit der Festnahme und dem Abführen des Täters. Bei der Festnahme bleibt der Hund frei abgelegt. Hierbei soll er mit aufgerichtetem Kopf ruhig liegen und nicht bellen. Wird der Täter abgeführt, soll er ruhig bei Fuß gehen. Wie beim vorangegangenen Ablegen soll er das Geschehen mit gespannter Aufmerksamkeit verfolgen und einen etwaigen erneuten Angriff durch sofortiges Zufassen abwehren.

*Wird der Täter abgeführt, soll der Hund
jede seiner Bewegungen scharf im Auge
haben; aber er soll nicht zufassen.*

Sobald die Übungen »Abwehr eines Angriffs« und »Stellen und Verbellen« einigermaßen gelingen, und zwar jeweils bei Schritt 2, legen Sie den Hund nach jeder Übung ab, und zwar ausnahmslos. Dabei verharrt der Scheintäter regungslos, während Sie den Hund mit drohender Gebärde, gegebenenfalls mit einem kurzen Hieb, zum Ablegen bringen. Sie können sich am Anfang Zeit lassen. Es tut sich nichts, solange der Hund sich nicht vollständig beruhigt hat und liegen bleibt. Dann gehen Sie langsam rückwärts unter Aufrechterhaltung Ihrer drohenden Haltung (Grundsatz der Aufrechterhaltung der Drohung) auf den Scheintäter zu und sprechen mit ihm, jede Sekunde bereit, den etwa sich rührenden Hund zum Ablegen zu zwingen. Erst nach einiger Zeit gehen Sie auf den Hund zu, leinen ihn an, loben ihn und entfernen sich mit ihm vom Ort des Geschehens. Jetzt kann, nach einigen Gängen, die nächste Übung beginnen.

Das Ablegen nach dem Kampf üben Sie also kombiniert mit den übrigen Fächern der Mannarbeit. Das ist nicht nur rationell; es verhindert auch, daß sich Unarten, nämlich aufregende »Nachspiele«, überhaupt erst bilden. Diese müßten später abdressiert werden, bevor das Ablegen andressiert werden kann. Sind Sie so vorgegangen, ist das Abführen selbst ein Kinderspiel. Der Hund hat sich daran gewöhnt, nach dem Kampf auf Ruhe umzuschalten. Er wird daher ebenso ruhig Herrn und Täter begleiten.

Auch beim Üben soll der Angriff des Täters oder dessen Flucht während des Abführens keine Ausnahme bleiben. Der Täter setzt unvermittelt zur Flucht an, vor allem dann, wenn der Hund sich für Vorgänge außerhalb der Tatszene zu interessieren beginnt. Die gesamte Mannarbeit können Sie nun in folgender Weise zusammenhängend üben: Sie beordern eine stockbewaffnete Person im Schutzanzug (Scheintäter) hinter einen etwa 50 m weit entfernten Deckungsschild. Nach einigen Minuten schicken Sie den Hund mit »Such voran!« auf die Streife. Stößt der Hund auf den Scheintäter, soll er ihn verbellen, ohne ihn zu fassen. Geschieht dies, gehen Sie zu dem Scheintäter und lassen ihn aus der Deckung heraustreten; den Hund legen Sie ab. Während Sie den Scheintäter durchsuchen und mit ihm verhandeln, ergreift dieser plötzlich und unerwartet die Flucht. Der Hund muß ihm sofort und ohne Befehl folgen und ihn fassen. Bei dem Bemühen, sich zu befreien, schlägt der Täter (vorsichtig!) auf die Kruppe oder die Keulen des Tieres. Der Hund darf ausweichen, aber auf keinen Fall zurückweichen.

Daraufhin stellt der Scheintäter sein aggressives Verhalten ein, und der Hund muß von ihm ablassen. Wieder befehlen Sie »Ablegen!« und verhandeln mit dem Täter. Der Hund muß ruhig liegen bleiben. Sie befehlen »Bei Fuß!« und führen den Täter ab. Nach etwa 30 m fällt der Täter unvermittelt über Sie her. Der Hund muß sofort fassen. Dann kehren Sie nach erneuter Festnahme mit Täter und Hund zum Ausgangspunkt zurück.

Die Mannarbeit des Schutzhundes, in dieser Weise abgerichtet, gibt Ihnen nicht nur Sicherheit. Sie ist das denkbar beste Mittel, die Übungen zur Beherrschung des Hundes, der Disziplin also, zu vertiefen. Sie festigt auch in hervorragender Weise das Band der Treue und Anhänglichkeit. Aus Abrichter und Abgerichtetem werden Kampfgenossen, Kumpane, wird eine echte, verschworene »Meute«. Und − sie macht Spaß! Wenn jeder Umgang, jede neue gelungene Verständigung mit dem Tier für den Hundefreund eine Freude ist, dann gipfelt sie in der Mannarbeit. Lassen Sie sich dieses Vergnügen nicht entgehen.

Der Jagdgebrauchshund

Wie bereits erwähnt, sind die beim Gebrauchshund dargestellten Übungen auch Leistungsforderungen an den Jagdgebrauchshund. Wenn der Jagdhund hier nach dem Schutzhund besprochen wird, dann deshalb, weil viele Jagdhundeführer mehr und mehr dazu übergehen, ihren Hund auch als Schutzhund abzurichten. In unsicheren Zeiten, wie wir sie heute leider haben, kann ich hierzu nur raten (s. »Der junge Schutzhund«, Seite 168). Hier folgt jetzt die Besprechung der Leistungsforderungen, die als reine Spezialaufgabe des Jagdhundes anzusehen sind.

Der Hund bringt den schweren Fuchs, wo immer er ihn findet.

Bringtreue

Bringtreue bedeutet, daß der Hund ausgelegtes Wild, das er in freier Suche, also nicht auf der Fährte, findet, ohne Beeinflussung durch seinen Herrn aufnimmt und apportiert. Als Vorübung verfahren Sie wie folgt: Sie packen alle Apportiergegenstände, die Ihr Hund als solche kennengelernt hat, Apportierholz, Hasenbalg, einen großen, alten Knochen, eine Abwurfstange, den sandgefüllten Fuchsbalg, später auch verendetes Kleinwild, eine Katze, Krähe und möglichst einen Fuchs, in eine Tasche und begeben sich mit dem recht hungrigen Hund an eine

Wiese. Den Hund leinen Sie so an, daß er Ihr Tun nicht beobachten kann. Sie gehen nun etwa 100 m auf die Wiese und werfen unterwegs die mitgenommenen Gegenstände so weit wie Sie können nach links und rechts. Gehen Sie auf dem gleichen Weg zurück. Dann schicken Sie den Hund auf die Wiese zur freien Suche. Jedes Apportl, auf das er stößt, muß er Ihnen bringen. Und für jedes gibt es einen guten Happen.

Löst der Hund diese Aufgabe zufriedenstellend, legen Sie die gleichen Gegenstände abends an markanten Punkten im Gelände aus. Hierüber machen Sie sich Notizen. Am nächsten Tag folgen Sie gegen den Wind mit Ihrem Hund dieser Strecke. Auch jetzt soll er alle ausgelegten Gegenstände in freier Suche finden, schnell aufnehmen und bringen. Ratsam ist, daß der Hund bei diesen Übungen wenigstens einen 36-Stunden-Hunger hat. Am besten machen Sie die Übung nach seinem wöchentlichen Hungertag.

Stellen Sie fest, daß der Hund bestimmte Gegenstände, die er gefunden hat, nicht oder nur ungern apportiert, müssen Sie diese auf Ihrem Standard-Bringparcours zu Hause mehrere Tage lang immer wieder bringen lassen, gegen entsprechende Belohnung natürlich, damit der Hund stärker dafür passioniert wird, sie zu bringen.

Vorstehen

Benutzen Sie bei der Suche das Down als »akustische lange Leine« so wenig wie möglich. Es soll nämlich im Gelände eine andere Bedeutung erhalten:

»Achtung Wild! Stopp!«

Das Vorstehen ist dem Vorstehhund häufig angeboren, aber leider nicht immer. Dann muß er darauf gebracht werden. Sobald er im Verlauf der Suche plötzlich Wild markiert, indem er den Kopf herumwirft oder seine Suche ruckartig unterbricht, trillern Sie ihn herunter. Hat er tatsächlich Wild gefunden und nicht eine ältere Witterung vor sich, lassen Sie ihn eine Minute lang liegen. Dann treten Sie das Wild selbst heraus und pfeifen sofort wieder »Down!«, wenn das Wild hochgeht. Sicherheitshalber nehmen Sie ihn vorher an die Leine. Markiert er Lerchen oder Mäuse, verleiden Sie dies durch »Pfui, Vogel! Voran!«.

Können Sie den Hund mit Ihrer Trillerpfeife nicht halten, stößt er vielmehr schon bei den ersten Versuchen das Wild heraus und hetzt es, müssen Sie die Suche an der langen Leine üben. Das geht allerdings nur in wildreichen Gebieten, denn die Manipulation der Leine ist schon eine Kunst. Achten Sie darauf, daß sie immer straff bleibt.

Die Pfeife halten Sie am besten im Mund, damit Sie sofort trillern kön-

Sobald das Wild hochgeht, muß der Hund zu Boden.

nen, wenn der Hund Wild in der Nase hat. Im übrigen geht die Suche von links nach rechts und zurück wie bei der freien Suche – und ausschließlich gegen den Wind.

Gelingt es Ihnen so, den Hund zum Vorstehen zu bringen, nehmen Sie als nächsten Schritt eine etwas stärkere Leine von 10–15 m Länge, die weiß oder knallig gefärbt sein muß. Diese lassen Sie bei der Suche einfach schleifen, achten aber durch rechtzeitige Wendekommandos darauf, daß der Hund kurz bei Ihnen bleibt, so daß Sie sie schnell greifen können, wenn er Ihren Erwartungen und Erfahrungen zum Trotz doch wieder hetzen will.

Wittert er Wild, pfeifen Sie »Down!« und nehmen die Leine auf. Jetzt lassen Sie den Hund langsam vorgehen in Richtung auf das Wild. Dabei kommandieren Sie leise: »Ruhig, so recht, ruhig!« Ab und zu muß er stehenbleiben. Sobald er steht, heißt es: »Steh! So recht! Bleib!« (s. Seite 183). Sehen Sie das Wild laufen, lassen Sie den Hund langsam und ruhig nachziehen. Geht das Wild hoch, trillern Sie sofort. Dabei heben Sie den Arm. Und sie knallen mit dem Spielzeugrevolver; auch beim Schuß soll der Hund zu Boden gehen.

Schweißarbeit am langen Riemen

Voraussetzung für höhere Sucharbeit wie das Bringselverweisen oder Totverbellen ist die sichere und ruhige Schweißarbeit am langen Riemen. Einmal müssen auch Verweiser und Verbeller der Schweißfährte zuverlässig folgen können, und d. h., sie müssen es gelernt haben. Zweitens ist es ein sehr wichtiger Grundsatz der Schweißarbeit, daß der Hund erst dann geschnallt werden darf, wenn keine Chance mehr besteht, das Stück durch die Riemenarbeit zu finden.

So früh wie möglich beginnen

Wie wichtig für den späteren Spezialisten gerade auf diesem Gebiet die frühe Festlegung der Leistungsroutine ist, habe ich bereits gesagt (s. Seite 167). Ich wiederhole es hier: Wollen Sie einen sicheren Schweißhund für hohe Leistungen heranbilden, müssen Sie am ersten Tag der Erziehung hiermit beginnen: 90 % der Schweißhunde versagen, weil sie auf eine frische Gesundfährte überwechseln. Sie sind nicht hinreichend motiviert, allein der Schweißspur zu folgen. Das lernt der passionierte Jagdhund nur, wenn er frühzeitig, so früh wie möglich, darauf dressiert wird. Die Motivation muß tief sitzen. Es gibt daher in den ersten 3–5 Lebensmonaten grundsätzlich kein Futter, das der Hund nicht wenigstens auf einer Minischweißspur suchen muß, und sei sie nur 1,5 m lang. Zwischen und bei den Schweißtupfen liegen einzelne Fleischbröckchen. Der Futternapf selbst befindet sich hinter einem häufig wechselnden Versteck.

Diese äußerst wichtige, intensive Frühdressur scheitert in der Praxis gewöhnlich an zwei Umständen: Erstens hat der Abrichter keinen Schweiß parat und zweitens keine Zeit.

Eine einfache Methode der Schweißaufbereitung

Zur Lösung des ersten Problems habe ich eine eigene Methode gefunden; ich verstehe nicht, daß sie mir nicht schon in anderen Hundebüchern begegnet ist: Frischen Schweiß (es kann wahrscheinlich auch Blut aus der Metzgerei sein) gieße ich in eine flache Schale, so daß der Boden nur wenig, nicht mehr als 1–1,5 cm, bedeckt ist. Die Schale plaziere ich – winters wie sommers – in einem luftigen Schuppen. Der Schweiß dickt ein und wird zu einer harten, siegellackartigen, blättrigen Masse. Er läßt sich in dieser Form über Monate hin aufbewahren und ist ständig ohne besondere Manipulation (Auftauen etc.) verfügbar. Man löst bei Bedarf auch kleinste Mengen einfach in Wasser auf. Dieser in Wasser aufgelöst Schweiß wird von den Hunden nicht anders gearbeitet als frischer oder tiegefrorener Schweiß, er wird z.B. auch genauso begierig in Klumpenform aufgenommen, hat aber den Vorteil, daß der Schwierigkeitsgrad der Arbeit, definiert durch die auf 100 m getupfte Menge, leicht durch Zugabe von mehr oder weniger Wasser verändert werden kann. Problem Nr. 1 ist also kein Problem.

Täglich eine Schweißarbeit en miniature

Eigentlich ist damit auch das zweite Problem gelöst; denn die Bereithaltung und Handhabung des Schweißes kostet die meiste Zeit. Hinzu kommt nur noch, daß der angehende Schweißhund wenigstens die abendliche Hauptmahlzeit des Tages nicht einfach bekommt, sondern sich durch ein kleines Versteckspiel suchen muß, und das immer an einem längeren Lederriemen. Vorhanden sein müssen, wenn auch en miniature, die wesentlichen Bedingungen der späteren Leistung: Es muß einen »Anschuß« geben, d. h. eine kleine Anhäufung von Schweiß am Anfang. Es muß eine »Fährte« geben, d. h. eine Folge von Schweißtropfen oder -tupfen, zwischen denen der Hund die Verbindung finden muß. Und es muß hinter einem Schirm, einem Brett oder einem Busch eine Überraschung geben, normalerweise das Futter, später ab und zu eine Katze in einem Käfig oder sonst etwas.

Die Passion für die Kunstfährte bleibt

Durch diese Frühdressur gewinnt der Hund nicht nur die Chance, ein Meister seines Fachs zu werden. Hinzu kommt ein zweites: Die Arbeit auf der Kunstfährte wird durch die vielen frühen Erfolgserlebnisse nicht nur vom Ergebnis her, sondern als solche stark passioniert, sie wird und bleibt (!) Lieblingsbeschäftigung.

Auch nach ersten echten Nachsuchen können Sie immer wieder auf der Kunstfährte üben.

Beginnen Sie hingegen erst mit der Schweißarbeit nach vielleicht einem Jahr, werden Sie fast immer folgendes erleben: Der Hund arbeitet nach einigen Tagen freudig die Tupffährte und macht erstaunliche Fortschritte. Sie sehen mit großer Gelassenheit dem Prüfungstermin entgegen. Doch 14 Tage vorher ist auf einmal Schluß; der Hund geht 50 m auf Ihrer mit Liebe und Naturinstinkt getupften 500-m-Fährte und legt sich hin – er hat keine Lust mehr. Ich habe ihn in dieser Situation einmal, der Verzweiflung nahe, zwei Tage vor der Prüfung viermal die Katze finden lassen, mit wachsender Begeisterung. Am Tage der Prüfung habe ich dann am Anschuß heimlich ein kurzes Katzenfauchen hören lassen – wir erhielten den Sonderpreis für die beste Schweißarbeit! Ein guter Schweißhund war damit jedoch nicht gewonnen. Was wir geboten hatten, war eine Show.

Natürlich kann der Schweißspezialist nicht zugleich ein Allroundhund sein. Er wird daher allenfalls noch als Verbeller, sonst aber weder im Stöbern, noch in der Suche, noch als Apporteur ausgebildet. Den Hundespaß einer Hetze hat er nie erlebt. »Seine einzige Freiheit«, so sagte mir ein erfolgreicher Schweißhundeführer, »findet er auf der Fährte am langen Riemen.«

Legen der künstlichen Schweißfährte

Die künstliche Schweißfährte legen Sie – möglichst mit dem Wind – am besten mit einem Tupfer, einem Stock von etwa 80 cm Länge, an dessen Ende ein Schwämmchen von 3×3 cm Größe aufgenagelt ist. Denken Sie daran, den Schweiß auch einmal an Gräsern und Zweigen anzubringen. Der Hund soll solche Zeichen »verweisen«, d. h. genauer beschnüffeln. Zur Abwechslung muß der Schweiß hin und wieder mit einer Spritzflasche ausgebracht werden; hierzu eignet sich z. B. eine ehemalige Maggiflasche hervorragend. Schließlich können Sie bei fortgeschrittener Leistung ein Wundbett simulieren. Treten Sie hier mit den Stiefeln in den Schweiß und marschieren Sie los, bis das nächste Wundbett fällig ist.

Nichts halte ich davon, durch unter die Stiefel genagelte Rot- oder Schwarzwildschalen die entsprechenden Trittsiegel nachzuahmen. Solche Errungenschaften gehören zu den vielen Praktiken der Hundeabrichtung, die nicht das geringste bringen, glücklicherweise aber auch nichts schaden, sofern man nicht glaubt, eine so präparierte Fährte müsse der kluge Hund ja wohl todsicher gehen. Sie können sicher sein, daß der Hund die Trittsiegel nicht nach *Raesfeld* analysiert. Er folgt erstens der Schweißwitterung und zweitens der Fährte des Fährtenlegers; es kommt darauf an, daß er beide wenigstens als gleich wichtig betrachtet, im Laufe der Zeit aber die erstere als die wichtigere, ein Ziel, dem man durch Verlängerung der Standzeiten näher kommt.

Häufigkeit der Übung ist wichtiger als Naturtreue

Denken Sie bei der Dressur des Schweißhundes an den Grundsatz der Einfachheit der Übungsgestaltung (s. Seite 272). Es kommt nicht darauf an, eine möglichst naturgetreue Fährte zu legen. Auch jede natürliche Schweißfährte ist anders als die vorherigen (Früher mußte sie einmal ganz natürlich sein. Noch vor 100 Jahren wurde Rotwild absichtlich krankgeschossen, um eine echte Wundfährte zu bekommen!). Der Hund erkennt eine einmal verknüpfte Wahrnehmung auch dann wieder und akzeptiert sie als Auslöser, wenn sie nicht gleich, sondern nur ähnlich ist wie die zuerst erlernte. Nur über die künstliche, also die gerade nicht natürliche Schweißfährte, kann der Hund zu der Erfahrung kommen, daß er ausschließlich, mindestens aber primär, der Schweißwitterung konsequent folgen muß. Wichtiger als die Naturtreue ist die Häufigkeit dieser Übungen, und diese erfordert höchstmögliche Einfachheit der Übungsgestaltung.

Die Übungsanlage für die Riemenarbeit

Wenn Sie nach wenigstens zweistündiger Standzeit die Tupffährte mit Ihrem Hund arbeiten, ist es wichtig, daß Sie selbst den Verlauf der Fährte im Auge haben. Da Sie den Schweiß selbst nicht sehen, müssen Sie irgendwelche Zeichen setzen. Für häufiges Üben ist das sehr zeitaufwendig. Besser investieren Sie einmal etwas Zeit und bauen sich eine stehende Anlage, die Sie immer benutzen können.

Sie wählen ein gut erreichbares Waldstück mit leichtem Bewuchs. Zu Hause präparieren Sie 20–30 Markierungslatten ($80 \times 1{,}5 \times 0{,}5$ cm), ein Ende angespitzt und imprägniert, das andere Ende geweißt, 4 oder 5 davon zur Kennzeichnung der »Haken« mit rotem Ring. Diese Latten werden jeweils in Sichtweite voneinander aufgestellt. Der am langen Riemen dem Hund folgende Abrichter muß den Verlauf der Fährte genau kennen und mit »Pfui!« und »Was soll das?« sofort negativ einwirken, wenn der Hund einer Verleitung folgt.

Die vier verdeckten Endpunkte liegen nur 7–10 m auseinander, so daß die Futterschüssel, ein erlegtes Wild, eine Katze im Käfig oder eine andere erregende Überraschung leicht nach Absolvierung der ersten Fährte zu dem zweiten Endpunkt gebracht werden kann.

Die Länge der Fährten sollte sich allmählich von Übung zu Übung steigern. Am Anfang sind sie beispielsweise 7, 20, 40 und 100 m lang, später z. B. 10, 40, 150 und 400 m usw. In einiger Entfernung legt man sich darüber hinaus eine variable Fährte an, deren Verlauf man ständig ändert.

Damit erreicht man genügend Abwechslung, so daß unbesorgt jede Woche – neben den täglichen Kleinfährten – hier geübt werden kann.

Der Bringselverweiser

Beim Verweisen geht es ebenso wie beim Verbellen darum, die speziellen Fähigkeiten des Hundes zu nutzen, um Suchobjekte zu finden, die innerhalb eines größeren Umkreises an einem unbekannten Ort möglicherweise liegen. Es kann sich dabei um verschüttete oder verwundete Menschen handeln oder, im Bereich der Jagd, um verendetes Schalenwild. Im Krieg sind besonders die Bringselverweiser zum Auffinden der Verwundeten mit Erfolg eingesetzt worden. Heute dient der

Bringselverweiser in erster Linie zum Auffinden von verendetem Schalenwild.

Wie beim Bringen muß der Hund auch beim Verweisen eine ganze Kette aufeinanderfolgender Leistungshandlungen nacheinander erledigen, um zum Erfolg zu kommen. Der Hund trägt an seinem Halsband ein kleines Bringobjekt, das aus einem Lederstreifen von ca. 12×2×0,6 cm besteht. Kommt der Hund zu einem verendeten Stück Schalenwild, so nimmt er über dem Stück stehend das an seinem Halsband hängende Bringsel in seinen Fang und macht sich sofort auf den Weg zurück zu seinem Herrn. Dieser

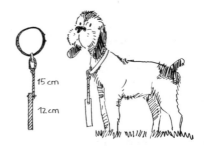

Der Bringselverweiser trägt an der Halsung das Bringsel.

wiederum erkennt an dem »apportierten« Bringsel, daß der Hund Wild gefunden hat. Dorthin führt ihn jetzt der Hund, indem er in Sichtweite vor seinem Herrn zur Fundstelle zurückläuft oder zwischen ihr und seinem Herrn hin- und herpendelt.

Die Abrichtung zum Bringselverweiser soll von Anfang an, wenn auch zunächst in einfachster Form,

Um den Hund für die Schweißarbeit zu passionieren, sollte er an ihrem Ende ab und zu eine Überraschung finden, z. B. einen Fuchs- oder Katzenbalg.

den ganzen Leistungsablauf enthalten.

Voraussetzung dieser Dressur ist die Abrichtung des Hundes im korrekten Bringen. Sie erscheint kompliziert, ist in Wahrheit jedoch einfach, vor allem im Vergleich zum Totverbellen, bei dem völlig neue Motivationen gebildet werden müssen. Beim Bringselverweisen können Sie hingegen alles ausnutzen, was Sie bei der Bringseldressur aufgebaut haben.

Über der Rehdecke nimmt der Hund das zunächst dort liegende, später an seiner Halsung hängende Bringsel in den Fang.

Vorbereituung: Das Bringsel wird Lieblingsapportl

Es geschieht nichts anderes, als daß Sie, wie auf Seite 216 beschrieben, auf Ihrem Standardparcours das Bringsel zum Lieblingsapportl entwickeln, indem der Hund einige Tage hindurch für das bloße Apportieren des Bringsels sein ganzes Futter als Belobigung erhält.

Schritt 1: Das auf der Decke liegende Bringsel apportieren

Dieser Schritt entspricht schon dem vollständigen Vorgang des Bringselverweisens. Etwa 10 m entfernt von Ihrem Abrichteplatz befestigen Sie eine Rehdecke mit Stiften am Boden. Sie können einen alten Sack darunterlegen, damit etwas körperähnliche Masse entsteht. Sie legen Ihren Hund an der Futterstelle ab und begeben sich mit dem Bringsel in der Hand zu der Rehdecke und legen das Bringsel mitten auf die Decke.

Dann gehen Sie zum Hund und schicken ihn mit »Lauf zum Bock, apport!« zu der Rehdecke. Der Hund entdeckt hier das Bringsel, sein derzeitiges Lieblingsapportl, und wird es schnell in den Fang nehmen und bringen.

Sie lassen ihn zu sich herankommen und sich korrekt setzen, nehmen aber nicht wie üblich das Apportl ab, sondern schicken ihn mit dem Bringsel im Fang und mit »So recht, lauf zum Bock!« zu diesem zurück. Dabei nehmen Sie die Innenflächen der Hände nach vorn, als ob Sie den Hund zum Bock hin schieben wollten.

Schnell versorgen Sie sich jetzt mit einem bereitliegenden Bröckchen und begeben sich mit dem Hund zurück zu der Rehdecke. Es ist am Anfang völlig gleich, wie Sie hinkommen, ob der Hund also von sich aus zur Decke zurückkehrt oder ob Sie ihn mit dem Bröckchen in der Hand dorthin lotsen. Wichtig ist nur, daß der jetzt folgende Belobigungsvorgang 100prozentig korrekt vor sich geht:

Mit dem Bringsel im Fang eilt der Hund zurück zu seinem Herrn und zeigt hiermit an, daß er das verendete Wild gefunden hat. Dorthin führt ihn der Hund.

Sie stehen vor der Rehdecke, der Hund steht Ihnen gegenüber. Sobald er mit den Vorderpfoten auf der Decke steht, sagen Sie »Sitz!«, nehmen ihm mit »Aus!« das Bringsel aus dem Fang und geben ihm sein Bröckchen. Dann liebeln und klopfen Sie ihn nach Herzenslust. Da die Entfernung zwischen Rehdecke und Abrichteplatz nur 10 m beträgt, können Sie diese Übung 10- oder 20mal hintereinander machen, bis der Hund gesättigt ist oder keine Lust mehr hat.

Schritt 2: Das am Halsband befestigte Bringsel apportieren

Man könnte meinen, daß der Übergang zu diesem Schritt problematisch sein müsse. Ich habe es noch nie erlebt. Lassen Sie trotzdem Ihren Hund etwas länger (36 Stunden) Appetit gewinnen. Befestigen Sie das Bringsel mit einer Verlängerungsschnur an der Halsung, so daß es fast über den Boden schleift. Legen Sie den Hund an der Futterstelle ab und gehen Sie wie immer zu der Rehdecke, auch wenn Sie dieses Mal nichts dort ablegen. Schicken Sie, zur Futterstelle zurückgekehrt, den Hund mit »Lauf zum Bock! Apport!« auf Ihrer Fährte zu der Decke – und Sie werden mit aller Sicherheit erleben, wie der kluge Hund sich zu helfen weiß: Er will ja finden. Doch zunächst liegt nichts, wie üblich, auf der Decke. Aber während er noch auf ihr herumschnüffelt, liegt plötzlich doch das erwartete Apportl dort: Er hat es selbst hingelegt! Folglich nimmt er auch sofort das an seinem Halsband befestigte Bringsel in den Fang und freut sich, es Ihnen bringen zu können. Alles weitere bleibt, wie es bei Schritt 2 war.

Wichtig ist, daß der Hund nur und ausschließlich über der Rehdecke

Erst wenn der Hund mit beiden Pfoten auf dem Wildkörper steht, heißt es »Aus!«. Dann gibt es Bröckchen.

das Bringsel in seinen Fang nimmt, nicht etwa nebenan. Wenn Sie dies sehen, kehren Sie für einige Tage zu Schritt 1 zurück. Vielleicht legen Sie in diesem Fall einige kleinere Bröckchen auf die Rehdecke, damit der Hund, während er diese aufnimmt und verzehrt, genau über der Decke das Bringsel entdeckt. Die Bröckchen müssen aber wirklich klein sein, damit sie schnell verschlungen sind.

Auch müssen Sie, wie bei Schritt 1, mit aller Korrektheit, d. h. mit »Sitz!« und »Halt schön fest!« und schließlich – nach einigem Zögern – mit »Aus!« das Bringsel selbst aus dem Fang nehmen, obwohl es an der Halsung befestigt ist. Der Hund muß lernen, unter allen Umständen bis zu diesem Zeitpunkt das Bringsel im Fang zu halten.

Schritt 3: Steigerung der Schwierigkeiten

Von jetzt an benötigen Sie statt der flachen Rehdecke eine zu einem Wildkörper ausgestopfte Decke, wenn möglich sogar mehrere, am besten von Reh-, Rot- und Schwarzwild. Und Sie verlängern langsam die Entfernung zu dem zu suchenden Stück, das Sie an einem Übungstag einmal hierhin, einmal dorthin bringen. Der Hund muß jedesmal auf Ihrer Fährte, die beim Wegtragen der Decke entstand, zum Stück finden, dort das Bringsel in den Fang nehmen und zu Ihnen zurückkehren. Dann folgen Sie ihm zum Stück, absolvieren dort die Be-

lobigungsaktion, nehmen die Decke unter den Arm, gehen zum Ausgangspunkt zurück, legen dort den Hund wieder ab und bringen die Decke zu einem neuen Platz in eine andere Richtung. Schließlich verlegen Sie diese Übungen ins Gelände, auch in immer dichteren Wald, und steigern immer mehr die Entfernungen.

Sie können jetzt auch die Verbindungsschnur, mit der Sie das Bringsel provisorisch verlängert haben, immer kürzer machen und schließlich weglassen. Der Hund hat ein unwahrscheinliches Geschick, auch ein sehr kurzbefestigtes Bringsel in seinen Fang zu bugsieren. Sie werden staunen.

Schritt 4: Bringselverweisen mit echtem Wild

Kommt endlich der Tag, an dem Sie ein Reh zur Verfügung haben, kehren Sie wieder zu Ihrem Dressurplatz zurück. Beim ersten Versuch legen Sie die alte, am Anfang verwendete Rehdecke über das erlegte Schalenwild und schicken dann den Hund auf Ihrer Fährte zum Stück. Ich bin sicher, daß Sie schon beim zweiten oder dritten Versuch auf die Hilfe der Rehdecke verzichten können.

Schritt 5: Erste praktische Arbeit

Nach Möglichkeit sollte auch diese Situation gestellt sein. Wenn Sie oder einer Ihrer Freunde ein Reh vom Hochsitz aus erlegt haben, las-

sen Sie es liegen, ohne heranzugehen. Vielmehr begeben Sie sich mit
dem Hund an die Stelle, an der das
Wild aus dem Wald herausgetreten
ist. Dort schnallen Sie den Hund. Ein
Helfer sollte vom Hochsitz aus sein
Verhalten am Stück beobachten,
wie sie es zuvor fleißig geübt haben.
Waidmannsheil!

Der Totverbeller

Notwendigkeit der Frühdressur

Wie Apportieren und Schweißarbeit
ist das Totverbellen eine Leistungsforderung, die einer starken Passionierung bedarf. Der Hund muß auf
sich allein gestellt fernab von seinem
Herrn eine schwierige Leistung voll-
bringen: Er soll das verendete Wild
finden, bei ihm bleiben und anhaltend Laut geben, bis der Jäger ihn,
seinem Geläut folgend, findet. Für
eine solche Spezialaufgabe müssen
die grundlegenden Verhaltensmuster früh angelegt sein. Die Abrichtung sollte daher etwa mit dem 4.
oder 5. Lebensmonat nach der Bleib-
dressur beginnen und einen größeren Teil der Abrichtearbeit in An-
spruch nehmen.

Trotzdem ist nach den Regeln der
positiven Abrichtelehre auch die
Dressur des Totverbellens kein Problem. Und sie ist die Mühe wert! Das
Jagen ist auch heute noch ein Erlebnis, aber es findet ohne Zweifel seine
Krönung im Geläut des verbellenden Hundes. Es ist schwer verständ-

lich und ausschließlich eine Folge unzureichender Dressuranleitun-
gen, daß dennoch von 100 Jagdhun-
den nur einer ein zuverlässiger Totverbeller ist.

Im Gegensatz zum jagdkynologi-
schen Schrifttum bin ich der Ansicht,
daß es eine besondere Anlage des
Hundes zum Totverbellen nicht gibt.
Es gibt zwar eine Neigung zum Lautwerden, aber die hilft nur wenig. Die
Fähigkeit des Hundes, ein gefundenes Stück Schalenwild draußen in
der Dickung zuverlässig und anhaltend so lange zu verbellen, bis der
Jäger bei ihm ist, ist niemals angewölft, sondern kann nur durch systematische Abrichtung erreicht werden. Jeder Hund, der bellen kann,
kann Totverbeller werden.

Falsche Dressurkonzepte

Will man allerdings den Hund durch
Zwangsabrichtung zum Totverbeller machen, so braucht man in der
Tat einen Hund mit einem sehr lok-
keren Hals. Wer den Hund über den
Schmerzlaut zum Verbellen bringen
will, verleidet es ihm so nachhaltig,
daß schon eine sehr ausgeprägte
Neigung zum Lautwerden nötig ist,
um ihn anschließend für dieses Verhalten zu begeistern. Die Anwendung von Zwang im Zusammenhang mit der Abrichtung des Verbellens ist der erste Fehler, der die meisten Abrichter kapitulieren und die
ersten 50 Prozent der Hunde aus
dieser Disziplin aussteigen läßt.

Der zweite Fehler ist, daß dem
Hund falsche Motivationen unter-

stellt werden, die den nüchternen und einfachen Vorgängen im Gehirn des Tieres nicht entsprechen. Geht der Abrichter z. B. von der Vorstellung aus, daß der Hund lernen müsse, ihn zum Stück zu rufen, so ist er auf einem hoffnungslos falschen Wege, der weitere 25 % der Hunde scheitern läßt. Natürlich ist das genau das, was der Totverbeller tatsächlich macht. Er verbellt das Stück, sein Herr hört das Geläut und weiß, dort liegt der Bock. Es ist jedoch falsch, dem Hund zu unterstellen, daß er mit seinem Laut seinen Herrn herbeirufen will. Das ist eine Fehldeutung seines Verhaltens, die zwangsläufig zu einer falschen Dressurmethode führt. Dieser Abrichter versäumt es nämlich, seinem Hund den einzig möglichen Leistungsbefehl zu vermitteln, der nur das zu verbellende Objekt, nämlich das gefundene Stück Wild selbst sein kann.

Schließlich hat es sich in vielen Versuchen als falsch herausgestellt, die beiden Hauptelemente des Totverbellens, das Verbleiben am Stück und das anhaltende Lautgeben, jeweils für sich zu üben. Dies führt zu falschen Verknüpfungen, die nicht mehr zu beheben sind. Von Anfang an müssen ganz konsequent beide Leistungselemente immer zusammen geübt werden.

Leistungsablauf »Totverbellen«

Die Leistungsforderung des Totverbellens lautet: Der Hund muß zum Stück finden, dort verbleiben und anhaltend Laut geben. Das ist ein »gemischter Leistungsablauf« (s. Seite 213), der aus 6 Leistungselementen besteht (s. Seite 250).

Von diesen Leistungselementen sind dem Hund die ersten drei nach der Bringdressur vertraut. Unsere Aufmerksamkeit konzentriert sich daher auf die Leistungselemente 4–6.

Die erste Schwierigkeit liegt darin, dem Hund klarzumachen, daß der Befehl (Objektreiz) zu diesen verschiedenen, gleichzeitig ablaufenden Leistungshandlungen ausschließlich von dem toten Wild (oder beim Üben von der ausgestopften Rehdecke) ausgehen muß. Wann immer der Hund weit draußen solche Objekte findet, muß deren Wahrnehmung in seinem Kopf die (selbstverständlich unbewußte) Assoziation hervorrufen: »Halt! Hier muß ich unbedingt bleiben und anhaltend Laut geben!« – Und da er, wenn er gelernt hat, bei dem gefundenen Stück zu bleiben, dieses immer wieder von neuem vor sich sieht, wird sein Anblick immer wieder von neuem die gleiche Verknüpfung hervorrufen.

Allerdings, und das ist die zweite Schwierigkeit, muß der Hund darüber hinaus für dieses seinem Bewegungsdrang zuwiderlaufende und vielen Verleitungen ausgesetzte Verhalten ausreichend motiviert sein. Es ist einleuchtend, daß für Leistungen, die den Hund nicht sonderlich erregen, besonders wirksame Antriebe aufgebaut werden müssen. Das erfordert viele Wiederholungen und viele erfreuliche Er-

Gemischter Leistungsablauf: »Totverbellen«

Leistungs-element	Auslöser	Leistungshandlung	Leistungs-antrieb
1	Kommando: »Zum Bock!«	Wundfährte suchen	positiv
2	Wundfährte	Wundfährte folgen	positiv
3	Verleitungsfährte	Verleitungsfährte folgen (wird unterlassen)	negativ
4	gefundener Wildkörper	sich hinter dem Wildkörper aufstellen	positiv
5	gefundener Wildkörper	Verbellen, Verbleiben	positiv
6	Verleitung	Stück verlassen (wird unterlassen)	negativ

folgserlebnisse. Deshalb ist die Abrichtung des Totverbellers zeitraubend. In 3 oder 4 Wochen ist das nicht zu machen, wenn die Verknüpfungen so tief sitzen sollen, daß ein Versagen fast ausgeschlossen ist. Sie brauchen also Zeit, pro Tag zwar nur 5–10 Minuten, das aber Monate hindurch.

In Anbetracht dieser Schwierigkeiten habe ich die Abrichtung des Totverbellers in 10 Schritte aufgeteilt. Jeder dieser Schritte umfaßt, wenn auch nur in allerkleinsten Anfängen, den vollständigen Leistungsablauf, wie er sich später in der Praxis der Jagd darstellt.

Schritt 1: Verbellen der Futterhäppchen

Die ersten Schritte der Verbelldressur spielen sich am Abrichteplatz ab. Sie benötigen als »Bock« eine ausgestopfte Rehdecke; unmöglich könnten die vielen täglichen Übungen vor richtigem Wild vorgenommen werden.

Sind die Futterhäppchen bereitgelegt, nehmen Sie mit Ihrem Hund »Aufstellung zum Verbellen«. Diesen Terminus werde ich jetzt immer wieder benutzen. Er bedeutet: Der Hund ist an einem Wandhaken angeleint. Die ausgestopfte Rehdecke liegt zwischen Abrichter und Hund; der Hund steht mit den Vorderläufen auf dem Bock; der Abrichter hält beide Arme angewinkelt hoch, wie der Zuschauer eines Boxkampfes, der die Kämpfer anfeuern will. Mit der rechten Hand hält er dem Hund ein Bröckchen vor die Nase und bringt ihn zum Lautgeben wie im Kapitel »Gib Laut!« auf Seite 165 beschrieben.

Dabei ist die Regel entscheidend, die ich den »Grundsatz der Verstärkung kleinster Anfangserfolge« genannt habe. Es ist völlig ausgeschlossen, daß ein hungriger Hund,

Das ist die »Aufstellung zum Verbellen«: Nur wenn der Hund mit den Vorderpfoten auf der Rehdecke stehend Laut gibt, bekommt er sein Bröckchen.

dem man angeleint Futterhäppchen vorhält, stumm bleibt. Irgendwie muß er sich nach den ersten vergeblichen Versuchen, an das Futter heranzukommen, vernehmbar machen, und wenn es nur ein lautes, resignierendes Atmen ist. Auf keinen Fall darf der Abrichter sofort mit einem richtigen Bellen rechnen. Schon das leiseste Wimmern reicht für unseren Schüler aus, sich durch »Versuch und Irrtum« ein Bröckchen zu verdienen.

Die erste Phase dauert normalerweise nur einige Tage. Oft gelingt es auf Anhieb und macht damit die seitenlangen Auslassungen, die über das Zwangsverbellen geschrieben wurden, zu Makulatur: Der Abrichter ist in der Lage, den Hund durch »Aufstellen zum Verbellen« wiederholbar zum Lautgeben zu bringen. Damit ist die Voraussetzung geschaffen, das Verbellen mit dem Objektreiz Rehdecke zu verknüpfen.

Schritt 2: Der Abrichter geht außer Sicht

Sie beginnen wieder mit der »Aufstellung zum Verbellen«. Der Hund bekommt vorab einige Bröckchen, nachdem er diese kräftig verbellt hat. Sie achten aber jetzt darauf, daß er sofort wieder zu bellen beginnt, wenn er ein Bröckchen verschlungen hat. In der Zeit, bis Sie ein neues Bröckchen parat haben, muß der Hund Laut geben. Gibt er in dieser Zeit nicht Laut, müssen Sie ihn unbedingt dazu bringen. Genaugenommen ist diese Zeit zwischen dem Darreichen zweier Häppchen die zeitliche Distanz, in der sich später der ganze Vorgang des Totverbellens abspielt: Es ist die Zeitspanne, in der der Hund das Stück gefunden hat und bei ihm ist. In dieser Zeit muß er Laut geben. Sollte er also jetzt nicht bellen, gehen Sie mit einem Häppchen zu ihm, nehmen »Aufstellung«, bringen ihn zum Lautgeben und gehen dann langsam rückwärts. Verstummt er, gehen Sie wieder auf ihn zu. Gibt er wieder Laut, kriegt er sein Bröckchen.

Es schadet übrigens nicht, wenn der junge Hund, um des Futterhäppchens habhaft zu werden, sich so ungestüm in die Leine hängt, daß er dem Instrument, mit dem er musizieren soll, selbst die Luft nimmt. Dadurch ist das Verbellen für ihn halt anstrengender (»Ein Kind, das schreit, gedeiht«).

Nutzt der Hund die Zeit der Zubereitung des nächsten Häppchens zum Verbellen, dann gehen Sie für kurze Zeit außer Sicht. Sie treten aber sofort wieder hervor, wenn er verschweigt. Der Hund darf vor der Rehdecke niemals länger als wenige Sekunden stumm bleiben!

Sie sollten auch jetzt schon ab und zu die Decke wechseln, ebenso wie beim Apportieren das Bringobjekt. Später muß der Hund ja lernen, Bock und Reh ebenso zu verbellen wie Rot- und Schwarzwild. Ich verwende daher frühzeitig neben der Rehdecke eine wesentlich größere Schwarte oder Rotwilddecke. Auch ist es gut, wenn Sie die unteren Läufe, die Sie sonst wegwerfen, an die jeweilige Decke anbinden. Die Witterung wird mitverknüpft, und der spätere Übergang zu echtem Wild wird damit erleichtert.

Am Schluß der Übung nehmen Sie zuerst die Rehdecke auf. Das ist für den Hund das Zeichen, daß das Verbellen beendet ist und er das Stück nunmehr verlassen kann. Das gilt für alle Übungsschritte. Dann erst liebeln Sie den Hund so herzhaft, wie sie können, und lassen ihn losstürmen.

Sie dürfen den Hund aber unter allen Umständen erst jetzt liebeln, also nach dem Anlüften der Decke und somit nach Beendigung des Verbellens. Der Hund könnte sonst »schließen«, daß er nicht am Stück bleiben muß (Grundsatz der Aufrechterhaltung der Drohung). Geliebelt wird erst ganz am Schluß, dann aber kräftig.

Dieser zweite Schritt muß lange und intensiv geübt werden. Hier ist keine Eile geboten. Aber, bitte, seien Sie konsequent: Ein Bröckchen gibt es nur, wenn Ihr Schüler beim Bellen

mit beiden Vorderpfoten auf der Rehdecke steht, wie es die korrekte »Aufstellung zum Verbellen« vorschreibt.

Schritt 3: Angeleint zum Bock und zurück

Sie legen jetzt den Bock nicht vor den Wandhaken, sondern 5 m vom Futterplatz entfernt frei ins Gelände. Den Hund leinen Sie an, gehen mit ihm zum Futterplatz, nehmen ein Bröckchen in die Hand und rufen: »Zum Bock!« Dabei laufen Sie mit ihm zum Bock, nehmen »Aufstellung zum Verbellen«, wozu Sie den Hund geschickt hinter den Bock bugsieren. Hier lösen Sie das Lautgeben aus wie am ersten Tag der Abrichtung, wobei Sie lediglich, das ist der einzige Unterschied, den Hund selbst an der Leine haben, während er vorher am Wandhaken angeleint war. Auch hier bekommt er beim ersten leisen Wimmern sein Häppchen. Während er dieses genießt, heben Sie den Bock hoch; ein weiteres Verbleiben wird nicht erwartet. Dann legen Sie den Bock wieder irgendwohin, gehen mit dem Hund zum Futterplatz zurück, nehmen ein neues Häppchen in die Hand, rufen »Zum Bock!«, und das Spiel wiederholt sich wie zuvor.

Bei diesem Schritt kommt alles darauf an, daß der Hund, sobald Sie mit ihm beim Bock angekommen sind und sobald er »Aufstellung zum Verbellen« genommen hat, von sich aus Laut gibt. Er braucht jetzt nicht anhaltend zu verbellen. Das vernachlässigen Sie nicht; denn auch Schritt 2 bleibt aktuell. Hier aber ist entscheidend: Beim Bock angekommen – bellen! Nicht lange warten! Nach den ersten zwei, drei Lauten gibt's das Bröckchen, dann geht's (nach Anlüften der Decke) zurück zur Futterstelle und – auf ein neues!

Schritt 4: Angeleint beim Bock bleiben und verbellen

Hierzu brauchen Sie als zusätzliches Requisit eine Eisenstange, die Sie in wachsender Entfernung zum Futterplatz in den Boden schlagen und über die Sie schnell und ohne Umstände die Handschleife der Leine werfen können. Sie beginnen mit der Übung in 5–10 m Entfernung. Dort schlagen Sie die Stange in den Boden und legen den Bock vor sie hin, und zwar ungefähr im Abstand der Länge der Leine. Dann holen Sie den Hund, rufen »Zum Bock!« und laufen mit ihm zu der Rehdecke. Wieder bugsieren Sie ihn hinter den Bock und werfen schnell die Schleife über die Stange. Wenn er Laut gibt, bekommt er jedoch nicht wie zuvor sofort sein Häppchen. Jetzt heißt es, anhaltend Laut geben. Sie halten ihm also das Bröckchen vor, entfernen sich rückwärts gehend einige Meter und fordern ihn durch »Gib Laut!« auf zu bellen. Durch geschicktes Vor- und Zurückgehen können Sie erreichen, daß der Hund immer erregter wird und immer wütender Laut gibt. Dafür bekommt er dann auch seinen Brocken, der jetzt in der Tat etwas fülliger sein kann.

Bevor er ihn verschlungen hat, haben Sie sich mit einem neuen versorgt, damit Sie sofort wieder verstärkend eingreifen können, wenn der Hund sein Konzert von neuem aufnimmt.

Im Gegensatz z. B. zum Bringen, Herankommen, Sichsetzen u. a. ist das Verbellen eine »Fortgesetzte Leistung«. Ein und dasselbe Objekt soll nicht nur einmalig ein bestimmtes Verhalten auslösen, sondern immer wieder von neuem. Es ist verständlich, daß der Hund bei der fortgesetzten Wiederholung immer der gleichen Tätigkeit in seinem Eifer nachläßt, wenn er nicht laufend ermuntert wird (Grundsatz der ständigen Verstärkung fortgesetzter Leistungen). Anhaltendes Verbellen können Sie nur erreichen, wenn Sie die Tätigkeit des Verbellens an sich erfolgreich machen, nicht etwa nur das Ende dieser Tätigkeit. Der Hund muß deshalb während des Verbellens immer wieder durch Hingabe von Häppchen belobigt werden.

Genau das ist die Erfahrung, die der Hund bei Schritt 4 machen muß: Hat er verbellt und ist belohnt worden, dann sieht er sich wieder vor der Decke, also beginnt er erneut mit dem Verbellen – denn er wird bald wieder belohnt. Es lohnt sich für ihn, nicht lange zu warten, sondern sofort wieder Laut zu geben.

Schritt 5: Mit dem Abrichter frei zum Bock und zurück

Dieser Schritt dient wiederum nicht dem anhaltenden Verbellen, sondern dem unverzüglichen Lautwerden am Stück. Aber der Hund ist jetzt nicht mehr angeleint, er läuft frei bei Fuß mit dem Abrichter zum Bock. Jetzt kommt es darauf an, ob Sie die vorhergehenden Schritte gründlich geübt haben: Schritt 5 ist eine Grenzmarke! Sie können den Hund nicht mehr zur »Aufstellung zum Verbellen« manipulieren; er muß seine Position hinter dem Bock von sich aus einnehmen. Sie haben nur ein Mittel zur Hand: das Bröckchen. Mit ihm können Sie den Hund auch jetzt spielend leicht dirigieren. Solange er nicht hinter dem Bock steht, die Vorderpfoten korrekt auf ihn gestellt, und sofern dazu nicht wenigstens ein zartes »Wa« zu hören war, gibt es das Bröckchen nicht!

Wie der Hund zum Bock findet, ist egal. Mancher Hund wird vor Ihnen herlaufen und schon beim Bock sein, bevor Sie bei ihm sind; dann bleiben Sie zurück, winken mit dem Bröckchen und warten, bis er mehrmals kräftig Laut gegeben hat. Sie brauchen sich aber auch nicht zu genieren, vor dem Hund herzulaufen und ihn auf diese Weise zum Bock zu führen. Ich sagte es, Schritt 5 ist eine Klippe. Es ist für den (noch nicht motivierten) Hund kein reines Vergnügen, immer wieder bei der langweiligen Rehdecke zu bellen. Nur durch die Futterhäppchen und das anschließende Liebeln können Sie ihm dieses Verhalten interessant machen. Aber Sie können versichert sein, auch wenn es jetzt manchmal nicht so aussieht: Nach und nach begeistert er sich immer mehr. Er ist hinterher so passioniert, daß ihn der

bloße Anblick der Decke in hochgradige Erregung versetzt und das Verbellen für ihn die schönste Beschäftigung ist, die es gibt.

Sie können jetzt auch das Übungskommando »Hinter den Bock!« einführen, am besten verbunden mit einem Armzeichen. Es wird nämlich, wenn der Hund frei am Bock steht, häufig vorkommen, daß er zwar verbellt, hierbei aber keinerlei Kontakt zu der Rehdecke hat. Noch befinden wir uns in der zweiten Abrichtestufe, d. h., die Rehdecke ist keineswegs schon als Befehl zum Bellen konditioniert. Deshalb genügt es nicht, nur Laut zu geben! Ein Bröckchen gibt es nur, wenn der Hund auf dem Bock stehend verbellt.

Hat der Hund zum Bock gefunden, dort »Aufstellung« genommen und ein paarmal gebellt, bekommt er sein Bröckchen. Sie heben die Decke kurz an, wobei sich der Hund entfernen soll, legen Sie an der gleichen Stelle oder einige Meter weiter entfernt wieder hin und laufen mit dem Hund zum Futterplatz zurück. Sie sagen »Sitz!«, nehmen ein neues Bröckchen, zeigen es ihm, sagen »Zum Bock!« und begeben sich in schneller Gangart dorthin usw. usw.

Schritt 6: Mit dem Abrichter frei zum Bock und unangeleint dort bleiben

Die Decke liegt nicht weiter als 10 m vom Futterplatz. Sie nehmen ein Bröckchen, zeigen es dem Hund, kommandieren »Zum Bock!« und laufen mit dem Hund zum Bock.

Vielleicht ist er schon vor Ihnen dort. Sie rufen »Hinter den Bock!« und nehmen »Aufstellung zum Verbellen«. Sobald der Hund kurz Laut gibt, bekommt er sein Bröckchen. Dabei kommandieren Sie »Bleib!«. Am besten legen Sie das Fleisch hinter die Rehdecke auf den Boden. Wenn der Hund es verzehrt hat, steht er wieder genau richtig, nämlich hinter dem Bock, mit Blick zu Ihnen. Während er wieder verbellt, gehen Sie langsam zur Futterstelle und holen ein neues Bröckchen. Unterdessen muß der Hund anhaltend Laut geben. Sollte er sich einmal vom Bock entfernen, bringen Sie ihn in aller Ruhe und Gelassenheit persönlich wieder dorthin, ohne ihn zu strafen.

Daß der Hund beim Stück bleiben muß, während Sie sich entfernen, festigt ungeheuer das Leistungselement »Bleiben«, das im Mittelpunkt dieses Übungsschrittes steht. Verhält sich der Hund in dieser Hinsicht wunschgemäß, können Sie langsam die Entfernung zwischen Bock und Futterstelle vergrößern. Hierdurch werden die Verweilzeiten beim Bock entsprechend länger, auf die, wie gesagt, alles ankommt.

Mit Schritt 6 endet die zweite Abrichtestufe (Verknüpfungsstufe) des Verbellens. Die Decke ist zum Befehl für das Verbellen geworden.

Es gibt eine einfache Methode, diese Verknüpfung zu festigen: Sie nehmen bei einem Spaziergang die Rehdecke mit und lassen den Hund im Gelände frei suchen. Nun legen Sie die Decke mal hierhin, mal dorthin. Immer wieder stößt der Hund auf die Decke. Er muß jetzt seinen Lauf unterbrechen, »Aufstellung« nehmen und Laut geben. Dabei genügen einige Anschläge. Bisweilen aber sollten Sie den Hund auch länger »läuten« lassen, damit er nicht glaubt, es sei mit einem kurzen Laut getan.

Schritt 7: Zum Bock, Verbellen, Verbleiben

Mit diesem Schritt beginnt die dritte Abrichtestufe (Motivationsstufe). Sie legen den Hund an der Futterstelle ab (um das Ablegen zu üben) oder lassen ihn zunächst im Zwinger. Dann bringen Sie die Rehdecke ins Gelände. Am Anfang kann der Hund den Bock liegen sehen; später sucht er ihn auf der Führerfährte. Nach dem Auslegen der Decke gehen Sie zu Ihrem Hund zurück und kommandieren »Zum Bock!«. Dabei gehen Sie so in Deckung, daß Sie den Hund beobachten können. Er muß, beim Bock angekommen, nach wenigen Sekunden »Aufstellung« genommen haben, die Vorderpfoten auf der Decke, und Laut geben. Sie warten einige Zeit, dann bringen Sie ihm ein Futterhäppchen. Indem Sie es hinter die Decke werfen, kommandieren Sie mit Nachdruck »Bleib!«, drehen sich um und gehen zur Futterstelle zurück. Schon wenn Sie einige Schritte entfernt sind, muß hinter Ihnen das Konzert wieder losgehen, sonst stimmt etwas nicht; Sie dürfen nicht dulden, daß der Hund verschweigt, während Sie für neue Verstärkung sorgen.

Zweifellos ist Schritt 7 die schwierigste Phase der Abrichtung des Totverbellers, da Sie den Hund nicht mehr in der Hand haben. Er muß den Leistungsablauf selbständig durchstehen, ohne hierfür schon ausreichend motiviert zu sein. Das wollen Sie jetzt erst erreichen. Sie müssen daher immer wieder zu dem verbellenden Hund gehen und ihm Futter bringen. Tage und Wochen soll er hierbei den größten Teil seines Futters bekommen.

Vor allem das Verbellen selbst müssen Sie jetzt zu einem Erlebnis gestalten, das den Hund maßlos erregt. Dazu gehen Sie mit dem Bröckchen in der Hand bis auf 4 Schritte an ihn heran, er steht mit den Vorderpfoten auf dem Bock, mit Blick zu Ihnen. Nun steigern Sie mit gestenreichen Körperbewegungen und durch heftiges Anfeuern immer mehr seine Erregung, bis er fast außer sich gerät und immer lauter bellend hinter und auf dem Bock in die Luft springt. Nach einem solchen Höhepunkt gehen Sie zu ihm, geben ihm das Bröckchen, lüften die Decke an (»das Verbellen ist zu Ende!«) und liebeln, drücken und klopfen ihn nach Kräften.

Ab und zu bleiben Sie längere Zeit in Deckung und schauen auf die Uhr. Oder Sie zählen die Anschläge. So schnell lassen Sie sich nicht wieder sehen. Täglich steigern Sie die Verweilzeit, in der der Hund anhaltend Laut geben muß.

Mit zunehmender Routine lasse ich den Hund nebenher verbellen. Wenn ich abends nach Hause komme, es kann ruhig dunkel sein, lege ich hinten im Garten verdeckt hinter Sträuchern die Decke aus und schikke den Hund »Zum Bock«. Ich warte, bis das Konzert beginnt, und erledige dann alle anstehenden Arbeiten, reinige den Zwinger und die Tröge, gebe neues Stroh in die Hütte und bereite das Futter zu. Inzwischen verbellt er mit wachsender Inbrunst. Dann bringe ich ihm ein Häppchen. Aber das Verbellen geht weiter. Sie müssen es jetzt ab und zu auf eine halbe Stunde ausdehnen.

Erst zuletzt steigern Sie die Entfernung. Auf sie kommt es am wenigsten an. Über 30 m gehen Sie vorerst nicht hinaus. Ist der Hund voll motiviert, verbellt er ebenso auf 130 m wie auf 1300 m.

Wenn es einmal gar nicht klappen will, geben Sie um Gottes willen nicht auf. Ich habe noch keinen Totverbeller gemacht, bei dem ich nicht mindestens dreimal aufgeben wollte, weil ich überzeugt war, bei dem klappt's nicht. Am nächsten Tag aber dachte ich, probier's noch mal. Und siehe da: Es ging besser als je zuvor.

Auch beim Hund gibt es keine konstant ansteigende Leistung, sondern ein Auf und Ab. Stellen Sie fest, daß er, der gestern noch beherzt verbellte, heute stur ist wie ein Panzer und den Mund nicht auftun will, dann brechen Sie einfach das Verbellen ab. Üben Sie irgend etwas anderes. Morgen läuft wieder alles wie am Schnürchen.

Schritt 8: Verleitungen

Das Totverbellen ist ein gemischter Leistungsablauf, d. h., er enthält auch Unterlassungsleistungen. Draußen im Wald können auf den Hund sehr starke Verleitungsimpulse einwirken. Er kann, während er das gefundene Stück verbellt, Witterung von lebendem Wild bekommen, das er hetzen möchte. Die Folge wäre der vorzeitige Abbruch des Verbellens. Dem positiven Beginnen muß sich daher eine »Festigungsphase« anschließen, in der Sie auf ein bewußt herbeigeführtes Fehlverhalten des Hundes negativ einwirken können. Denn es handelt sich hierbei um Unterlassungsabrichtung.

Sie schicken dazu einen Gehilfen zu dem verbellenden Hund, der versucht, ihn vom Stück wegzulocken. Läßt sich der Hund verleiten, pfeifen Sie ihn down und schicken ihn energisch zurück; oder Sie sind schnell zur Stelle und treffen ihn, möglichst im ersten Augenblick der Verleitung, mit einem Hieb. Ihre ganze Phantasie können Sie nun zum Erfinden neuer Verleitungen aufbieten. Ich schicke z. B. gerne Nachbars Hund in die Nähe des verbellenden Hundes. Oder ich lasse an einer langen Schnur einen künstlichen Hasen aus der Sasse fahren, werfe Bälle und Ringe oder lasse die Kinder um den Hund herumlaufen.

Sehr wichtig ist die »Verbell-Tour« am Sonntagmorgen, in deren Verlauf der Hund 20-, 30mal in stets wechselnder Umgebung die ausgestopfte Rehdecke suchen und verbellen kann. Sie beginnt draußen im Feld, dann wechseln Sie in lichten Bestand über und kommen schließlich in immer dichtere Dickungen. Hier liegt später das eigentliche Arbeitsgebiet des Totverbellers. Im hohen Bestand bleibt er auf der Wundfährte am langen Riemen. Aber in die undurchdringlichen Bestände der 2–3 m hohen Fichten, da muß er allein hinein, und das muß immer und immer wieder zuerst mit der ausgestopften Decke, später mit erlegtem Wild geübt werden, wenn Sie einen wirklich zuverlässigen Totverbeller besitzen wollen.

Zur Festigung des Verbleibens am Stück dient folgende Übung: Sie legen den Hund ab und bringen die Decke 200 m voraus in dichtes Gehölz. Dann gehen Sie zum Hund zurück und schicken ihn auf Ihrer Fährte zum Stück. Beginnt er mit

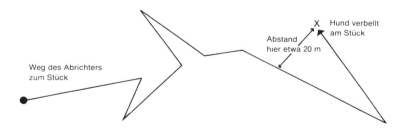

Bleibt der Hund in 9 von 10 Fällen brav verbellend beim Bock, müssen Sie ihn mit immer stärkeren Mitteln dazu verleiten, das Stück zu verlassen. Jetzt können Sie, wenn er der Verleitung folgt, auch

mit Teletakt einwirken. Dabei pfeifen Sie ihn »Down!«. Dann bringen Sie den Hund persönlich zum Bock zurück. Nach dem ersten Laut gibt es ein richtiges Freudenfest.

seinem Geläut, gehen Sie langsam auf ihn zu, entfernen sich dabei aber immer wieder. Schließlich gehen Sie ganz langsam 20 Schritte an dem verbellenden Hund vorbei (s. Skizze Seite 257). Mit großer Wahrscheinlichkeit wird er beim ersten Experiment dieser Art sein Stück im Stich lassen. Sie schicken ihn energisch »Zum Bock« zurück. Wiederholt er mehrmals dieses Fehlverhalten, müssen Sie schärfer einwirken. Denn auch diese Verleitung entspricht dem Ernstfall: Es kann durchaus sein, daß Sie den Hund nach seinem Geläut falsch orten und an ihm vorbeilaufen. Er muß in dieser Situation beim Stück bleiben und verbellen.

Schritt 9: Übergang zu Wild

Haben Sie im 4. Lebensmonat mit der Verbelldressur begonnen, müßte der Hund mit 8–12 Monaten die ersten 8 Schritte hinter sich haben.

Damit ist auch der größte Teil der Dressur geschafft. Was noch kommt, ist Routine. Haben Sie ein Reh erlegt, legen Sie es in der Nähe des Abrichteplatzes dorthin, wo Sie bei Schritt 7 längere Zeit hindurch das Verbellen der Rehdecke geübt haben. Das Reh liegt mit dem Rücken zur Futterstelle. Dann legen Sie an der Bauchseite zwischen die Läufe die altvertraute Rehdecke. Jetzt verfahren Sie wie bei Schritt 5, folgen also dem Hund mit einem kräftigen Fleischbröckchen in der Hand zum Stück. Es gibt keinen Grund, warum der Hund nach kurzem, erstauntem Stutzen nicht verbellen sollte. Sie wiederholen das einige Tage, solange das Reh in der Decke hängen kann, und können langsam die Entfernung und auch die Dauer des Verbellens steigern. Dabei verschiebt sich die Rehdecke immer mehr unter das richtige Reh. Plötzlich fehlt sie gänzlich. Der Hund verbellt das Wild. Hat das Reh ausgedient, muß die ausgestopfte Decke wieder heran. Sie darf für den Hund nicht uninteressant werden. Sein ganzes Leben hindurch geben Sie ihm, allein schon, um ihn zu beschäftigen und ihm eine Freude zu machen, aber natürlich auch, um das Verbellen aufzufrischen, von Zeit zu Zeit Gelegenheit, die Rehdecke nach Kräften anhaltend zu verbellen.

Haben Sie dann wieder einmal ein Reh, beginnen Sie das Üben wie beim ersten Reh, gehen dann aber schnell weiter. Vor allem begeben Sie sich in den Wald und in die Dickung. Üben Sie mit dem hungrigen Hund, ist es in jedem Falle gut (Vorsicht ist besser als Nachsicht), die Aufbruchschnitte zu vernähen und mit Pfeffer zu bestreuen. Außerdem bitten Sie Ihre Jagdfreunde, jedes andere Wild, das irgendwo zur Strecke kommt, zu einer Verbellübung kurz zur Verfügung zu stellen, ganz gleich wo.

Schritt 10: Die erste Arbeit

Auch der erste Ernstfall sollte manipuliert sein, muß sich aber für den Hund so darstellen, als ob Sie auf seine Hilfe voll und ganz angewiesen wären. Bitten Sie Ihre Jagdfreunde, ein vom Ansitz aus erlegtes Stück liegenzulassen, ohne an das Stück heranzugehen. Die Gelegenheit hierzu findet sich häufig, weil Sie für den Totverbeller keine Wundfährte brauchen. Bei gutem Willen bieten sich hierzu in einem Jagdrevier so viele Möglichkeiten,

wie Reh- und Rotwildstücke auf dem Abschußplan stehen.

Haben Sie also ein Reh erlegt, lassen Sie es liegen, wie es liegt, merken sich die Stelle, an der es austrat, und holen den Hund. Sie bringen den Hund auf die Wildfährte, während der Schütze oder ein Helfer vom Hochsitz aus die Arbeit des Verbellers beobachtet. Beide, Hundeführer und Helfer, sollten eine Trillerpfeife zur Hand haben, um hiermit für den Fall eines Fehlverhaltens (Anschneiden, das Stück vorzeitig verlassen) einwirken zu können.

Ich meine aber, daß sie nach einer so gründlichen Vorbereitung im Jackett bleiben kann. Glauben Sie mir, es wird für Sie ein unvergeßliches Hochgefühl, wenn Ihr erster Totverbeller sein erstes Stück findet und mit seinem Geläut beginnt. Bei einer solchen Gelegenheit habe ich schon manche Männerträne fließen sehen.

Eine vereinfachte Abrichtemethode des Totverbellens

Wenn Sie einen ersten Hund nach dieser 10-Schritte-Methode zum Totverbeller gemacht haben, können Sie beim zweiten eine vereinfachte Abrichtung probieren. Der Totverbeller soll zum Stück finden, dort verbleiben und anhaltend Laut geben (s. Seite 249). Die Leistungselemente »Bleib!« und »Gib Laut!« (s. Seite 175 und Seite 165) haben Sie bereits gründlich geübt. Vielleicht hat ihr Hund auch im Bringen auf der Führerfährte (s. Seite 162) schon erste Erfahrungen. Dann verfahren Sie wie folgt:

Sie legen die ausgestopfte Rehdecke direkt vor sich auf den Boden, nehmen in die linke Hand die gefüllte Futterschüssel und lotsen den nicht angeleinten Hund mit einem Bröckchen hinter die Rehdecke. Dann sagen Sie »Gib Laut!« und »Bleib!« und geben ihm bei jedem Laut ein Bröckchen, bis sie alle sind. So verfahren Sie einige Tage.

Ihr Ziel ist klar: Die Befehle »Gib Laut!« und »Bleib!«, beides Wortzeichen, sollen durch Impulswechsel (s. Seite 84) auf die ausgestopfte Rehdecke als Objektauslöser übertragen werden. Deshalb ist es wichtig, die Rehdecke stärker in den Mittelpunkt zu rücken. Es gibt daher nur dann ein Bröckchen, wenn der Hund 1. mit den Vorderpfoten auf die ausgestopfte Rehdecke geklettert ist und 2. dort kräftig Laut gibt. Auch das klappt nach wenigen Tagen. Damit ist die feste Position des Hundes für »Bleib!« fixiert. Tagelang bekommt er sein Futter auf der Decke stehend nach einem Laut. Die Bröckchen werfen Sie ihm in den Fang (das Schnappen macht zusätzlich Spaß), und zwar absichtlich so, daß er sie (am Anfang) fangen oder (später) neben der Decke suchen muß. Er soll lernen, für das nächste Häppchen schnell wieder auf den Bock zu steigen.

Langsam vergrößern Sie jetzt den Abstand zwischen sich und dem Bock. Sie werfen die Bröckchen gut 3–5 m weit und gehen dann und wann in Deckung, möglichst so, daß Sie den Hund sehen. Der fängt oder sucht die Brocken, frißt sie, läuft schnell wieder zum Bock, steigt hinauf und gibt Laut.

Wenn das so läuft, bringen Sie den Befehl »Zum Bock!« ins Spiel. Sobald der Hund irgendwo sein Bröckchen gefunden und gefressen hat und sich anschickt, zur Rehdecke zurückzukehren, befehlen Sie mehrmals »Zum Bock!«.

Das Verbellen soll jetzt auch anhaltender werden; es gibt nicht mehr für jeden Laut ein Bröckchen, sondern erst nach mehrfachem kräftigem Gebell. Dabei vollzieht sich nach und nach die Konditionierung des Objektsbefehls »Rehdecke«: Er verbellt und bleibt, ohne daß Sie es befehlen. Damit haben Sie den Leistungsabfall Totverbellen komplett, wenn auch zunächst nur »en miniature«. Es geht nun darum, ihn immer mehr dem Ernstfall zu nähern.

Die erste Schwierigkeit dabei ist das Zum-Bock-Finden. Es wird sehr erleichtert, wenn der Hund bereits auf der Führerfährte apportiert. Sie leinen den Hund an, bringen die Rehdecke in den Garten (zunächst nur etliche Meter und für ihn sichtbar), gehen zu ihm zurück, schnallen ihn und schicken ihn anschließend »Zum Bock!«.

Dort muß unter allen Umständen bald das Geläut beginnen; das ist die zweite Schwierigkeit. Es ist falsch, zu lange zu warten, bis es von selbst kommt. Nach einigen Sekunden der Inspektion, die Sie ihm zubilligen, müssen Sie mit »Gib Laut!« nachhelfen. Achten Sie darauf, daß er auf der Decke steht. Dann legen Sie eine Handvoll Bröckchen neben die Decke. Während er frißt, nehmen Sie die Decke hoch, bringen sie 10 Schritte weiter und gehen selbst zur Seite, möglichst wieder in Deckung. Der Hund folgt Ihnen, findet den Bock, stellt sich darauf und verbellt. Das wiederholen Sie oft, sehr oft! Immer wieder geht es um die gleiche Übung: Er kommt zum Bock, stellt sich darauf und gibt schnell Laut, auch wenn Sie außer Sicht sind und nichts befehlen.

Die dritte Schwierigkeit ist das Beim-Bock-Bleiben. Der Hund darf nicht, auch wenn Sie jetzt längere Zeit außer Sicht bleiben, einer Verleitung folgend den Bock verlassen. Das ist eine Unterlassungsleistung, für die Sie ein negatives Gefühlspotential als Hemmung aufbauen müssen. Sie schicken ihn zum Bock, warten, bis er verbellt, stellen drei Schritte vor den Bock die gefüllte Futterschüssel und gehen in Deckung. Wagt er es (Sie müssen ihn provozieren), den Bock zu verlassen, donnern Sie ihn mit »Pfui!« zurück und geben ihm, wenn er auf dem Bock steht und bellt, das Bröckchen.

Bis hierhin haben Sie in mehr fließender Form die ersten sechs Schritte der oben (s. Seite 250) beschriebenen Totverbellerdressur absolviert. Die restlichen vier Schritte bis zur ersten erfolgreichen Arbeit draußen im Revier entsprechen den Schritten 7–10, wie oben beschrieben (s. Seite 255 ff.).

Damit ist Ihr junger Totverbeller fertig. Eigentlich gehört nicht viel mehr dazu als der bloße Wunsch, einen Totverbeller zu besitzen. Außer diesem Wunsch sind es täglich 10 Minuten, die Sie aber so oder so mit Ihrem Hund zubringen. Warum also nicht für eine so schöne und reizvolle Aufgabe?

Jeder Jagdhund ein Totverbeller!

Der Rettungshund

Wenn Sie ein engagierter Helfer oder Feuerwehrmann und zugleich passionierter Hundefreund sind, können Sie beide Talente kombinieren und Ihren Hund – gleich welcher Rasse – zum Rettungshund ausbilden. Sie können nach erfolgreicher Abrichtung mit Ihrem Hund bei der Arbeitsgemeinschaft für Zuchtvereine und Gebrauchshundverbände (AZG) eine Rettungshund-Tauglichkeitsprüfung ablegen, wenn einige weitere Voraussetzungen (Wesensfestigkeit und Gesundheit des Hundes) erfüllt sind. Nach bestandener Prüfung werden Sie im Rahmen des zivilen Bevölkerungsschutzes einem Rettungs- oder Bergungstrupp zugeteilt, der die Aufgabe hat, in Katastrophenfällen verschüttete Menschen möglichst lebend zu bergen. Auskünfte über Einzelheiten geben die örtlichen Hundeclubs, insbesondere alle Schäferhundvereine.

Wie viele andere Dressuraufgaben geht die Ausbildung des Rettungshundes am einfachsten von der Bringdressur aus. Das Bringen ist ja ebenso wie das Verweisen von Verschütteten zuerst ein Suchen.

Erste Abrichtestufe

Bei der Abrichtung gehen Sie schrittweise vor, wie ich dies im Kapitel »Suchen und Bringen vergrabener Münzen« auf Seite 217 ausführlich beschrieben habe. Diese Dressur dient hier als Vorbild. Als Apportl verwenden Sie das gewöhnliche Apportierholz in Form der Hantel, das bereits das Lieblingsapportl Ihres Hundes sein sollte. In diesem Fall wird es jedoch mit fortschreitender Dressur nicht kleiner, sondern es wird schwieriger, es zu finden. Es geht in der ersten Stufe darum, daß der Hund lernt, kräftig und ausdauernd zu »buddeln«, also zu scharren, bis er das vergrabene Bringholz endlich gefunden hat und apportieren kann.

Zweite Abrichtestufe

Wenn dies gelungen ist, können Sie das so auslösbare Verhalten des Scharrens mit einem neuen Auslöser, der Wahrnehmung von menschlicher Witterung im Boden, verknüpfen. Sie nehmen dazu ein Brett von ca. 20×60 cm Breite und Länge und schlagen es so in ein Kleidungsstück (Jacke, Hemd, Pullover) ein, daß die obere Seite wenig Falten bildet. Das Kleidungsstück muß zuvor getragen worden sein, am einfachsten mit dem Brett unter dem Mantel, so daß es Menschenwitterung besitzt.

Dieses Fundobjekt graben Sie nun am Ende Ihres Standard-Apportier-Parcours, der höchstens 20 m lang sein soll, ein, die faltenlose Seite nach oben. Treten Sie dabei die Kanten des Brettes so fest, daß der Hund es nicht heben und apportieren kann. Dann bedecken Sie das Ganze mit Erde, ebenso wie zuletzt das Apportl.

Der Hund hat bei diesen ersten Übungen einen gesunden 36-Stunden-Appetit. Sie bewaffnen sich mit einigen saftigen Bröckchen Futter und schicken ihn mit »Such voran!« auf die Suche. Nun müssen Sie aufpassen, daß Sie Ihrem Hund in punkto Schnelligkeit nicht nachstehen.

Noch während er über der Grube schnüffelt, sind Sie bei ihm. Beginnt er wie gewohnt zu scharren, sagen Sie: »So recht, gib Laut!« Beim ersten Laut gibt es ein Bröckchen. Lassen Sie ihn weiter scharren und verbellen, und geben Sie ihm weitere Bröckchen, bis das Brett gerade zum Vorschein kommt. Jetzt brechen Sie ab und belobigen den Hund durch Streicheln und Beklopfen so gut Sie können. Je nach gesetztem Abrichteziel genügt es, wenn der Hund über der Fundstelle zu scharren beginnt, also nicht gleichzeitig verbellt.

Das Ganze können Sie anschließend gleich mehrmals wiederholen. Sie bedecken das Brett wieder mit Erde, treten die Grube zu, begeben sich zum Futternachschublager und schicken den Hund von dort aus ein weiteres Mal auf die Suche. Wieder sind Sie Sekunden später bei ihm und belobigen sein Scharren und Bellen mit kleinen Futterhäppchen. Danach soll er sofort weiterscharren.

Dritte Abrichtestufe

Damit der Hund sicher verknüpft und reagiert, auch auf allerfeinste Witterungsspuren hin, können Sie diesen Ablauf nicht oft genug üben, denn hier geht es um Menschenleben. Arbeitet er erwartungsgemäß, ziehen Sie alle Register der Belobigung.

Üben Sie vor allem nach dem wöchentlichen Hungertag. Dabei steigern Sie nach und nach den Schwierigkeitsgrad der Übung: Sie wechseln das Übungsgelände, verlängern die Standzeit und bauen Verleitungen ein, indem Sie das Suchgelände mit fremden Fährten durchkreuzen und Brandgeruch verbreiten. Sie müssen, wie mehrfach beschrieben, das erwünschte Verhalten so stark motivieren, daß der Hund bei allen denkbaren Wechselfällen und Störungen jede Sucharbeit mit höchster Passion angeht und absolviert.

Die Gefahr, daß der Hund bei dieser Dressur im Ernstfall einen verschütteten Menschen verletzen könnte, besteht nicht. Erstens beißt ein wesensstarker Hund keinen Menschen, solange er nicht angegriffen wird. Zweitens stellt der Hund sich schnell auf das ein, was er findet:

Stößt er beim Scharren auf ein Bringholz, wird er es aufnehmen und apportieren. Stößt er dagegen auf größere Kleidungsstücke oder ähnliches, wird er sie verbellen.

Ein sowohl im Bringen wie im Verbellen abgerichteter Jagdhund bringt den 10 kg schweren Fuchs, auch wenn er ihn kaum tragen kann. Die nur ½ kg schwere Rehdecke aber, die er spielend apportieren könnte, läßt er liegen und verbellt sie.

Mit dem Rettungshund enden die Kapitel über die Abrichtung des Hundes. Diese letzte Leistungsforderung zeigt sehr deutlich, welche vielfältigen Dienste das Tier »Hund« uns Menschen darzubringen in der Lage ist:

Sie reichen vom pfötchengebenden Spielgefährten der Kinder bis zum Begleiter, Helfer und Beschützer des Menschen und schließlich zu seinem Lebensretter.

Vielleicht war es gewagt, diesem weitgespannten Bogen in einem einzigen Buch zu folgen, wobei ich sogar die reinen Spezialisten wie den Blindenführer oder Hütehund ausgelassen habe. Aber dieses Wagnis hat seine Logik: Es ging mir darum zu zeigen, daß die Methode der Abrichtung bei allen Leistungen des Hundes immer wieder die gleiche ist. Ob Sie ihm beibringen, auf die Wahrnehmung des Lautzeichens »Gib Pfötchen!« hin artig die Pfote zu heben, oder ob Sie ihm beibringen, auf die Wahrnehmung der Witterung eines verschütteten Menschen hin zu scharren oder Laut zu geben: Immer vollzieht sich die Abrichtung in drei aufeinanderfolgenden Stufen: Sie müssen zuerst das erwünschte Verhalten, das Pfötchengeben, das Scharren, durch Triebnutzung z. B. mit Futter hervorlocken können; dann müssen Sie das so auslösbare Verhalten mit einem Befehl, der Wahrnehmung eines Lautes oder einer Witterung verknüpfen; und schließlich müssen Sie den Hund für die Ausführung des Befehls motivieren. Die Abrichtung von Tätigkeitsleistungen ist also notwendig und grundsätzlich dreistufig – beim Schoßhund ebenso wie beim Rettungshund!

Exkurs über die allgemeine Dressierbarkeit der Arten, Rassen und Individuen

Unsere Überlegungen zur Abrichtung des Hundes lassen sich ausdehnen auf die allgemeine Dressierbarkeit der verschiedenen Tierarten, Rassen und Individuen. Warum ist der Hund leichter dressierbar als die Katze? Warum sind Delphine so hervorragend dressierbar im Vergleich zu anderen Wassertieren? Warum sind Schäferhund, Vorstehhund und Dogge leichtführiger als Terrier und Teckel? Warum lernt schließlich von zwei Vorstehhunden der eine schneller und besser als der andere?

Vier Komponenten der Dressierbarkeit

Allgemein ist die Dressierbarkeit abhängig vom Lernvermögen eines Tieres, das wir für den Hund oben dargestellt haben (s. Seite 55 ff.), das in ähnlicher Form jedoch alle höher entwickelten Tiere besitzen. Es besteht aus vier Komponenten:

Die erste Komponente ist das Wahrnehmungsvermögen, die Fähigkeit, Impulse aus der Umwelt aufzunehmen und zu verarbeiten. Das Tier muß erkennen können, was in seiner unmittelbaren Umwelt vor sich geht, welche Veränderungen eintreten, welche Signale von ihr ausgehen, die für das eigene Verhalten bedeutsam sind, d. h. seine Lage verbessern oder verschlechtern könnten. Für die Dressur durch den Menschen steht dabei das Vermögen zur Wahrnehmung visueller und akustischer Reize im Vordergrund.

Die zweite Komponente bildet die Triebstruktur eines Tieres. Einzelne Triebe fördern, andere behindern die Dressierbarkeit. Dabei sind zwei Triebe besonders wichtig. Zunächst der Hunger: Je stärker und regelmäßiger das Nahrungsbedürfnis, je entwickelter auch die Feinschmeckerqualitäten, desto besser die Dressierbarkeit. Allerdings sind die Differenzierungen nicht sehr ausgeprägt. Wichtiger noch ist daher der Meutetrieb. Gut dressierbar sind Tiere, die in festgefügten Gruppen (Meute, Rudel, Herde) zusammenleben, damit sozial abhängig und von ihrer Entwicklungsgeschichte her gewohnt sind, sich einem Führer zu unterwerfen. Beispiele hierfür sind die typischen Rudeltiere wie Hund, Pferd, Löwe und Elefant. Das Gegenbeispiel des typischen Einzelgängers ist die Katze. Sie ist daher nur schwer erziehbar und fast nicht dressierbar. Ein weiteres Beispiel für den undressierbaren Einzelgänger ist das Reh, das sich überhaupt nicht an Menschen gewöhnt und nur unter größten Schwierigkeiten in Gehegen zu halten ist. Hirsche dagegen, typische Rudeltiere, fühlen sich hier wohl; von daher erscheinen die mittelalterlichen Abbildungen höfischen Lebens, auf denen Hirsche Kutschen oder Schlitten ziehen, nicht als reine Phantasiegebilde. Auch das bekanntlich »von nichts wissende« Tier »namens Hase« ist ein gutes Beispiel für den typischen, nicht dressierbaren Einzelgänger.

Die dritte Komponente ist die emotionale Erregbarkeit eines Tieres, die Stärke seiner Gefühlsschwankung. Ein Tier, das nicht erregbar ist, ist auch nicht dressierbar. Unter Erregbarkeit verstehe ich dabei die Stärke, in der das Tier auf die Befriedigung eines Triebes erkennbar freudig oder umgekehrt auf die Vorenthaltung einer Triebbefriedigung sowie auf Bedrohung mit Betroffenheit reagiert.

Die vierte Komponente schließlich betrifft das Wirken des Gedächtnisses, seine Fähigkeit, Sinneseindrükke, Gefühlserlebnisse und Verhaltensformen zu speichern und miteinander zu verknüpfen, so daß sie im Bedarfsfall wieder hervorgeholt werden können und als Handlungseinfälle verfügbar sind. Je mehr Einfälle die Phantasie des Tieres produziert, desto größer ist seine Chance, beim Lernen durch Versuch und Irrtum zum Erfolg zu kommen.

Natürlich läßt sich der Mangel an einzelnen Voraussetzungen bei manchen Tierarten durch entsprechende Geduld des Dresseurs ausgleichen. Dessen Leistung ist um so höher zu bewerten, je mehr es an den aufgeführten Komponenten der Dressierbarkeit bei einer Tierart mangelt.

Der Grad der Dressierbarkeit

In nachstehender Tabelle habe ich den Grad der Dressierbarkeit – entsprechend meiner Einschätzung – ausgedrückt. Das Vorliegen jeder der genannten vier Komponenten habe ich dabei wie folgt bewertet:

0 = überhaupt nicht erkennbar
1 = sehr schwach erkennbar
2 = schwach erkennbar
3 = durchschnittlich ausgeprägt
4 = stark ausgeprägt
5 = sehr stark ausgeprägt
6 = extrem stark ausgeprägt

Als Vergleich dienen jeweils die Noten des Hundes, der bei allen vier Komponenten die Note »5« erhält.

Die Fragen lauten:
1. Wie beurteilen Sie das Wahrnehmungsvermögen des Tieres, die Beobachtungsgabe, seine Fähigkeit, verschiedenartige Reize aus seiner Umwelt zu erkennen und zu unterscheiden?
2. Wie beurteilen Sie die soziale Abhängigkeit, den Grad der Einbezogenheit des (erwachsenen) Tieres in eine Gruppe (Rudel, Meute), seine Abhängigkeit vom Meuteführer?
3. Wie beurteilen Sie die gefühlsmäßige Erregbarkeit des Tieres bei Erfolg oder Mißerfolg, Lob oder Tadel, den Grad seiner Freude im einen, seiner Betroffenheit im anderen Fall?
4. Wie beurteilen Sie den Einfallsreichtum des Tieres, seine Fähig-

Bewertung der allgemeinen Dressierbarkeit von Tieren

	Hund	Katze	Pferd	Ziege	Hirsch	Reh	Wild-schwein	Huhn	Affe	Löwe	Ele-fant	Bär	Del-phin
Wahr-nehmungs-vermögen	5	5	4	2	4	4	5	2	5	4	3	4	5
Soziale Abhängigkeit	5	0	5	4	5	0	6	4	6	5	5	3	5
Erregbarkeit	5	2	2	3	1	0	4	0	5	1	4	2	5
Einfalls-reichtum	5	3	1	2	1	1	4	1	6	1	4	2	6
Gesamt	20	10	12	11	11	5	19	7	22	11	16	11	21

keit, im Bedarfsfall verschiedene Verhaltensweisen zu probieren, um zum Erfolg zu kommen?

Wie gesagt fehlt bei der Katze die soziale Komponente. Außerdem ist sie in ihrer Gefühlsstruktur schwächer und ausgeglichener als der Hund.

Das Pferd hat ein gutes Wahrnehmungsvermögen und lebte entwicklungsgeschichtlich in der starken sozialen Abhängigkeit der Herde. Seine Erregbarkeit ist begrenzt: Das Pferd reagiert zwar sichtlich freudig auf Lob und Anerkennung, aber deutlich weniger auf Tadel und Strafe. Auch sein Einfallsreichtum ist schwach. Es bedarf daher nicht wie der Hund der Leine, die den Aktionsspielraum einengt, sondern der Zügel, die ihn erweitern.

Auch bei den meisten Wildtieren hapert es im Vergleich zum Hund vor allem an der gefühlsmäßigen Erregbarkeit und am Einfallsreichtum.

Hierdurch bleiben sie stärker in ihren instinktgesteuerten Verhaltensformen befangen, den Fluchtinstinkten einerseits, den Beute- und Verteidigungsinstinkten andererseits.

Leider habe ich keine Erfahrung in der Manege. Die Reihenfolge in der Dressierbarkeit, die sich nach meiner Einschätzung ergibt (Affe – Delphin – Hund – Wildschwein – Elefant – Pferd), scheint mir jedoch diskutabel.

Die unterschiedliche Dressierbarkeit der Hunderassen

Aus diesen Überlegungen klärt sich für den Bereich der Hundeerziehung auch die bisher unbeantwortet gebliebene Frage, warum bestimmte Hunderassen schwieriger erziehbar

Die Lernfähigkeit oder Dressierbarkeit der verschiedenen Tierarten hängt vor allem von ihrem Wahrnehmungsvermö-gen, ihrem Sozialverhalten, ihrer gefühlsmäßigen Erregbarkeit und ihrem Einfallsreichtum ab.

sind als andere, leichtführigere Rassen. Beispiele sind Terrier und Tekkel im Vergleich zu Schäferhund, Vorstehhund und Dogge. Wahrscheinlich haben sich die ersteren im Verlauf ihrer Entwicklungsgeschichte nicht nur nach Form und Größe, sondern auch in ihrem Wesen weiter vom Wolf und damit vom Rudeltier entfernt als jene und sich damit dem Charakter des Einzelgängers genähert. So jagt der wildernde Schäferhund wie der Wolf am liebsten in der Meute, wenigstens mit zwei Kumpanen, die abwechselnd die Fährtenarbeit übernehmen. Der Vorstehhund jagt in enger Zusammenarbeit mit seinem Herrn und Meuteführer, dem er das vor ihm liegende Wild anzeigt. Terrier und Teckel hingegen sind, Aug' in Aug' in der Röhre dem Fuchs gegenüberliegend, typische Einzelkämpfer. Ihnen hilft dort kein Meutegenosse. Kein Wunder, daß Sie sich nicht gern ein- und unterordnen.

Ich hatte einmal gleichzeitig einen etwas älteren, scharfen Rauhhaarteckel und einen starken Weimaranerrüden. Der Teckel war nicht bereit, die zunehmend überlegene Kraft des anderen zu akzeptieren, obwohl ihm übel mitgespielt wurde. Das ging so weit, daß ich sie schließlich ganz trennen mußte.

Mit dem abnehmenden Meutetrieb der Terrier- und Teckelschläge wächst aber zugleich deren Unabhängigkeit vom Meuteführer Mensch, vor allem, wenn bei diesen Rassen zugleich die emotionale Erregbarkeit für Lob und Tadel abnimmt. Das heißt für den Abrichter: mehr Geduld, noch fleißiger üben, noch häufiger wiederholen. Zwang aber wird hier vollends zum Irrweg.

Die Unterschiede der Dressierbarkeit innerhalb einer Hunderasse oder eines Schlages oder sogar innerhalb eines Wurfes erklären sich dagegen mehr aus der unterschiedlichen Veranlagung in den Merkmalen Einfallsreichtum und Temperament sowie Erregbarkeit. Daß er bei vorgehaltenem Bröckchen Laut geben soll, kapiert Flugs nach wenigen Versuchen, Flaute braucht Tage. Flugs schaut mit offenen wachen Augen wie gebannt auf den erhobenen Zeigefinger, Flaute hebt nur müde die Augenlider. Flugs hat immer Hunger, Flaute ist schnell gesättigt und desinteressiert. Flugs lernt schnell, er ist leichtführig, intelligent. Flaute lernt's vielleicht nie; sie ist halt lieb, aber — a bisserl dumm.

Allgemeine Grundsätze der Abrichtung, Dressur und Erziehung

Die in diesem Buch in Theorie und Praxis dargestellte »positive Abrichtelehre« findet ihren Ausdruck in einer Reihe von allgemeinen Grundsätzen. Sie gelten für jeden Hund, gleich welcher Rasse, gleich welchen Alters, gleich welchem Zweck er dienen soll; und sie gelten für jede Übung. Ich möchte sie zum Schluß in knapper und präziser Formulierung wiedergeben und habe dabei jede Regel der besseren Einprägung wegen mit einem Namen versehen.

Die allgemeinen Grundsätze bilden sozusagen eine Abrichtelehre für Fortgeschrittene, vor deren Hintergrund die im vorderen Teil des Buches besprochenen Übungen den Charakter von Beispielen annehmen. Die Grundsätze ermöglichen es Ihnen, sich für jede Leistungsforderung die optimale Abrichtemethode selbst auszudenken. Wenn der praktische Teil des Buches mehr ein Kochbuch war für den Anfänger (»man nehme den Hund...«), werden Sie durch die Kenntnis der Grundsätze zum Meisterkoch.

Dreistufenabrichtung

Grundsatz der dreistufigen Dressur aller Tätigkeitsleistungen
Die Dressur von Tätigkeitsleistungen des Hundes erfolgt immer in drei Stufen:

1. Die zu erlernende Tätigkeit muß der Abrichter durch einen Trick unter Ausnutzung der Triebe des Hundes (Hunger, Meutetrieb, Hetzlust u. a.) herbeiführen; der Hund muß sie ohne jeden Zwang und ohne Hilfe von sich aus zeigen.
2. Nicht vorher, sondern während der Hund das hervorgelockte Verhalten zeigt, gibt der Abrichter das hierfür vorgesehene Kommando oder Zeichen.
3. Wenn der Hund das Kommando ausgeführt hat, muß er durch Futter oder Liebeln belobigt werden. Der Hund muß durch häufige Erfolgserlebnisse für die Ausführung des erwünschten Verhaltens auf Befehl motiviert (passioniert) werden.

Grundsatz des gegenseitigen Vertrauens
Vor Beginn der Abrichtung muß der Abrichter das Vertrauen des Hundes gewonnen haben. Er erreicht dies, indem er ihn selbst füttert und ihm täglich Auslauf und Beschäftigung gibt.

Grundsatz der positiven Arbeitsstimmung
Vor Beginn jeder Übungsstunde bringt der Abrichter den Hund in

positive, fröhliche Stimmung durch Liebeln, Spiel oder Wiederholung gutsitzender, mit Passion ausgeführter Übungen.

Das zu erlernende Verhalten herbeiführen

Grundsatz des Verzichts auf Zwang (Herbeiführungsregel)

In der ersten Stufe der Abrichtung einer Tätigkeitsleistung wird das erwünschte Verhalten durch Ausnutzung von Trieben des Hundes (Hunger, Meutetrieb, Hetzlust u. a.) herbeigeführt. Dabei darf kein Zwang angewendet und keine Hilfe gewährt werden! Der Hund soll das richtige uund für ihn erfolgreiche Verhalten durch die ihm eigene Lernmethode von Versuch und Irrtum selbst herausfinden.

Grundsatz der Nutzung des Appetits

Geübt wird grundsätzlich vor dem Füttern. Zum Hervorlocken des erwünschten Verhaltens werden kleine Häppchen des normalen Futters verabreicht. Am besten bewährt hat sich für den erwachsenen Hund ein Hunger von 36 Stunden zwischen der letzten Fütterung und der Dressurstunde.

Grundsatz der Nutzung anderer Triebe

Viele Leistungen lassen sich außer durch Hunger auch durch Wecken und Nutzen anderer Triebe hervorlocken (z. B. durch den Jagd- und Beutetrieb, den Verfolgungstrieb, den Meutetrieb, den Spürtrieb, den Kampftrieb, den Schutztrieb u. a.). Hierzu müssen wir unseren »Hundeverstand« anstrengen. Der Phantasie des Abrichters sind in dieser Hinsicht keine Grenzen gesetzt!

Grundsatz des Übens durch Situationsnutzung

Zeigt der Hund außerhalb der Abrichtestunde zufällig das erwünschte Verhalten, gibt der Abrichter möglichst mehrmals den festgelegten Befehl so lange ab, wie der Hund das erwünschte Verhalten zeigt.

Grundsatz des kombinierten Übens

Ist die erwünschte Leistungshandlung Teil eines anderen bereits auslösbaren Verhaltens (z. B. das Herankommen beim Bringen), können beide Leistungen kombiniert geübt werden.

Grundsatz des gemeinsamen Übens alternativer Leistungen

Alternative, d. h. einander entgegengesetzte Leistungen, wie »Komm – voran!«, »Ablegen – voran!«, »Ablegen – komm!«, »Bei Fuß – down!«, »Bei Fuß – Sitz!«, sollen vor allem in der Festigungsphase der Abrichtung in ständiger, bunter Folge gemeinsam geübt werden.

Grundsatz des Lernens durch Nachahmung

In keinem Fall lernt der Hund ein erwünschtes Verhalten durch bloßes Zusehen, da er nur sein eigenes Verhalten verknüpfen kann. Ein zweiter Hund kann jedoch einzelne Verhaltensformen auslösen, z. B. das Schwimmen, die Suche und das Ablegen.

Grundsatz des leichten Beginnens

Da das Hauptproblem der Abrichtung nicht in der Steigerung der Leistungshöhe, sondern in der Verknüpfung von Befehl und Verhalten liegt, soll der Schwierigkeitsgrad einer Übung am Anfang so niedrig wie möglich liegen. Niemals darf der Abrichter den Hund überfordern.

Grundsatz der Verstärkung kleinster Anfangserfolge

Am Anfang müssen auch allerkleinste Ansätze des erwünschten Verhaltens verstärkt werden.

Grundsatz der kleinen Schritte

Der Schwierigkeitsgrad einer Übung wird in kleinen Schritten jeweils so erhöht, daß der Hund leicht an den vorherigen Leistungsstand anknüpfen kann.

Grundsatz der unerschütterlichen Ruhe und Geduld

Oft läßt sich das erwünschte Verhalten auf Anhieb herbeiführen; bisweilen aber will es nicht gelingen.

Oberster Grundsatz ist: Ruhe und Geduld beim Üben! Eines Hundes wegen kommt man nicht in Rage!

Grundsatz des Wechsels der Übungsmethode

Gelingt es nicht, durch Nutzen eines bestimmten Triebes eine Leistungshandlung herbeizuführen, muß der Abrichter auf einen anderen Trieb umschalten.

Grundsatz der Einfachheit der Übungsgestaltung

Zugunsten der Häufigkeit des Übens soll der Abrichter die Übung am Anfang so einfach und unkompliziert wie möglich gestalten. Weitgehende Anpassung an den Ernstfall ist zunächst nicht erforderlich.

Grundsatz des rechtzeitigen Abbruchs der Übungen

Schon bei nachlassendem Eifer, spätestens aber, wenn sich zeigt, daß der Hund zum Ausführen einer Übung nicht mehr zu bewegen ist, muß die Abrichtung dieser Übung abgebrochen werden. Sich durchsetzen ist sinnlos!

Das Verhalten mit einem Befehl verknüpfen

Grundsatz der Häufigkeit des Übens

Zur Verknüpfung von Leistungshandlung und Befehl müssen beide häufig gleichzeitig erlebt und daher hinreichend oft geübt werden.

Grundsatz der Befehlsklarheit
Befehle müssen zweckgerecht, kurz, klar, unterscheidbar und eindeutig sein.

Grundsatz der sparsamen Befehlserteilung
Der Hund soll mit möglichst wenigen Kommandos geführt werden. Die Lautstärke eines Hörzeichens hat auf die Wirksamkeit der Auslösefunktion eines Befehls keinen Einfluß.

Grundsatz der Gleichzeitigkeit von Befehl und erwünschtem Verhalten (Gleichzeitigkeitsregel)
Zum Erlernen des festgelegten Kommandos (Laut, Pfiff oder Zeichen) wird es abgegeben, während der Hund das erwünschte Verhalten zeigt, nicht vorher. Der Hund verknüpft Befehl und Verhalten durch Gleichzeitigkeit.

Grundsatz der anhaltenden Befehlserteilung beim Üben
Der Abrichter wiederholt beim Üben das Kommando so oft wie möglich, und zwar so lange, wie der Hund das erwünschte Verhalten zeigt.

Grundsatz der vorzeichengerechten Befehlstönung
Befehle, die ein positives Tun, eine Tätigkeitsleistung, auslösen sollen,

müssen positiv, Befehle, die ein negatives Tun, eine Unterlassungsleistung, auslösen sollen, müssen negativ getönt sein.

Grundsatz des Impulswechsels
Hat der Hund gelernt, auf ein Kommando hin in bestimmter Weise zu reagieren, kann die Befehlsfunktion durch einfache Anwendung der Gleichzeitigkeitsregel auf beliebige andere Zeichen übertragen werden.

Grundsatz der Vermeidung unabsichtlicher Befehle
Zur Vermeidung von unerwünschten Verknüpfungen legt der Abrichter zwischen den Vorbereitungen für ein Kommando und dem Kommando selbst eine kurze Pause ein.

Grundsatz der Befehlsverstärkung durch Parallelkommandos
Parallelkommandos sind zwei verschiedene Befehle, von denen jeder das gleiche Verhalten auch allein auslösen kann. Zur Befehlsverstärkung, besonders auf Entfernung, kann der Abrichter daher gleichzeitig mit mehreren Befehlen, z. B. einem Hör- und einem Sichtzeichen, einwirken, um das erwünschte Verhalten auszulösen.

Grundsatz der Befehlskontrolle durch Doppelkommandos
Doppelkommandos sind zwei oder mehrere Befehle, die ein bestimmtes Verhalten nur dann auslösen, wenn

sie gleichzeitig und gemeinsam vom Hund wahrgenommen werden. Sie werden angewandt, um ein vorschnelles oder unbeabsichtigtes Auslösen einer Leistungshandlung zu vermeiden.

Zur Leistung motivieren

Grundsatz der Motivation durch Verstärkung der erwünschten Reaktion (Belobigungsregel)

Da nach erfolgreicher Dressur sowohl Triebe als auch Zielvorstellungen als Antrieb zur Leistung entfallen, muß der Hund durch positive, mit der Leistungshandlung selbst verknüpfte Gefühle motiviert (passioniert) werden. Die dazu erforderliche Verstärkung der erwünschten Reaktion erfolgt durch Triebbefriedigung (Futter, Lob, Liebeln) und sonstige Ermunterungen, die das Verhalten begleiten oder ihm unmittelbar folgen.

Grundsatz der Verstärkung durch Futter

Für die Motivierung der Leistungen des Hundes sind kleine Futterhäppchen der ideale Verstärker. Das zur Verstärkung erforderliche Lusterlebnis besteht dabei in der Befriedigung des Hungertriebes.

Grundsatz der Verstärkung durch Loben und Liebeln

Die Verstärkung durch Futter wird ergänzt durch den Anfeuerungslaut »So recht, mein Hund, so brav!«, durch anfeuerndes Klatschen in die Hände, durch Liebeln, Streicheln und Beklopfen. Schwierige Leistungen belohnt der Abrichter mit einem »Freudenfest«.

Grundsatz der Unmittelbarkeit von Verstärkung und Verhalten

Die Verstärkung durch Futter oder Liebeln erfolgt während des erwünschten Verhaltens oder unmittelbar danach. Zur Passionierung des erwünschten Verhaltens muß der Hund hinreichend häufig die Luststeigerung in unmittelbarem zeitlichem Zusammenhang mit dem erwünschten Verhalten erleben.

Grundsatz der Intervallverstärkung

In der ersten und zweiten Abrichtestufe wird jedes erwünschte Verhalten verstärkt, sobald es geäußert wird. In der dritten Stufe dagegen intensiviert der Abrichter die erfolgreiche Leistungshandlung durch unregelmäßige Verstärkung (Intervallverstärkung), indem er variierend nur jeden zweiten oder dritten erfolgreichen Leistungsversuch verstärkt. Die Intervalle sollen mit wachsendem Fortschritt größer werden.

Grundsatz der Einstellung des Hundes auf die bevorstehende Leistungsforderung

Durch Ankündigungskommandos, Gesten und vorbereitende Handlungen weist der Abrichter den Hund auf die bevorstehende Arbeit hin, bevor er mit ihrer Ausführung beginnen kann. Durch das Noch-nicht-Dürfen steigert der Abrichter den Arbeitseifer des Hundes.

Grundsatz der ständigen Verstärkung fortgesetzter Leistungen

Fortgesetzte Leistungen wie z. B. die Arbeit auf der Fährte, das Verbellen usw. sollen nicht nur nach erfolgreichem Abschluß, sondern ständig, d. h. während der ganzen Dauer der Arbeit verstärkt werden.

Grundsatz der Neutralisierung von Fehlleistungen

Fehlleistungen dürfen nicht verstärkt werden, haben aber sonst keine nachteiligen Folgen für die weitere Dressur. Der Abrichter bricht die Fehlhandlung ab, setzt den Hund wieder an der Verleitungsstelle an oder neutralisiert das Fehlverhalten durch eine schnell improvisierte Ersatzleistung.

Grundsatz des Zurückgreifens bei veränderten Leistungsbedingungen

Jede Veränderung eines Leistungsfaktors ergibt eine neue Leistung, die folglich von Grund auf durch Dreistufenabrichtung geübt werden muß. Das gilt auch für veränderte Umweltbedingungen, die das Wirksamwerden der Verknüpfungen beeinträchtigen können. Jede Leistung muß daher bei häufig wechselnden Leistungsbedingungen geübt werden.

Grundsatz der Festigung des Erlernten

Ist der Hund ausreichend motiviert, wird das planmäßige Üben unter veränderten Umwelt- und Leistungsbedingungen zur Festigung der Leistungsstetigkeit noch eine Zeitlang fortgesetzt.

Grundsatz des planmäßigen Wiederholens

Nach Abschluß der Grundabrichtung müssen die Verknüpfungen durch regelmäßige Wiederholungen aufgefrischt werden; dabei ist jede Leistung zu verstärken.

Zielgerecht negativ einwirken

Grundsatz der Beherrschbarkeit des Hundes

Der Abrichter darf nur dann negativ auf den Hund einwirken, wenn er ihn sicher beherrscht. Der Hund soll deshalb angeleint sein oder durch Trillerpfiff zum »Down« zu bringen sein.

Grundsatz der Unmittelbarkeit von Einwirkung und Verhalten

Verängstigung und Handscheue sind nicht die Folge von Schreck- oder Schmerzeinwirkungen an sich, sondern die Folge zeitlich falscher Einwirkungen, die der Hund nicht verknüpfen und damit nicht in das Gerüst seiner Erfahrung einbauen kann. Hierdurch wird er unsicher und verängstigt. Solche Nebenwirkungen treten jedoch nicht auf, wenn der Hund nach der ihm eigenen Lernmethode von Versuch und Irrtum bestimmte Verhaltensformen mit dem erlittenen Schmerz verknüpfen kann. Negative Einwirkungen auf ein unerwünschtes Verhalten müssen daher zeitlich möglichst nahe beim Handlungseinfall liegen, spätestens aber während des unerwünschten Verhaltens oder wenige Sekunden danach erfolgen – oder grundsätzlich unterbleiben!

Grundsatz der schreckhaften Einwirkung

In den meisten Fällen ist das Abrichteziel durch schreckhafte Einwirkungen (Schrecklaut »Pfui«, Schreckbüchse, aufgerollte Zeitung, In-den-Nacken-Fassen und ggf. Schütteln) zu erreichen. Nur in Sonderfällen soll schmerzhaft eingewirkt werden.

Grundsatz der scheinbaren Schmerzeinwirkung

Wenn Sie im Zuge der Unterlassungsabrichtung bestimmte Laute oder Geräusche häufig mit einer schmerzhaften Einwirkung verbinden, z. B. das »Pfui«, gewinnt dieser Laut die gleiche Schreckwirkung wie der Schmerz selbst. Sie können dann auch den so gewonnenen Schrecklaut als negativen Verstärker verwenden.

Grundsatz der individuell bemessenen Einwirkung

Bei weichen Hunden genügen zur Erreichung des Abrichtezieles relativ schwache oder nur scheinbare Schmerzeinwirkungen. Auf harte Hunde muß entsprechend stärker eingewirkt werden, damit ein nachhaltiger Effekt erreicht wird.

Grundsatz des sparsamen Gebrauchs negativer Einwirkungen

Negative Einwirkungen nimmt der tierliebende und kluge Abrichter nur dann vor, wenn er von ihrer Notwendigkeit und ihrem Effekt im Sinne der Erreichung des Abrichtezieles überzeugt ist. Nie läßt er sich gehen und straft im Affekt. Je seltener negativ eingewirkt wird, um so stärker verknüpft der Hund das unerfreuliche Erlebnis mit seinem Verhalten.

Grundsatz unbedingter Selbstbeherrschung

Schmerzeinwirkung ist nicht Strafe! Sie hat nur den Zweck, unerwünschte Verhaltensformen zu verleiden. – Es ist daher absolut verboten, im Zorn zu handeln. Regen Sie sich zuerst ab! Dann überlegen Sie, wie Sie Ihrem Hund ein unerwünschtes Verhalten am besten und nachhaltigsten verleiden. Dann handeln Sie!

Grundsatz der Nichtanwendung ungeeigneter Einwirkungsformen

Einwirkungen sind ungeeignet, wenn sie zur Erreichung des Abrichtzieles zwecklos sind. Dazu zählen reine Zwangseinwirkungen, erklärungsbedürftige Einwirkungen (z. B. Einsperren, kein Futter, Nichtansprechen, Ausschließen vom Spaziergang), Schmerzeinwirkungen mit der Leine, brutale und nachträgliche Einwirkungen.

Grundsatz der nachhaltig wirksamen Einwirkung

Es ist besser, einmal kräftig als häufig lasch und effektlos einzuwirken.

Grundsatz der Blitzartigkeit der Einwirkung

Ein Hieb muß den Hund völlig unerwartet und unbemerkt treffen, während dieser seine Aufmerksamkeit dem Verleitungsobjekt zuwendet (Fliegenklatschenmethode).

Grundsatz der Objektgebundenheit der Schmerzquelle

Im Rahmen der Unterlassungsabrichtung ist es zweckmäßig, die Schmerzeinwirkung wenn möglich unmittelbar oder scheinbar von dem Verleitungsobjekt selbst ausgehen zu lassen (Mausefallenmethode).

Grundsatz des zweckmäßigen Einsatzes des Teletaktgerätes

1. Der Anwendung des Gerätes ist eine Teletaktabrichtung vorzuschalten, in der der Hund den zunächst schwachen Stromimpuls als Down-Kommando erlernt. Der Hund soll nach dem Impuls grundsätzlich in die Down-Lage gehen.

2. Das Gerät dient nur zum Verleiden von unerwünschten Verhaltensformen, und zwar
a) von Unarten (reinen Unterlassungshandlungen) und
b) von Verleitungshandlungen in Leistungsabläufen.
Zur Durchsetzung von Befehlen ist das Gerät nicht geeignet!

3. Zum Verleiden von Verleitungshandlungen in Leistungsabläufen soll das Gerät erst in der letzten Dressurphase eingesetzt werden, wenn der Hund in 9 von 10 Fällen nicht mehr versagt.

4. Der Impuls darf auf keinen Fall das erwünschte Verhalten treffen. Er muß in dem Augenblick erfolgen, in dem der Hund sich anschickt, der Verleitung zu folgen.

5. Die wichtigste Regel ist: Das Gerät überhaupt nur einsetzen, wenn alle anderen Formen der negativen Einwirkung zum Verleiden eines Fehlverhaltens nicht ausreichen.

Grundsatz der Einwirkung auf frischer Tat

Solange dem Hund bestimmte Unarten noch nicht zur Gewohnheit geworden sind, sondern nur probiert werden, müssen sie durch sofortige Schreckeinwirkung verhindert oder verleidet werden, am besten durch den Schrecklaut »Pfui!«.

Grundsatz des programmierten Fehlverhaltens

Unarten, die schon Gewohnheit sind und mit Passion begangen werden, bleiben auf frischer Tat ungesühnt. Der Abrichter überlegt sich eine geeignete Form der Unterlassungsabrichtung, bereitet Art und Umfang der negativen Einwirkung vor und verleitet den Hund zu seinem Fehlverhalten, um nunmehr nach den Grundsätzen der Unterlassungsabrichtung optimal einwirken zu können.

Grundsatz der Vermeidung ungewollter Verknüpfungen

Der Hund verknüpft alle Wahrnehmungen, die er wiederholt im zeitlichen Zusammenhang mit negativen Einwirkungen erlebt. Der Abrichter muß daher sich wiederholende Gleichzeitigkeiten in seinem Verhalten vor der Einwirkung vermeiden.

Grundsatz der sofortigen Aufmunterung nach negativen Einwirkungen

Negative Einwirkungen erfolgen niemals als Strafe. Der Zweck der negativen Einwirkung erschöpft sich in dem Augenblick des Erschreckens, in dem der negative Affekt mit dem unerwünschten Verhalten verknüpft wird. Die negative Stimmung muß daher unmittelbar nach der Einwirkung durch Aufmunterung und Liebeln aufgehoben und in eine positive Stimmung umgekehrt werden.

Leistungsabläufe richtig üben

Grundsatz der exakten Festlegung des Leistungsablaufs

Vor Beginn der Abrichtung müssen die Einzelschritte eines Leistungsablaufs, ihre jeweiligen Auslöser und ihre Verkettung miteinander analysiert und festgelegt werden.

Grundsatz der Geschlossenheit des Leistungsablaufs

Leistungsabläufe werden von Anfang an in geschlossener Form geübt, allerdings stark vereinfacht.

Grundsatz des getrennten Übens der Ablaufelemente

Einzelleistungen eines Leistungsablaufs, die dem Hund Schwierigkeiten machen, können einzeln und unabhängig voneinander nach dem Verfahren der Dreistufenabrichtung geübt werden.

Grundsatz des positiven Beginnens

Gemischte Leistungsabläufe, die Tätigkeits- und Unterlassungselemente enthalten, werden in der Weise aufgebaut, daß zuerst nur die Tätigkeitsleistungen geübt werden. Fehlverhalten wird vom Abrichter zunächst nicht beachtet. Erst wenn die Tätigkeitselemente so stark motiviert sind, daß negative Einwirkungen auf die Unterlassungselemente nicht mehr auf die benachbarten Tätigkeitselemente ausstrahlen können, wird das Fehlverhalten verhindert und ggf. verleidet. Zum Schluß der Abrichtung werden Verleitungen nach dem Grundsatz des programmierten Fehlverhaltens bewußt eingebaut.

Grundsatz der vorzeichengerechten Einwirkung bei gemischten Leistungsabläufen

Besteht ein Leistungsablauf aus Tätigkeits- und Unterlassungsleistungen, darf nur auf die negativen Leistungselemente, möglichst im Augenblick des unerwünschten Handlungseinfalles, negativ eingewirkt werden. Auf die positiven Leistungselemente, die ein Tun zum Inhalt haben, darf nur positiv eingewirkt werden.

Grundsatz der Unterscheidung von mangelhafter Leistung und Fehlverhalten

Ein Fehlverhalten (unerwünschtes Verhalten) im Rahmen eines Leistungsablaufs, auf das negativ eingewirkt werden muß, liegt nur dann vor, wenn der Hund einer Verleitung folgt. Die mangelhafte Ausführung oder teilweise mangelhafte Ausführung eines an sich erwünschten Verhaltens ist kein Fehlverhalten, kann daher nur durch positive Verstärkung verbessert werden.

Grundsatz des Übens der Leistungen des Verharrens

Bei den Leistungen des Verharrens (Ablegen, Vorstehen, Bei Fuß, Bleib)

wird zuerst das Sichlegen oder das Verharren durch positive Tätigkeitsabrichtung, anschließend das Nichtaufstehen oder Nichtausbrechen durch Unterlassungsabrichtung geübt.

Grundsatz der negativen Befehlstönung bei Leistungen des Verharrens

Mit fortschreitender Übung nehmen die Leistungen des Verharrens (Ablegen, Down, Bei Fuß, Bleib) mehr und mehr den Charakter von Unterlassungsleistungen an. Sie können daher auch durch drohend und scharf klingende Kommandos ausgelöst werden.

Grundsatz der Aufrechterhaltung der Drohung

Soll der Hund im Zustand der Ruhe (Ablegen, Sitz, Down, Bleib) verharren, so darf er auch bei Befolgung des Befehls nicht gelobt werden, da die Hemmungsreaktion hierdurch aufgehoben würde. Der Abrichter muß seine drohende Haltung und die gespannte Atmosphäre aufrechterhalten.

Grundsatz ansteigender Arbeitsfreude

Die Abrichtestunde ist so aufzubauen, daß die Arbeitsstimmung des Tieres eine steigende Tendenz zeigt. Durch die Begrüßungszeremonie, durch Spielübungen und Wiederholungen bekannter und beliebter Übungen wird die Stimmung so angehoben, daß die erst später folgenden Unterlassungsübungen oder die Abrichtung neuer Tätigkeitsübungen auf hohem Stimmungsniveau begonnen werden können. Auch bei schärfsten Unterlassungsübungen darf die positive Stimmung des Tieres nie unter den Nullpunkt sinken. Danach wird die Stimmung durch Wiederholungen, Lauf- und Springübungen wieder angehoben. Jede Abrichtestunde muß zur Vorbereitung der nächsten auf hohem Stimmungsniveau enden.

Und nun viel Glück mit Ihrem Hund!

Noch ein Wort zum Schluß. Es kann sein, daß die eine oder andere Übung trotz aller Bemühung und Anleitung einfach nicht klappen will. Der gute Abrichter muß dann auch einmal resignieren können. Bitte halten Sie stets im Sinn, daß wir es mit einem lebenden Wesen zu tun haben, dessen dunkle, geheimnisvolle Welt uns trotz allen Nachdenkens und Experimentierens letzten Endes doch verborgen bleibt. Vielleicht machen Sie einen Fehler, vielleicht liegt's am Hund. Was soll's? Geben Sie Ihren Hund einmal zu einem anderen Abrichter. Oder finden Sie sich damit ab, in diesem einen Punkt einen in der Tat mangelhaft abgerichteten Hund zu haben. Er hat nun mal seine Unart. Er ist auch nur – ein Hund – mit all seinen Stärken und Schwächen.

So möchte ich dieses Buch schließen mit der Bitte an Sie, meine geneigten Leserinnen und Leser, es bei allem Eifer an dem Respekt vor der Kreatur nicht fehlen zu lassen. Wir haben das Abrichteziel vor Augen und versuchen, es zu erreichen. Aber auch der Hund, unser vierläufiger Freund und Schüler, hat irgendwo den Plan seiner Selbstverwirklichung angelegt. Die Abrichtung des Hundes, so einfach sie tatsächlich ist, bleibt eine Kunst und ein Quell unsagbarer Freuden, wenn es Ihnen gelingt, derart Widerstrebendes in Einklang zu bringen.

Ihr Hundelehrer
Tillmann Klinkenberg

Begriffserklärungen

(alle nachstehenden Begriffe beziehen sich auf den Hund)

Aalstrich	dunkler Rücken
abbrechen	Trennen von Hunden, die sich verbissen haben
abdanken	Loben des Hundes
abdocken	Abwickeln des Schweißriemens
abfangen	Heranpfeifen und Anleinen jagender oder suchender Hunde
abführen	Abrichten des Jagdhundes
abhalsen	Lösen der Leine
abkommen	1. Abmagern
	2. Verlieren der Fährte
abkoppeln	Lösen der Koppel
ablegen	der Hund soll sich hinlegen und liegenbleiben
abliebeln	Loben des Hundes
abnehmen	Wegnehmen oder Wegtragen eines Schweißhundes von der Fährte
abpfeifen	durch Pfiff zurückrufen
abrichten	Lehren von Leistungen
abrufen	siehe abfangen
abschneiden	Durchbeißen des Lederriemens
absetzen	Trennen der Welpen von der Hündin
absuchen	Suchen von Niederwild mit dem Vorstehhund
abtragen	siehe abnehmen
abwölfen	Beendigung des Wölfens (des Geburtsvorganges)
abzahnen	Zahnwechsel im 4.–7. Monat
Abzeichen	Fellflecken
Afterzehe	Fünfter Zeh an Hinterpfote (selten; muß entfernt werden)
Allons!	anderes Kommando für »Voran!«
Alterssuche	Prüfung für ältere Jagdhunde
anäugen	der Hund blickt jemand an
anfallen	1. Annehmen einer Spur oder Fährte
	2. Angriff auf einen Menschen
anfeuchten	Nässen
anhalsen	Anlegen des Halsbandes
anhetzen	Anspornen zum Angriff
ankoppeln	Anhalsen mehrerer Hunde an die Koppel

Ankörung	Zuchttauglichkeitsprüfung
anlegen	an die Kette legen
anleinen	an die Leine nehmen
annehmen	an die Leine nehmen
anrollen	Anbellen von Wild
anschneiden	Anfressen von Wild
ansetzen	den Hund auf eine Spur oder Fährte bringen
anziehen	langsames Vorgehen des Vorstehhundes, wenn er Witterung von Wild wahrgenommen hat
Appell	Folgsamkeit
Apport!	Kommando zum Bringen
apportieren	Bringen von Gegenständen
Apportierbock	Bringholz zum Üben des Bringens
Apportl	Gegenstand, den der Hund bringen soll
arbeiten	Abrichten auf der Schweißfährte
Assoziation	gedächtnismäßige Verknüpfung zweier Gedächtnisinhalte
aufdocken	Aufwickeln des Schweißriemens
aufnehmen	1. in den Fang nehmen 2. trächtig werden
aufstöbern	Finden und Hochmachen von Wild
Aufzucht	Fütterung und Pflege von Welpen und Junghunden
äugen	Umherblicken
Aus!	Kommando zum Ausgeben des Apportls
ausarbeiten	Folgen einer Fährte bis zum Schluß
ausführen	den Hund mit ins Gelände oder Revier nehmen
ausgeben	Übergeben des Apportls an den Herrn
Auslöser	Wahrnehmungen aus der Umwelt des Tieres, die ein bestimmtes Verhalten auslösen
Ballen	Sohlen des Hundes
Bart	Borstenhaare an den Lefzen
Bastard	Mischling
Bätze	Hündin
beäugen	Betrachten
Behaarung	Haarkleid, Fell
Behang	herabhängende Ohren
behängen	Begatten der Hündin
Bei Fuß!	Kommando für das Gehen neben dem Führer
belegen	Begatten
bellen	Laut geben

belobigen	Loben des Hundes durch Futter oder Liebeln
Betze	siehe Bätze
beuteln	Schütteln von Wild oder Raubzeug mit dem Fang, um es zu töten
Blesse	heller Stirnfleck
Bracke	Hunderasse
brackieren	Jagen mit Bracke
Brand	rötliche Abzeichen
Bring!	Befehl zum Bringen
bringen	siehe apportieren
Bringsel	am Halsband getragener Gegenstand zum Verweisen (siehe Bringselverweiser)
Bringselverweiser	zum Verweisen (Melden) von gefundenem Schalenwild abgerichteter Hund
Brocken, Bröckchen	ein Stück Futter zur Belobigung
Buschieren	Jagd auf Niederwild mit dem Hund im buschigen Gelände

C. A. C. I. B.	Internationaler Schönheitspreis
C. A. V. I. T.	Internationaler Leistungspreis
Caniden	Familie der Hundeartigen
changieren	Überwechseln auf eine andere Fährte

decken	Begatten
dick gehen	trächtig sein
Domestikation	Haustierwerdung
Drahthaar	derbe, mittellange Behaarung
Down!	siehe Platz
Dressur	Abrichtung
Dressurhalsband	Stachelhalsband
Duftmarken	Urinmarken zur Revierabgrenzung
durchschneiden	die Leine durchbeißen

Ectropium	Auswärtsstülpung des Unterlides (= »offenes Auge«)
einspringen	vorschnelles Herausstoßen von Wild durch den Vorstehhund
Entropium	Einwärtsstülpung des Unterlides
Erbkoordination	angewölfte (ererbte) Verbindung eines Außenreizes (Schlüsselreiz) mit einem bestimmten Verhalten (Instinktverhalten)
Erdhunde	Hunde, die unter der Erde arbeiten

Fahne	lange Haare an der Rute
Fangzähne, Fänge	Eckzähne
färben	Schweißabsonderung der läufigen Hündin
faseln	Herumsuchen, ohne Spur oder Fährte zu finden
Faß!	Kommando zum Zufassen
faßbeinig	falsche Stellung der Läufe
F. C. I.	Fédération Cynologique Internationale
Federn	lange Haare an den Läufen
Feld	Altersbezeichnung für Vorstehhunde (der zweijährige Hund »steht im ersten Feld« usw.)
Feldarbeit	Arbeit des Vorstehhundes
Feld nehmen	weite Suche des Vorstehhundes
firm	gut abgerichtet
Fransen	lange Haare an den Behängen
fressen	Aufnehmen von Futter
Führigkeit	frei oder angeleint brav beim Führer bleiben
Führung	Abrichtung des Gebrauchshundes
Futter	Nahrung des Hundes (nicht »Fraß«)

Gängigkeit	gewandtes und schnelles Sichbewegen bei der Suche
Geäfter	siehe Afterzehe
Gebäude	Körper
Gebiß	Zähne
Gebrauchshund	Hund, der für den Menschen bestimmte Aufgaben erfüllt
Geläute	Bellen des jagenden Hundes
genossen machen	Belobigen des erfolgreichen Schweißhundes durch Brocken aus dem Aufbruch
Gesäuge	Milchdrüsen
Geschröte	Hoden
gestromtes Fell	dunkle Streifen
getigertes Fell	dunkle Flecken
Grannenhaar	hartes Deckhaar
greifen	Fangen von Niederwild

Hals	Art des Bellens beim Jagdhund (z. B. lockerer Hals)
Hals geben	bellen
Halsung	Halsband

Handlungseinfall	Wachwerden einer Verhaltensform im Gehirn durch Wahrnehmung des mit ihr verknüpften Auslösers
handscheu	Hund, der seinen Herrn meidet
hängen	Zusammenhängen beim Begattungsakt
hart	schwer erziehbar und unempfindlich
Hasenpfoten	lange, schmale Pfoten
hasenrein	Gehorsamkeit vor Hasen
heiß	paarungsbereit
herausstoßen	siehe einspringen
Hetzer	ungehorsamer Hund, der ohne Kommando hetzt und sich nicht abpfeifen läßt
Hetzlaut	siehe Sichtlaut
Hinterhand	hintere Läufe
Hitze	periodisch wiederkehrende Paarungsbereitschaft der Hündin
hitzig	siehe läufig
hochläufig	hochbeinig
hohe Suche	Suche mit hoher Nase
Hose	lange Haare an den Keulen
Instinktverhalten	angewölfte (ererbte) Verhaltensform
Jährling	einjähriger Hund
Jugendsuche	Jährlingsprüfung der Vorstehhunde
Junge	Nachwuchs
Karpfenrücken	falsche Krümmung des Rückens
Katzenpfote	kurze, rundliche, geschlossene Pfote
Kippohr	nach vorn kippende Ohrspitzen
Klauen	Krallen
knautschen	Zerquetschen von Wild mit dem Fang
Knopfohr	eine Klappe bildendes Kippohr
Kopfhund	Meuteführer
Koppel	1. Halsung für mehrere Hunde 2. die zusammen geführten Hunde
koppeln	an die Koppel legen
Korallen	Stachelhalsband
Korkenzieherrute	gedrehte Rute
Kruppe	hinterer Teil des Rückens
Kuhhessigkeit	falsche, x-förmige Stellung der Hinterläufe
Kunstbau	künstlich angelegter Fuchsbau zum Einarbeiten der Erdhunde
kupieren	Kürzen der Rute
Kurzhaar	kurze, glatte Behaarung

Kynologie	Lehre von den Hunden (Geschichte, Rassen, Zucht, Abrichtung, Medizin)
Lager	Ruheplatz
Langhaar	lange Behaarung
Lappen	Lefzen
Laß!	anderes Kommando für »Aus!«
Lauf, Läufe	Bein, Beine
Laufhund	Bracken
Läufigkeit	siehe Hitze
Laufzeit	siehe Hitze
Laut geben	Bellen
Lefzen	überhängende Lippen
Leine	Lederriemen oder Kettchen zum Führen des Hundes
Leinenführigkeit	an der Leine gehen, ohne vorzupreschen oder zurückzubleiben
Leithund	Hund für Hirschjagd
liebeln	Loben, Streicheln und Beklopfen des Hundes nach erwünschtem Verhalten
Linienzucht	Zuchtmethode nach der väterlichen oder mütterlichen Linie
lockerer Hals	häufiges Bellen
Lohfarbe	rostbraun
Los!	Hund los! Befehl zum Abhalsen
lösen	Nässen und Kot absetzen
Losung	Exkremente
Mantel	überwiegende Färbung
markieren	Anzeigen von Schweiß, Wild oder Gegenständen
Maske	dunkles Haar an der Schnauze
melden	Verbellen
Meute	mehrere zusammen lebende oder jagende Hunde
Motivation	Antrieb zum Handeln, auch »Passion«
motivieren	Aufbau eines Handlungsantriebes durch positive Verstärkung (Belobigung, Anfeuern, Liebeln)
Nachsuche	Suche von krankgeschossenem Wild
nachziehen	Wild langsam folgen
Nase	1. Riechorgan
	2. Geruchssinn
Nasenspiegel	feuchte Nasenkuppe
nässen	Harn lassen
offenes Auge	siehe Ectropium

Parforcedressur	Dressurmethode für Jagdhunde unter betonter Anwendung von direktem Zwang
Passion	Antrieb zum Handeln
Pfote	Fuß
Pfui!	allgemeiner Verbotsbefehl
Platten	größere Fellflecken am Körper
Platz!	Kommando für schnelles Hinlegen platt auf den Boden (für »Down!«)
Quersuche	planvolles Suchen nach allen Seiten
Rachen	Mundhöhle
Rasse	Untergliederung einer Art nach erblichen Merkmalen
rauhbärtig	rauhe Gesichtsbehaarung
Rauhhaar	grobe, mittellange Behaarung
recht, so recht!	lobender, das derzeitige Verhalten verstärkender Zuruf
reinblütig, reinrassig	Abstammung von gleichrassigen Eltern
reißen	Beutemachen wildernder Hunde
revieren	Suche oder Streife im Gelände
Riemenarbeit	Sucharbeit des Schweißhundes am Schweißriemen
Ringelrute	hoch getragene Rute
Risthöhe	Widerristhöhe
roher Hund	nicht erzogener Hund
Rosenohr	rückwärtsgefaltetes Ohr
Rüde	männlicher Hund
Rüdemann	Führer einer Hundemeute
rupfen	fehlerhaftes Ausreißen von Haaren oder Federn von Niederwild
Rute	Schwanz
Säbelrute	Rute mit schwacher Krümmung
Sattel	größerer Fellflecken auf dem Rücken
säugen	Nähren am Gesäuge
scharf	angriffsfreudig, mutig
Scheide	Öffnung der Schnalle
Scherengebiß	übergreifende obere Schneidezähne (normale richtige Gebißstellung)
Schlag, Schläge	Gruppe von Tieren innerhalb einer Rasse mit besonderen Merkmalen
Schleife	Schlinge der Leine
Schleppe	Schleifspur eines Stückes Niederwild zum Üben des Apportierens
Schleppjagd	Jagd der Meute hinter einer Schleppe

schliefen	Eindringen des Erdhundes in Fuchs- oder Dachsbau
Schlüsselreiz	Außenreiz, der ein Instinktverhalten auslöst
Schnalle	Geschlechtsteil der Hündin
schnallen	Lösen von der Leine
Schone!	Kommando: Nicht zufassen!
schonen	1. nicht fassen 2. verletzte Pfoten/Läufe nicht belasten
schöpfen	trinken
schußfest	ruhiges Verhalten beim Schuß
Schußhitze, schußhitzig	vorschnelles Vorprellen des Hundes nach dem Schuß
schußscheu	ängstliches Verhalten nach dem Schuß
Schweiß	Blut des Hundes
Schweißarbeit	Nachsuche nach krankgeschossenem Wild auf der Wundfährte
schweißen	bluten
Schweißfährte	Fährte des krankgeschossenen Wildes mit Schweißspuren
Schweißhund	Hund, der für die Suche nach krankge- schossenem Wild am langen Riemen abgerichtet ist
Schweißriemen	langer Riemen für die Schweißarbeit
Schwimmspur	Duftspur der schwimmenden Enten auf der Wasseroberfläche
Setz dich, Sitz!	Kommandos für Setzen
Sichelrute	stark gekrümmte Rute
Sichtlaut	Bellen beim Verfolgen von ansichtigem Wild
sprengen	Fuchs oder Dachs aus dem Bau treiben
Spur	Fährte von Hase, Kaninchen, Fuchs usw.
Spursicherheit	Zuverlässigkeit beim Folgen einer Spur
Stammbuch	Abstammungsregister
Standard	Rassemerkmale
Standlaut	Bellen am gestellten Wild
Stehohr	aufrechtstehendes Ohr
stellen	Täter oder Wild an weiterer Flucht hin- dern
Stichelhaar	mittellange, härtere Behaarung
Stöberhund	Hund, der Wild aus Dickungen treibt
stöbern	Suchen und Hochmachen von Wild in Dickungen
stochern	unsicheres und zögerndes Suchen
Stop	Stirnabsatz
Streife	Suche im Gelände nach Menschen und Gegenständen

streunen	Umherstreichen ohne Aufsicht
Stubendressur	Üben im geschlossenen Raum zur Vermeidung von Ablenkungen
stubenrein	das Tier löst sich nicht im Hause
stumm	nicht bellen
Stummelrute	zu kurz geratene Rute
Suche	1. Suche nach Wild
	2. Prüfungsveranstaltung
Such verloren!	Kommando für Apportieren
Such verwundt!	Kommando zum Folgen einer Wundfährte
Totengräber	Hund, der Wild verscharrt
totverbellen	der Hund verbellt ein gefundenes Stück Schalenwild anhaltend und bleibt bis zur Ankunft des Jägers bei ihm
totverweisen	der Hund kehrt nach dem Finden eines Stückes Schalenwild sofort zum Führer zurück, zeigt diesem durch eine bestimmte Verhaltensäußerung den Fund an und führt ihn zum Stück
trächtig	Hündin, die Junge erwartet
trimmen	Bearbeiten und Formen der Behaarung
überbaut	die Kruppe ist höher als der Widerrist
Überbiß	übergreifende Zähne des Unterkiefers; letzterer ist zu lang
umschlagen	bei Suche oder Streife einen größeren Bogen laufen, um Wild zu holen
Unterbiß	übergreifende Zähne des Oberkiefers; der Unterkiefer ist zu kurz
Unterwolle	feines Haar unter dem Deckhaar
VDH	Verband für das Deutsche Hundewesen
verballen	Wundlaufen der Ballen
verbeißen	Zubeißen beim Raufen, Sichverfangen
verbellen	vor einem Menschen (Täter) oder Tier anhaltend Laut geben
verblefft sein	Hund, der mutlos ist
verdrossen	Hund, der nicht mehr arbeiten will
verfangen	siehe verbeißen
verknüpfen	verschiedene Erfahrungen im Gedächtnis miteinander verbinden
Verknüpfung	assoziative Verbindung zweier Gedächtnisinhalte durch gleichzeitiges Erleben
verliegen	zu lange im Zwinger oder Zimmer liegen

Verlorenbringer	Hund, der krankgeschossenes Nieder-wild sucht, verfolgt und bringt
Verlorensuche	freie Suche von krankgeschossenem Wild oder Gegenständen
vernehmen	Wahrnehmen, Hören
versagen	die geforderte Leistung nicht erbringen
verschießen	von der Fährte abkommen
verschlagen	hat zu viel Prügel bekommen, meist handscheu
verschweigen	Verstummen
verstärken	ein erwünschtes Verhalten fördern
verweisen	Schweiß durch Beriechen anzeigen
verwerfen	tote Junge werfen
verwölfen	siehe verwerfen
Voran!	Kommando für die Suche
Vorbiß	siehe Überbiß
Vorderhand	Vorderläufe
Vorhemd	weißes Brusthaar
vorstehen	Markieren von Wild durch regungsloses Verharren

wahrnehmen	Hören, Sehen, Riechen
Wamme	lockerer Kehllaut
weich	Hund, der nicht hart behandelt werden darf
Weidloch	After
Welpe	Junghund bis zu 2 Monaten
Widerrist	Stelle der Wirbelsäule an der Schulter
winden	Wittern, Wind bekommen
Wind holen	durch Umschlagen versuchen, Wild, Gegenstände oder Menschen zu wittern
Winkelung	Winkel am Buggelenk (zwischen Schul-terblatt und Oberarmknochen) sowie am Ellbogen-, Hüft-, Knie- und Sprung-gelenk
wittern	durch die Nase wahrnehmen
Witterung	Geruch von Menschen, Wild, Fährten, Geläuf, Gegenständen usw.
wölfen	Junge werfen
Wolfsklaue	siehe Afterzehe
wund	krankgeschossenes Wild; auch wund-gelaufene Pfoten
Wurf	Gesamtheit der (geworfenen) Welpen
würgen	Wild, besonders Raubwild, durch Fassen an der Kehle töten

Zangenbiß . . . . unerwünschtes Aufeinanderstehen der
Schneidezähne
Zotthaar . . . . lange, rauhe, zum Verfilzen neigende
Behaarung
Zwang . . . . gewaltsames Herbeiführen des
erwünschten Verhaltens
Zwinger . . . . umzäunter Auslauf mit Hütte

Literatur

Andreas, K.: Gerechte Jagdhundschulung, BLV Verlagsgesellschaft, München 1960

Andreas, K.: Der Hund – mein Waidgesell. BLV Verlagsgesellschaft, München 1969

Bierwirth, W.: Der deutsche Jagdterrier, 4. Aufl. Verlag J. Neumann-Neudamm, Melsungen 1981

Brachmann, R.: Zur Kulturgeschichte des Hundes. Vortrag, Kassel 1983

Brunner, F.: Der unverstandene Hund, 3. Aufl. Verlag J. Neumann-Neudamm, Melsungen 1974

Burtzik, P.: Erziehung und Ausbildung des Hundes, 3. Aufl. Verlag Paul Parey, Hamburg 1984

Eichelberg, H.: Einige Verhaltensweisen von Hunden historisch betrachtet. Der Dachshund, 39 (9), 198–200, 1984

Eisenhart, H.: Die Führung des Jagdhundes im Feld, am Wasser und im Wald, 5. Aufl. Verlag Paul Parey, Hamburg 1974

Engelmann, F./Bandel, R.: Der Dachshund, 4. Aufl. Verlag J. Neumann-Neudamm, Melsungen 1981

Fink, A.: Alles über Hunde. Buch und Zeit Verlagsgesellschaft, Köln 1973

Fischel, W.: Die Seele des Hundes, 2. Aufl. Verlag Paul Parey, Hamburg 1961

Granderath, F.: Der Hunde-Doktor spricht zum Hunde-Halter. Albert Müller, Rüschlikon-Zürich 1964

Granderath, F.: Hundeabrichtung, 13. Aufl. Verlag J. Neumann-Neudamm, Melsungen 1984

Hacker, A.: Der deutsche Schäferhund. Falken-Verlag, Wiesbaden 1969

Hegendorf: Der Gebrauchshund, 9. Aufl. Verlag Paul Parey, Hamburg 1962

Hopp, P.-J.: Das magische Gespann. Verlag Paul Parey, Hamburg 1973

Kenworthy, J.: Dog Training Guide. Pet Library LTD, New York 1969

Koch-Kostersitz, M.: 400 Ratschläge für den Hundefreund, 8. Aufl. Verlag J. Neumann-Neudamm, Melsungen 1978

Knorr, F./Seupel, I.: Aufzucht von Hunden, 4. Aufl. VEB Deutscher Landwirtschaftsverlag, Berlin 1973

Lorenz, K.: So kam der Mensch auf den Hund, 23. Aufl. Deutscher Taschenbuch-Verlag, München 1982

Most, K.: Die Abrichtung des Hundes, 15. Aufl. Gersbach & Sohn Verlag, München 1965

Najmann/Nowotny: Rassehunde, 2. Aufl. VEB Deutscher Landwirtschaftsverlag, Berlin 1975

Neuhaus, W.: Über die Riechschärfe des Hundes für Fettsäuren. Zeitschrift für vergleichende Psychologie, 35, 527–552, 1953

Oberländer: Dressur und Führung des Gebrauchshundes, 5. Aufl. Verlag J. Neumann-Neudamm, Melsungen 1904

Ochsenbein, U.: Der neue Weg der Hundeausbildung. Albert Müller Verlag, Rüschlikon-Zürich 1979

Phillips, D.: Die Bedeutung der neurobiologischen Gedächtnisforschung für die Hundeabrichtung. Unsere Jagd, 82 (6), DDR

Rolfs, K.: Der Jagdgebrauchshund, 3. Aufl. VEB Deutscher Landwirtschaftsverlag, Berlin 1970

Schoenherr, J.: Erziehung und Ausbildung von Gebrauchs- und Diensthunden. Selbstverlag SV, Augsburg 1967

Seupel, I.: ABC der Hundehaltung, 4. Aufl. S. Hirtzel Verlag, Leipzig 1981

Siveke, W.: Die Frühsterziehung der Vorstehhunde. Otto Meissners Verlag, Schloß Bleckede 1984

Skinner B. F./Correl, W.: Denken und Lernen, 3. Aufl. Georg Westermann Verlag, Braunschweig 1976

Tabel, C.: Der Jagdgebrauchshund. BLV München 1964

Tembrock, G.: Grundlagen der Tierpsychologie, 3. Aufl. Vieweg & Sohn, Braunschweig 1971

Tembrock, G.: Tierpsychologie. A. Ziemsen Verlag, Wittenberg 1972

Trumler, E.: Mit dem Hund auf du, 3. Aufl. R. Piper & Co. Verlag, München 1976

Vester, E.: Denken, Lernen, Vergessen. Deutsche Verlagsanstalt GmbH, Stuttgart

Wazuro, E. G.: Die Lehre Pawlows von der höheren Nerventätigkeit, 4. Aufl. Volk und Wissen Volkseigener Verlag, Berlin 1975

Whitney, L. F.; »Dog« in Collier's Encyclopedia Crowell-Collier Educational Corporation, 8, 292–309, 1970

Whitney, L. F.: The Natural Method of Dog Training, 5. Aufl. M. Evans and Company, New York 1963

Woodhouse, B.: Dog Training My Way, 2. Aufl. Faber and Faber, London 1970

Sachregister